격려 수업

격려 수업

초판 1쇄 발행 2019년 10월 11일
초판 2쇄 발행 2022년 4월 15일

지은이 | 린 로트, 바버라 멘덴홀
옮긴이 | 김성환

발행인 | 최윤서
편집장 | 최형임
교정교열 | 이진희
디자인 | 디자인붐
마케팅지원 | 김수경, 최수정
펴낸 곳 | 교육과실천
도서문의 | 02-2264-7775
인쇄 | 031-945-6554 두성 P&L
일원화 구입처 | 031-407-6368 (주)태양서적
등록 | 2018년 4월 2일 제2018-000040호
주소 | 서울특별시 중구 창경궁로 18-1 동림비즈센터 505호
ISBN 979-11-90113-03-8 (03370)

값은 표지에 있습니다.

DO IT YOURSELF THERAPY:
How to Think, Feel, and Act Like a New Person in Just 8 Weeks

격려 수업

어제의 내가 오늘의 나에게 주는 용기

린 로트 · 바버라 멘덴홀 지음 | 김성환 옮김

Encouragement Lesson

이 책의 유용성은 글로 다 담기가 어렵다. 이 책에 소개된 활동은 쉽게 따라 할 수 있고 문장들은 상담을 받으러 온 내담자들을 격려한다. 자신과 다른 사람들을 이해하는 데 이처럼 간단하고 명료한 책은 본 적이 없다. 책을 읽으면서 감정적으로 치유가 된다. 자기 자신과 다른 사람들을 격려할 수 있는 다양한 팁과 실천할 수 있는 방법들로 가득한 매우 훌륭한 책이다.

_ 도리 케이퍼, 미국 펜실베이니아 리하이 대학교 상담 겸임교수

참 따라 하기 쉬운 책이다. 나를 들여다보기 시작하면서 좀 더 선명해진다. 좋은 것도 나쁜 것도 없다. 판단하지 않고 그대로의 나를 받아들인다. 그저 '나'인 것이다. 이 책을 통해 세상은 다양한 선택지가 가득하다는 것을 알게 된다. 이분법에서 벗어나 내 삶을 내가 어떻게 선택할지를 만나게 된다. 스스로에 대해 알고 싶고 자신을 업그레이드하고 싶은 분, 주변 사람들을 돕고 싶은 분에게 권한다.

_ 수지 장, 미국 긍정훈육법 중국 1호 트레이너

마치 책에서 나와 우리를 부르는 것 같다. 삶의 과제들을 직면하게 하고 또 격려한다.

_ 로즐린 더피, 『긍정의 훈육: 0~3세 편』, 『긍정의 훈육: 4~7세 편』 공동 저자 이자 상담사, 교사

사랑스러운 책이다. 제시된 차트와 활동, 설명이 명쾌하다. 나는 이 책에 소개된 활동을 끊임없이 반복하고 있다. 특히 수직적·수평적 관계를 배울 수 있는 탁월한 책이다. 내가 알고 있는 많은 사람뿐 아니라 나에게도 도움이 되었다.

_ 메리 맥과이어, 가족 사회를 위한 아들러센터 치료 과정 창시자이자 책임자

이 책을 사랑하는 이유는 정말 많다. 그중 특히 출생 순서에 관한 내용은 나를 이해하는 데 정말 도움이 되었다. 수년 동안 이 책을 주변에 추천하고 있다.

_ 메리 휴스, 『기독교인을 위한 긍정의 훈육』 저자, 긍정의 훈육 리드트레이너

저자인 린 로트의 도움에 진심으로 감사한다. 나는 15년 동안 이 일을 해왔는데, 린 로트는 나에게 새로운 지평을 열어주었다. 이 책이 부모와 그 밖의 사람들에게 얼마나 많은 도움이 되었는지 안다. 늘 더 배우고 싶은 책이다.

_ 루스 브룩하위젠, 네덜란드 상담사이자 트레이너

"난 속에서부터 고장 났다. 천천히 날 갉아먹던 우울은 결국 날 집어삼켰고 난 그걸 이길 수 없었다. 나는 날 미워했다."

2017년 갑자기 세상을 떠난 한 가수의 유언의 일부이다. 겉으로 보기에는 성공의 길을 달리고 있었지만, 내면에는 힘듦으로 가득했던 청년이었다. 지치고 지친 그는 누군가로부터 삶의 위로와 용기를 찾고 싶어 했다.

"왜 아픈지를 찾으라 했다. 너무 잘 알고 있다. 난 나 때문에 아프다. 전부 다 내 탓이고 내가 못나서야."

모든 문제를 자신의 탓으로 받아들인다. 이 부분이 매우 슬프다.

가수를 꿈꾸며 16살 연습생 시절, 학교를 마치고 지하 보컬룸에서 문을 잠그고 불을 끈 채로 6시간씩 꿈을 위해 연습했다. 그런 노력으로 꿈에 그리던 가수로 데뷔하게 된다.

목표를 향해 달리다 그 목표를 이루었다고 느꼈을 때, 목표가 없어진 것 같은 그 순간, 드디어 자신에 대해 생각하게 되는데, 자신이 고장 났다고, 우울이 자신을 삼켰고, 그 문제는 모두 자신의 탓이라고 생각한 그 순간 얼마나 힘들었을까?

유서는 자신과의 대화로 끝맺는다.

"지금껏 버티고 있었던 게 용하지. 무슨 말을 더해. 그냥 수고했다고 해줘. 이만하면 잘했다고. 고생했다고 해줘. 웃지는 못하더라도 탓하며 보내진 말아줘. 수고했어. 정말 고생했어. 안녕."

마음에 입은 상처가 너무도 아파 누군가를 찾아다녔지만, 결국 마지막 순간에는 지치고 지친 자신을 스스로 따뜻하게 위로하고 격려하며 삶을 마감한다.

이런 위로와 격려를 삶의 매 순간 할 수 있었다면, 삶의 마지막 순간이 되어서야 자신을 받아들이고 진정한 위로를 하지는 않았을 거란 생각에 이 유서는 나를 먹먹하게 만든다.

유서의 중간에는 이런 말이 있다.

"시달리고 고민했다. 지겨운 통증들을 환희로 바꾸는 법은 배운 적도 없었다. 통증은 통증일 뿐이다."

어려운 순간을 대처하는 법을 배웠다면, 자신을 이해하는 법을 배웠다면, 자신을 사랑하는 법을 배웠다면, 자신을 위로하고 격려하는 법을 배웠다면 어땠을까?

SNS와 페이스북 등으로 사람들과의 관계는 실타래처럼 얽혀 있고, 그런 관계 속에서 자신도 모르게 비교하고 경쟁하며 정신적으로 힘든 삶을 살아가는 요즘이다. 육체적인 건강을 위해 몸에 좋은 음식을 챙겨 먹고 적당한 운동을 하며, 검진을 하고 때로는 치료를 받기도 한다. 하지만 정신적인 건강에 적신호가 왔을 때는 적절한 방법을 모른 채 그 사실을 숨긴다.

내가 힘든 순간, 나를 가장 잘 이해하고 격려할 수 있는 사람은 누구일까? 또 마지막 순간까지 함께 대화를 나누는 대상은 누구일까? 그것은 바로 자기 자신이다.

이 책은 크게 3가지 면에서 도움이 된다.

첫째, 나를 이해하는 과정이다. 나는 혼자가 아니라 다양한 관계 속에서 존재한다. 스스로 안전하고 연결되며 중요한 존재가 되기 위한 수많은 결정과 선택을 했고, 그것이 나의 성격에 영향을 미친 부분을 이해할 수 있다.

둘째, 나를 받아들이는 과정이다. 내가 완벽하지는 않을지라도 나 자신을 사랑할 수 있다. 열등감을 느낄 수는 있지만, 존재가 열등하지는 않다는 것을 받아들일 수도 있다. 타인보다 못하는 부분이 있겠지만, 스스로를 미워하지 않을 수는 있다. 가장 오랜 시간 함께해야 하는 나 자신과 관계가 좋지 않다면 얼마나 불행한가? 이 책에서 자신을 스스로 받아들이는 과정을 배운다.

셋째, 시대에 맞게 컴퓨터를 업그레이드하듯, 나의 모습 중에서도 오늘날을 살아가는 데 업그레이드가 필요하다면, 효과적으로 업그레이드를 하는 법을 배운다.

책을 잠시 내려놓고 자신의 코를 만져본다. 코를 만졌다면, 이번에는 푸시업을 100개를 한다. 당신이 코를 만지고 또 푸시업도 100개를 했다면 대단한 의지력이 있거나 푸시업에 자신이 있는 사람일 것이다. 대개는 코는 만지지만, 푸시업을 하지는 않을 것이다. 아무리 좋은 해결책도 실천하기 어렵다면 무용지물이다. 이 책을 통해 '코를 만지는 정도'의 습관과 행동의 변화로 삶의 변화가 생기길 바란다.

내용 면에서의 도움도 중요하지만, 이 책은 스스로 격려하는 과정을 다룬다. 다시 강조하지만 가장 대화를 많이 나누는 대상은 자기 자신이다.

실패의 순간 "넌 역시 안 돼"라고 자신에게 말한다면 스스로를 얼마나 낙담시키겠는가? 타인과 비교를 하며 "넌 저 사람보다 불행해"라고 한다면 스스로를 얼마나 힘들게 하겠는가? 내면의 목소리는 우리가 인식하지 못한 순간순간 대화를 걸어오고, 이 대화는 나에게 위로와 용기를 줄 수도 있고, 나를 낙담시키기도 한다. 나와 대화를 나누는 최고의 전문가는 나 자신이어야 한다. 다른 누구에게 의지하는 순간 그 또한 나를 낙담하게 한다. 누구보다 내가 나를 잘 안다. 다만 나와 어떻게 대화를 하는지, 나를 어떻게 격려하는지에 서투를 뿐이다. 이 책은 내가 나에게 대화를 걸고, 나를 격려하는 데 많은 도움을 준다.

2017년 '격려 상담'을 고안한 린 로트의 워크숍에 참여하게 되었다. 그로부터 나를 만나고 격려하는 과정에 매료되었고 2018년에는 린 로트를 대한민국에 초청하여 워크숍을 열었다. 언젠가 이 책을 번역하고 싶었고, 드디어 이렇게 번역 출판하게 되었다. 내게 그랬듯, 많은 사람에게 위로와 격려, 오늘을 나로 살아가는 데 용기를 줄 거라 확신한다.

끝으로 번역을 도와준 친구 김연태와 성은지 통역사에게 감사의 마음을 전한다.

경기도 양평에서

격려의 마음을 담아

김성환

4주 · 당신의 바람과 당신의 행동

5주 · 당신의 성격 유형_ 거북이, 독수리, 카멜레온, 사자

6주 · 어린 시절의 기억에서 보물을 찾아라

마법은 없다. 하면 된다!

8주 만에 내 삶을 바꿀 수 있을까?

그렇다. 바꿀 수 있다. 모든 사람에게는 터닝포인트가 있다. 이 터닝포인트는 당신이 자신을 누군가와 비교하며 스스로 낙담시키는 행동 대신 격려하기로 결정한 순간부터 시작된다. 이 책을 펴는 순간 당신의 터닝포인트가 시작된다. 이 책의 모든 활동을 하든, 아니면 당신이 하고 싶은 활동을 골라 하든 당신의 삶의 변화는 시작된다.

변화를 선택했다면 당신이 하는 '격려상담'을 주위 사람들도 원한다는 걸 발견하게 될 것이다. 당신은 스스로 격려하는 것을 넘어 주위 사람들을 격려하고 도울 수 있다. 자신과 주위 사람들에게 격려를 전하는 격려상담가 역할을 할 것이다.

그럼 격려상담가는 무엇을 할까? 자기 자신과 주위 사람들에게 용기를 주며, 주위 환경을 탓하고 자신을 비난하기보다 노력과 성장에 초점을 둔다. 그로부터 사람들이 변화하는 데 도움을 준다. 이 과정을 통해 아직도 작동하고 있는 '내면아이(inner child)'를 만나게 되고 내 안의 그 아이를 리패어런팅(Re-parenting)하는 과정을 경험한다. 이 과정에서 존중과 일상생활에서 문제를 어떻게 해결하는지 배울 것이다.

이 과정을 위해 대학에 갈 필요도, 많은 공부를 할 필요도 없다. 또한 다양한 자격증이 없어도 된다. 이 과정은 매우 쉬운 말로 쓰여 있어 읽으면서 스스로 해보는 것만으로 충분하다. 기억할 것은 활동을 하면서 배워야 한다는 것이다. 이 책의 활동들을 따라 하며 자신과 주위 사람들을 격려하는 이 여행을 즐기길 바란다.

변화를 위한 4가지 단계

자신과 주위 사람들을 위한 격려상담가가 되면, 다른 사람들의 변화를 돕게 된다. 이때 변화는 하루아침에 생기지 않는다. 낙담에서 격려로 가는 변화에는 4가지 단계, 즉 바람(Desire)과 인식(Awareness), 수용(Acceptance), 선택(Options)이 있다. 누군가가 당신에게 와서 "당신은 지금 도움이 필요하고 변화가 필요해요"라고 말해도 당신이 변화를 원하지(Desire) 않는다면 변화는 시작되지 않는다. 당신이 책을 보거나 수업을 듣거나, 토의에 참여하거나 상담을 받거나 아니면 다른 사람들에게 변하고 싶다고 말하는 것은 모두 1단계 바람의 단계에 있는 것이다.

우리는 상담을 받으러 온 사람에게 2단계 인식의 단계를 설명할 때 종종 기원전(Before Christ)과 기원후(Anno Domini)에 빗대어 말하곤 한다.

즉 의식 전(Before Conscious)과 의식 후(After Conscious)는 알파벳 앞글자를 따서 BC와 AC로 표시한다. 이는 예수님이 태어나기 전과 후만큼이나 차이가 커 어두운 방에 불을 밝히는 것과 같다. 진정한 변화는 자신에게 일어나는 일을 알아차리는 것과 당신의 생각, 감정, 행동이라는 개인적 패턴을 이해할 때 비로소 일어난다.

사람들은 3단계 수용의 단계를 가장 어려워한다. 수용을 할 때 당신의 생각, 감정, 행동을 자신의 가치와 분리하는 자세가 필요하다. 즉, '나는 이렇고 내 삶은 이렇고 다른 사람은 이렇고'라는 것을 간단한 사실로 받아들여야 한다. 거기에 대해 판단하지 않는다. 과거에 연연하지도, 미래를 걱정하지도 않는다. 다만 현재 이 순간의 사실들에 집중한다. 현재의 이 사실들에 집중할 때, 당신은 자신에 대한 판단과 비판, 타인과의 비교 그리고 스스로 가치 없다고 여기는 생각을 멈출 수 있다. 자신에게 "그건 사실일 뿐"이라고 말한다면 당신은 3단계에 있다.

수용의 단계가 없다면 변화는 일시적일 뿐이다. 당신의 귓가에 "당신은 있는 그대로 괜찮아"라고 속삭이며 격려해준다. 그러나 여전히 "그래, 하지만" 또는 "내가 꼭 ___일 때만" "난 당연히 ___해야 해"라는 목소리가 들린다면 아직 3단계에 완벽하게 간 것이 아니다. 있는 그대로 자신을 받아들일 때 비로소 자신을 괴롭히거나 자책하지 않고 자신이 한 행동을 객관적으로 바라볼 수 있다. 그때 당신은 지금까지 효과적이지 않았던 행동이나 앞으로 할 행동들을 한 걸음 떨어져 바라볼 수 있게 된다.

당신을 있는 그대로 받아들인다면 이제 변화를 위한 마지막 4단계로 나아간다. 세상에는 선택할 수 있는 다양한 방법이 있다는 것을 발견한다. '사람들이 나를 어떻게 볼까?'라며 걱정하거나 실수를 두려워하는 대신, 새로운 생각과 행동으로 다양한 시도를 하는 열린 나를 만나게 된다.

긍정훈육의 나무

이 책은 아들러와 드라이커스의 심리학에 바탕을 둔다. 이후 린 로트와 제인 넬슨이 아들러 심리학에 기초하여 부모들을 위한 긍정훈육법과 교사들을 위한 학급긍정훈육법을 만들었다. 미국, 영국, 프랑스, 중국, 대한민국 등 세계 55개 국가에 긍정의 훈육을 공부하는 사람들이 있고, 이들은 부모와 교사가 친절하며 단호한 방법으로 아이들과의 상호존중에 기초해 훈육하는 다양한 방법을 익히고 있다. 많은 사람은 긍정훈육법을 어른과의 관계에서도 사용할 수 있는지 물어본다. 당연하다. 그래서 우리는 격려상담을 긍정의 훈육 플러스라고 부르기도 한다. 만약 아직 긍정의 훈육을 배웠고 자녀에게 이를 실천했거나 교사로서 학생들에게 실천했다면 격려상담가가 되기 위한 준비를 마친 것이다. 만약 긍정의 훈육을 만나지 못했다면, 꼭 워크숍(대한민국 www.pd-korea.net / 미국 www.positivediscipline.org)에 참여하길 권한다. 긍정의 훈육에서 배운 모든 방법을 사용하여 당신의 내면아이와 이야기를 나누며 재훈육한다.

격려상담은 당신이 어떻게 긍정의 훈육을 적용하고 사용하여 당신의 내면아이를 재훈육하는지 알려줄 것이며 배우자와 동료 그리고 가장 중요한 자기 자신과의 관계를 향상시킬 것이다.

　더 잘 이해하기 위해서 아래의 나무 그림을 살펴보자. 우선 뿌리를 보면 아들러와 드라이커스가 있다. 이들은 소속감과 자존감, 공감, 목적론, 사회 정서적 배움(SEL), 상호존중에 기반한 성장 모델을 강조했다. 여기에서 상호존중이란 자기 자신과 타인을 존중하는 것 그리고 상황의 필요성을 존중하는 것이다. 아들러와 드라이커스는 민주적인 삶을 위한 다양한 기술을 일반인이 배울 수 있도록 돕는 데 관심이 있었다. 다양한 강연을 통해 사람들을 만났고 그들을 격려했다. 또한 '가

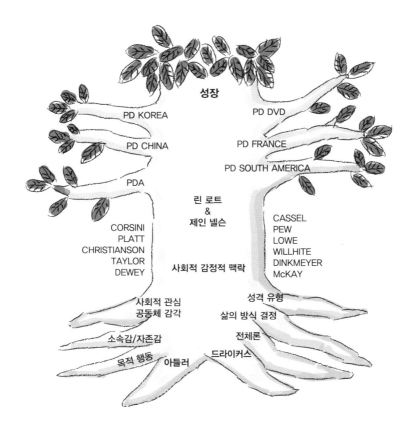

족 문제 해결'이라는 문제 해결 방법을 고안했다. 이는 참가자들에게 엄청난 환영을 받았고 많은 사람에게 알려졌다.

아들러와 드라이커스에게는 여러 동료와 그들의 생각에 함께하는 많은 학생이 있었다. 그중 제인 넬슨과 린 로트는 드라이커스의 수업을 들은 제자로서 아들러와 드라이커스 철학을 자녀 양육으로 체계화하는 데 개척자 역할을 했다. 두 사람은 아들러와 드라이커스의 '가족 문제 해결'을 변형하여 실생활의 문제를 해결할 수 있는 부모 문제 해결 14단계와 교사 문제 해결 14단계를 고안하게 된다. 긍정의 훈육을 공부한 사람이라면 이 활동으로 다른 사람의 실제 문제를 구체적으로 해결할 수 있다.

제인 넬슨과 린 로트는 긍정의 훈육을 공동으로 개발하고 워크숍, 교재 등을 함께 만들었다. 현재 『긍정의 훈육』은 55개국에서 사랑받고 있는 자녀 양육서이며, 드라이커스를 공부하는 많은 사람이 제인 넬슨과 린 로트의 영향을 받고 있다.

나무의 가지는 매일매일의 흥미로움과 성장을 의미한다. 미국긍정훈육협회를 비롯해 아들러와 드라이커스, 긍정의 훈육을 전파하는 다양한 국가를 포함한다. 이 책을 읽는 당신도 긍정의 훈육과 함께하길 바란다.

질병 모델 vs. 격려 모델

이 책은 8주 과정으로 구성되었다. 주별로 스스로 나에게 적용할 수 있는 활동을 소개했고, 이 활동들은 삶을 변화시키고 더 성공적인 삶으로 나아가는 데 도움이 된다. 삶의 패턴을 이해하고, 이것이 엉켰을 때 무엇을 해야 하는지 명료하게 바라볼 수 있게 된다. 당신의 삶에서 시작된 작은 변화는 주위에 큰 변화를 불러온다. 이러한 변화를 위해서는 정신적 문제를 질병이라 생각하며 약물로 해결해야 한다는 질병 모델에서 엉킨 문제를 알아차리고 받아들이며 해결하는 격려 모델로의 전환이 필요하다.

그럼 두 모델이 구체적으로 어떻게 다를까? 주위 사람들이 "내 걱정은"과 "내 우울은"이라고 말하는 것을 들어본 적이 있는가? 그럼 '난 걱정이 돼'와 '난 우울한 느낌이야'는 어떻게 다른가? (나의 우울 vs 난 우울한 감정이 느껴져)

당신에게 질병이 있다고 생각하거나 해결할 수 없는 상황에 놓였다고 생각하거나 가족으로부터 와서 어쩔 수 없다고 생각한다면, 당신은 무기력해지고 희망을 잃을 것이다. 그리고 이런 무서운 질병이 가족에게 전염될 거라고 걱정할지도 모른다. 이것이 바로 질병 모델이다. 질병 모델은 정신적 문제를 해결할 때 오늘날 많이 사용하는 방법으로, 질병은 진단하고 병명을 부여하며 약물로 치료해야 한다는 생각이다.

격려상담가로서 희망을 만들고 자신과 다른 사람들을 치유하기 위해서는 쉽게 진단하기보다 감정을 확인해야 한다. 만약 "나의 걱정(My anxious)"이 아니라 "난 걱정을 느껴(I feel anxious)"라고 말할 수 있게 되는 순간, 당신은 다른 감정을 느끼고 싶어 할 것이다. 그러나 이때 이 불편한 감정이 질병이 있다는 것을 의미하지는 않는다. 다만 격려의 길을 찾는 과정일 뿐이다.

정서적 유치원에서 벗어나기

　어린 시절 우리는 많은 결정을 했다. 어린 시절에 어떤 결정을 했는지, 기억을 어떻게 저장했는지 알아차리지 못하지만, 우리는 수많은 결정을 해왔고 기억들을 저장해왔다. 이런 어린 시절의 결정들은 우리의 핵심 신념 또는 사적 논리가 된다. 이는 당신의 삶에서 일어난 객관적인 것도, 당신의 인격도 아니지만 의식했건 의식하지 못했건 간에 그 상황과 환경에서 당신이 결정하는 방식이었다. 이러한 결정들은 5세 이전 어린 나이에 주로 많이 한다. 이때 결정한 방식은 어른이 된 지금도 많은 영향을 미치고 있다. 어릴 적 했던 결정 방식이 지금도 작동하는 걸 보면 상당히 놀랄 것이다.

　이 책은 엉켜 있는 문제를 해결하는 데 도움을 준다. 이 책의 많은 이야기는 당신이 어릴 적 의식하지 못하고 했던 결정들이 오늘날 어떻게 작동하는지를 보여준다. 이 책은 내면아이를 만나고 내 안의 그 아이를 다시 양육하여 오늘을 살아가는 당신으로 업그레이드하는 데 효과적이다.

　많은 아이가 흑과 백, 좋고 나쁨이라는 논리와 생각을 가지고 있다. 어떤 상황에서 오직 두 가지 해결책만 생각한다면, 문제를 해결하거나 평화를 가져올 수 있는 수많은 해결책을 놓치게 된다. 흑백의 생각은 감정을 막히게 하여 앞으로 나아가는 것을 막는다. 그때가 회색을 만날 시간인데도 말이다. 흑과 백이 아닌 회색을 발견한다면, 생각이나 의견이 다른 사람을 만날 때 더 효과적일 것이다.

　직업이 작가인 한 여자가 남편과 캠핑 여행을 떠났다. 여행을 하면서 매일 밤 캠핑 장소를 바꿔야 했고 그때마다 무거운 피크닉 테이블을 컴퓨터를 사용할 수 있는 콘센트가 가까운 곳으로 옮겨야 했다. 힘이 든 작가는 남편에게 이 일이 얼마나 힘든지 아냐고 불평했다. 그러자 남편은 웃으며 이렇게 말했다. "차라리 연장선을 사는 게 어때?"

작가는 왜 이런 간단한 해결책을 생각하지 못했는지 놀랐다. 당신에게 매우 어려운 환경일지 모르지만 다른 해결책을 구한다면, 이 연장선처럼 다양한 해결책을 만날 수 있다.

마찬가지로 이 책을 읽으면서도 이 책이 좋은지 나쁜지, 옳은지 그른지, 긍정적인지 부정적인지 판단하지 말고 당신이 인생을 살아가는 데 도움이 되는 흥미로운 정보로 받아들이길 바란다.

경험을 통해 배워라

책을 읽거나 강연을 듣는 것보다 사람은 경험을 통해 배웠을 때 학습 효과가 훨씬 크다. 그래서 이 책은 경험을 통해 배울 수 있도록 구성되었다. 매주 알아차리기 활동(Awareness Activities)과 액션 플랜(Action Plan)으로 자신과 타인에 대해 알아가게 된다.

격려상담가가 되기 위해 이 책을 가장 잘 활용하는 방법은 바로 스스로 이 활동지에 답을 쓰며 직접 해보는 것이다. 공책에 쓰든, 컴퓨터로 작성하든 상관없다. 당신의 선택을 기록하고 그 기록을 꾸준히 이어갈수록 더 빨리 익히게 된다. 자신의 삶을 기록하는 것은 당신의 정신뿐 아니라 몸을 이해하는 데도 도움이 된다. 또한 자신의 성장 과정을 되돌아보는 데도 도움이 될 것이다. 이렇게 성장 과정을 되돌아보는 과정이야말로 자신에게 하는 최고의 격려이다. 당신이 누군가를 돕고 싶거나 도와야 하는 순간 그 기록은 매우 유용할 것이다. 변화는 한 순간에 일어나지 않으며 천천히 물든다는 것을 기억하길 바란다.

알아차리기 활동: 훈육 방식이 당신의 내면아이에게 미친 영향

당신의 5살부터 10살까지 어린 시절을 떠올려본다. 그 시절로 돌아가 당신이 그 나이의 아이라고 상상해본다.

몇 살로 돌아갔는가? 나이를 적어보자. ＿＿＿.

그 나이가 되어 만약 다음의 문장들을 듣는다면, 어떤 생각과 감정, 결심을 하게 되는지 적어본다. 당신이 적은 답에 놀랄 수도 있다. 만약 많은 칭찬을 받고 자랐다면, 어른이 된 지금도 칭찬을 바랄 수도 있다. 다른 사람들이 칭찬해주면 좋아하면서 말이다. 많은 비판을 받고 자랐다면, 비판에 면역력이 생겨 자신에 관한 안 좋은 이야기를 아예 듣지 않는 방식을 배웠을 수 있다. 긍정의 훈육을 사용하여 내면아이를 다시 만나고 싶다면, 다음의 격려 문장들을 자신에게 말해주며 그 문장들에 익숙해지자.

- 비판: 시험 점수가 이게 뭐야? 다음에는 100점 맞아야 해.
- 당신의 생각, 감정 또는 결심: ＿＿＿＿＿＿＿＿＿＿＿＿＿

＿＿＿＿＿＿＿＿＿＿＿＿＿＿＿＿＿＿＿＿＿＿＿＿＿＿

- 칭찬: 자랑스러운 내 아들, 이번에도 100점이네. 네가 좋은 점수
  를 받을 때 아빠는 행복해.
- 당신의 생각, 감정 또는 결심: _____
  _____

- 격려: 네 성적표를 봤어. 네가 최선을 다한 결과야. 스스로 기쁘겠
  구나.
- 당신의 생각, 감정 또는 결심: _____
  _____

- 비판: 방이 왜 이 모양이야. 너도 누나처럼 방을 깨끗하게 하란
  말이야. 당장 치워.
- 당신의 생각, 감정 또는 결심: _____
  _____

- 칭찬: 네 방을 좀 봐. 우리 집에서 네가 제일 깔끔한 거 알고 있지?
- 당신의 생각, 감정 또는 결심: _____
  _____

- 격려: 방 정리하는 걸 봤단다. 이제 물건 찾기가 더 쉽겠는걸. 아
  빠도 네 방에서 함께 책을 읽고 싶은 마음이 들어.
- 당신의 생각, 감정 또는 결심: _____
  _____

- 비판: 죽은 고양이 생각 좀 그만하라고. 네가 잘 보살폈으면 이런 일이 없었잖아.
- 당신의 생각, 감정 또는 결심: _____

_____

- 칭찬: 고양이 걱정은 하지 마. 넌 극복하는 걸 잘하니 이번에도 잘 극복할 거야.
- 당신의 생각, 감정 또는 결심: _____

_____

- 격려: 고양이 이야기 들었어. 아빠도 속상하구나. 네가 그 고양이를 가족처럼 소중하게 여겼는데 말이야. 많이 속상하지?
- 당신의 생각, 감정 또는 결심: _____

_____

액션 플랜: 내면아이와 격려의 대화 시작하기

당신의 내면아이가 비판받거나 칭찬을 받고 있다고 집중해보자. 그럼 어떤 영향을 받게 되고 그 순간 어떤 격려를 받고 싶어지는지를 아래에 써보자.

_____

_____

액션 플랜: 격려의 시작

한순간에 바꿀 수는 없다. 이 책은 그런 마법의 책이 아니다. 하지만, 이 책을 읽고 활동하며 수많은 어려움을 헤쳐나가서 자기 자신을 만날 때마다 많은 사람이 그 변화에 놀란다. 또 자신과 주위 사람들을 격려할 수 있다. 조금씩 천천히 스며들길 바란다. 각 장을 읽으며 자신의 이야기를 적어보고 주위 사람들과 함께 나누는 것도 좋다. 함께 연습할 수 있고 또 함께 격려할 수 있으니까 말이다.

그냥 지금 시작해보자. 전문가가 되어 완벽해진 다음 나누려는 생각은 버려라. 책에 나온 활동들을 익혔다면, 그 활동을 할 짝을 정하고 실천하거나 작은 모임을 만들어 연습해보자. 벌써 긴장되는가? 그것은 당신이 격려상담가가 되기 위해 심호흡을 하고 작은 걸음을 내디뎌야 한다는 확실한 신호다.

변화는 과정이다. 이 책과 함께하는 8주는 당신에게 인생을 살아가는 힘을 선물하고 더 건강한 관계를 만들어 당신과 주위 사람들의 삶을 변화시킬 것이다. 이 책의 과정을 신뢰하고 천천히 자신의 속도대로 나아가는 것이 중요하다. 우선 당신이 학습자가 되어 자신에게 적용해야 한다. 그럼 조금씩 성장하는 자신을 만나게 된다. 부담을 느끼지 말고 자신만의 스타일과 속도로 삶의 변화를 즐기자.

원하면
바꿀 수 있다

제일 중요한 것 먼저

좋은 소식과 나쁜 소식이 있다. 먼저 좋은 소식은 앞에서 이야기했듯, 당신이 변할 수 있다는 것이다. 나쁜 소식은 당신이 진정으로 이해하기 전까지, 더 중요하게는 당신을 온전히 받아들이기 전까지 변화를 위한 당신의 노력과 바람이 실패할 가능성이 크다는 것이다. 앞에서 언급했듯, 받아들이는 것은 변화를 위한 3번째 단계이다. 또한 당신과 당신이 상담할 사람을 변화시키고 유지하는 데 중요한 열쇠이다.

다음 장의 그림에서 선은 당신의 인생을 의미한다. X는 당신이 태어났을 때의 모습이다. 태어난 순간의 존재 그대로 충분히 좋았다. 우리는 당신이 자신의 모습(X)을 찾아가도록 돕고자 한다. 당신의 모습(X)은 어떤 모습인가?

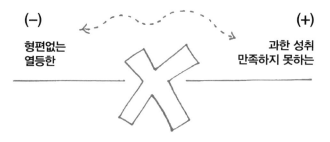

형편없는
열등한 (−)

과한 성취
만족하지 못하는 (+)

　당신이 주위 사람들을 부러워한다면, 바로 그때가 당신 스스로 충분하지 못하다고 결심한 순간이다. "난 괜찮은 사람이 아니야"라고 말하는 매우 불편한 순간이다. 누구도 '내가 다른 사람들보다 못해'라고 느끼는 것을 좋아하지 않는다. 마이너스 위치로 간 자신을 생각해보자. 그리고 그림에서 마이너스를 본다. 어떤 사람들은 이 지점을 '우울'이라고 표현한다. 또 다른 사람들은 '자존감이 낮다'라고 표현하기도 한다. 그러나 사람은 본능적으로 이 위치를 좋아하지 않고 극복하기 위해 노력한다. 자신이 생각하는 플러스로 가고 싶어 하고 또 가기 위해 노력하게 되는데 이것이 '과잉보상'이다.

　이때 충분히 괜찮은 내가 되기 위한 방법을 찾게 되고 그중 대표적인 게 자신이 괜찮다는 걸 증명하는 것이다. '만약 내가 좀 더 강하고 똑똑하고 재밌고 현명하고 우호적인 사람이라면 더 괜찮은 사람이 될 거야'라고 생각한다. 이런 생각들은 잘못된 게 아니지만, 만약 마이너스로 가지 않기 위해 이런 생각을 하는 것이라면 문제이다. 이를 어떤 사람은 '플러스를 위한 걱정'이라 부르고, 또 어떤 사람은 '강박 행동' 또는 '과장 행동'(grandiosity)이라고 부른다.

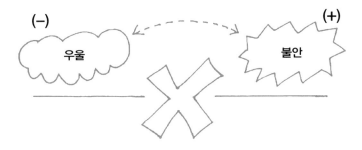

　마이너스에 있든, 플러스에 있든 당신은 자신의 지점인 X에서 여전히 멀리 떨어져 있다. 과잉보상 행동을 하면 할수록 X선 위 곡선에서 볼 수 있듯, 당신은 본연의 모습에서 멀어져 간다. 마이너스와 플러스를 왔다 갔다 하며 지쳐가는 당신이 보이는가?

　다음에 소개하는 활동은 당신이 어려서 마이너스에서 플러스로 가고 싶어 했던 그때의 자신을 만나는 데 도움이 될 것이다. 참, 기록할 공책이나 컴퓨터를 준비한다. 앞에서 이야기했듯, 다른 사람을 격려하고 싶다면 우선 당신이 해봐야 한다. 활동을 통해 내면아이를 격려하며 다시 훈육할 뿐 아니라 다른 사람들에게 적용하기 전 이 활동이 얼마나 효과적인지를 더 깊이 이해하게 된다. 친구 또는 상담사가 되고 싶어 하는 누군가와 이 활동을 나누게 될 텐데 연습보다 더 좋은 배움은 없음을 기억하며 이 과정을 즐기자.

알아차리기 활동: 당신의 자존감이 손상되었을 때

1. 슬픔, 실망, 상처, 당황 등의 감정을 느끼며 자존감이 상처를 입었을 때를 기억한다. 몇 살이었지를 적는다. ＿＿＿＿＿＿

어떤 일이 있었고 어떤 감정을 느꼈으며 어떤 결심을 하게 되었는가? 이것이 X선의 마이너스이다.

2. 이 마이너스 상황에서 플러스로 가기 위해, 충분히 괜찮은 사람이 되기 위해 어떤 행동을 했는가? 당신만의 행동들을 했을 것이다. 이 행동들을 적어본다.

이 행동들은 X선의 플러스이다. 이런 행동들을 했을 때, 어떤 느낌이고 자기 자신에 대해 어떻게 생각했는가? 아래에 적는다.

---

3. X로 갈 수 있을까? 단순하게 나로 살아갈 수 있다면, 내가 괜찮은 사람이라는 것을 증명하지 않고 자신의 모습을 받아들일 수 있다면 어떨까? 그럼 어떤 생각, 감정, 행동을 하게 될까?

어려움을 겪는 사람들은 마이너스에 갇혀 있다고 생각하고 플러스인 자신을 증명하려 하거나, 마이너스와 플러스를 오가며 혼란스러워한다. 어떤 사람은 자신이 항상 우울하고 슬프다고 하기도 하고, 또 어떤 사람은 항상 걱정과 두려움이 너무 많아 일상을 살아가기 힘들 정도라고 하기도 한다. 이들 대부분의 문제는 관계나 육아와 관련이 있다. 우리가 듣는 고민의 대부분은 "내게, 내 남편이, 내 아이가, 내 연인이, 내 삶이 도대체 뭐가 잘못된 거죠?"라는 내용이다.

이런 고민이 있는 사람들을 도우려면 관점의 전환이 필요하다. "무엇이 잘못되었죠?"에서 "무엇을 바꿀 수 있죠?"로 말이다. 요술봉이 있어 상대와 상황을 한꺼번에 바꾸면 좋겠지만, 상대와 상황은 한순간에 쉽게 바뀌지 않는다. 진정한 변화와 유지할 수 있는 변화는 당신에게서 시작된다.

용기를 잃은 사람들을 만날 때 그들의 생각과 감정, 행동의 패턴을 스스로 이해하는 방법을 알려준다. 이것은 그들의 삶을 향상시키는 내비게이션의 역할을 한다. 여기에 더해 알아차리기, 수용하기, 실천하기 과정은 실제 낙담한 사람들의 삶을 평화롭게 하고 삶을 즐길 수 있게 도와준다. 특히 수용하기 단계는 성장으로 이끌고 변화를 유지하는 데 매우 중요하다.

몇몇 사람은 새로운 행동을 시도하며 변화를 관리한다. 행동을 바꾸는 방법을 좋아한다면, 이 책에 있는 다양한 이야기와 활동이 조금씩 천천히 도움이 될 것이다. 또 몇몇 사람은 새로운 생각을 연습하며 자신의 삶을 성공적으로 이끈다. '내가 이런 생각을 하고 있구나'라는 점을 의식하고 바꾸는 것은 건강한 삶을 사는 데 매우 도움이 되고 효과적이다. 자신이 미처 알아차리지 못했던 내면의 생각에 도달할 수 있고 빙산의 표면 아래 있는 깊은 생각, 즉 잠재의식까지 알아차릴 수 있다면 당신이 변화하는 데 큰 도움이 된다. 이러한 잠재의식을 찾는 일은 새로운 눈을 뜨게 하고 매우 흥미로운 과정이 될 것이다. 잠재의식을 어떻게 찾는지는 이 책에서 다룬다. 생각을 바꿀 수도, 감정을 바꿀 수도, 행동을 바꿀 수도 있다. 이런 변화는 자신을 알아가고 받아들이며 기쁘고 평화로운 당신을 만나는 데 도움이 된다. 어떤 것을 어떤 속도로 할지는 자신에게 편한 걸 선택한다. 정답은 하나만 있는 것이 아님을 기억하자.

어린 시절 만들어진 숨겨진 신념을 알기 전까지는 문제를 해결하는 데 기존의 행동을 사용하려는 경향이 있다. 이 중 많은 행동은 바꾸어야 할 필요가 있고 이런 노력이 새로운 생각과 행동으로 초대한다.

이제 어린 시절로 돌아가 보면, 여전히 당신 안에서 당신의 삶을 운전하는 내면아이를 만날 수 있다. 특히 이 아이는 우리가 스트레스를 받게 되면 더 많은 순간 핸들을 잡고 삶을 운전한다.

화가 나면 어린 시절에 했던 행동 패턴으로 문제를 해결하려는 경향이 강한데, 우리는 이것을 어린 시절의 논리라고 한다. 빙산의 보이는 부분은 행동이다. 어긋난 행동을 하는 아이를 생각해보자. 만약 오직 어긋난 행동에만 초점을 둔다면, 문제를 근본적으로 해결할 수 있을까? 우리 눈에 보이지 않는 빙산의 아랫부분에는 의식할 수도, 그러지 않을 수도 있는 이 핵심 신념 또는 사적 논리, 결심이 존재한다. 결심은 에너지를 만드는 감정에 영향을 미친다. 그런데 이 감정 역시 우리 눈에 보이지 않으며 아이도 스스로 알아차리지 못한다. 도구가 없다면 우린 아이 내면의 보이지 않는 곳에서 어떤 일이 일어나는지 짐작만 할 정도이다. 아래 활동을 통해 보이지 않는 곳에서 어떤 일들이 일어나는지 알아보자.

알아차리기 활동: 여전히 나를 조종하는 내면아이

1. 걱정, 두려움, 분노, 상처, 무력감을 느꼈을 때를 생각한다. 어떤 일이 있었는지를 적는다. 몇 살 때였는지도 함께 적는다.

2. 그때 어떤 결정을 했는지 생각한다. 그리고 적어본다. 그때 그 아이는 문제를 어떻게 해결했는가?

3. 1번에서 말한 어린 시절 느꼈던 감정이나 그때와 비슷한 상황이
   최근에도 있었는지 생각해본다. 어떤 상황이었는가?
4. 최근 그 상황에서는 어떤 결심을 했는가?
5. 어린 시절에 사용한 것과 같은 방법을 사용했는가? 아니면 다른
   방법을 사용했는가?
6. 자신에 대해 알게 된 것을 적어본다. 어린 시절과 같은 방법을 사
   용했더라도 걱정하지 않아도 된다. 여기서는 알아차리는 것만으
   로도 충분하다. 변화는 곧 일어난다.

다음은 화나면 어린 시절에 했던 패턴과 비슷한 방식으로 행동하는
세 사람에 관한 이야기이다. 변화를 만들고 스스로 능력 있다고 느끼
며 당당히 삶의 주인이 되기 위해서는 우선 어린 시절의 신념과 효과
적이지 않은 행동을 발견해야 한다. 하지만 이들 3명은 다른 사람들이
변하기를 기다리거나 아니면 자신들의 화학적 불균형에 약을 처방해
줄 누군가를 찾아다닌다.

지미 이야기

지미는 직장 상사 때문에 화가 났다. 자신이 얼마나 노력했는지 알
아주지 않기 때문이다. 지미는 정말 많은 노력을 했지만, 상사는 어떤
말도 하지 않았다. 지미는 더 열심히 노력했지만, 상사는 여전히 알아
봐 주지 않는다. 지미는 상사를 험담하기 시작했고 오랜 시간 불평했
지만, 문제는 해결되지 않았다.

어린 시절 지미는 학교에서 이해되지 않는 내용이 있었는데, 손 들

고 질문하는 대신 선생님이 도와주길 바랐다. 질문을 하기에는 부끄러웠다. 그 순간 지미가 한 선택은 과제를 스스로 열심히 하며, 도와주지 않는 주위 사람들에 대해 불평하는 것이었다. 더 어릴 때의 기억으로 들어가면, 5살 때 지미도 의식하지 못한 결심은 바로 다른 사람들이 자신을 도와주지 않으니 혼자서 더 열심히 해야 한다는 것이었다. 이제 마흔이 된 지미는 당황스러운 상황에서 어떤 결심을 하는지 아직 깨닫지 못할 뿐 아니라 5살 때 한 방식을 업그레이드하지 못한 것도 알아채지 못한다. 당황스러운 순간이 되면 지미는 여전히 5살 때의 방식으로 해결하려 한다.

니키 이야기

니키는 학교 부활절 파티에서 주인공 역할인 토끼가 되고 싶었다. 니키는 토끼 귀와 꼬리가 있는 의상을 입으면 재밌겠다고 생각했고 토끼 역할을 해서 친구들에게 사탕을 나누어주고 싶었다. 역할을 정하는 날 니키는 감기에 걸려 결석했다. 학교로 돌아와 역할표를 보았을 때, 토끼 역할에는 친구의 이름이 적혀 있었다. 니키는 자리에 앉아 하염없이 울었고 선생님은 그런 니키를 보건실에 데려다주었다. 당황하고 상처받은 니키는 선생님에게 몸이 좋지 않아 집에 가고 싶다고 했다.

엄마가 와서 니키를 집에 데려갔고 며칠 동안 니키는 학교에 나오지 않았다. 며칠 후 엄마가 니키를 다시 학교에 데려왔는데 누구도 니키가 무엇 때문에 속상했고 아팠는지 알지 못했다. 니키는 화가 났고 다른 역할을 하는 것을 거부했다. 어른이 된 니키는 여전히 힘든 일이 생기면 아프다는 핑계로 불편한 상황에서 한 걸음 물러난다. 그러고는 누군가가 나타나 그 상황을 해결해주거나 자신의 기분을 좋게 해주길 바란다. 아무도 모르는데 말이다. 니키는 여전히 자신이 왜 화가 났는지 주위 사람들이 알아야 한다고 생각한다.

벨라 이야기

3남매 중 막내인 벨라는 대장이 되길 원했다. 5살이 많은 오빠가 있었지만, 대장이 되는 것을 포기하지 않았다. 대장이 되기 위한 방법을 벨라는 이미 잘 알고 있었다. 소리를 지르거나 울면 부모님이 달려와 오빠를 타일렀다. "왜 동생을 괴롭혀. 사이좋게 지내야지?" 그러면 오빠는 방에 들어가고 벨라는 한 살 위 언니와 즐겁게 놀았다. 언니는 성격이 유순하여 벨라가 주도하는 것을 편하게 대했다.

벨라는 성장하여 회사에서도 주도적이고 성공적인 생활을 한다. 하지만 누군가 자신의 자리를 위협한다는 생각이 들면, 어린 시절 사용한 방법인 경쟁의 기재가 곧바로 작동한다. 경쟁자를 어려움에 빠뜨리기도 한다. 가끔 벨라는 왜 친구가 많지 않은지 생각한다. 또 모든 과제를 왜 혼자 해야 하는지 두렵기도 하다. 어른이 된 지금 사람들과 잘 지내기 위해 5살 때 익힌 방법이 아닌 새로운 방법이 필요하다는 것을 벨라도 조금씩 깨닫고 있다.

지미와 니키, 벨라는 자신이 기대한 대로 되지 않으면 스트레스를 받는다. 삶에 대한 기대와 현실 사이에 간격이 크면 클수록 스트레스도 커진다. 스트레스가 커질수록 어린 시절의 논리가 작동하며 어른이 된 지금과는 맞지 않는 방식으로 행동한다.

내면아이를 다시 훈육하다

이제 내면에 있는 아이를 다시 만나보자. 이 책은 당신의 삶을 의식적으로 통제하도록 선택하는 것에 관해 다룬다. 또한 스스로 격려하며 자신을 다시 훈육하고 교육하며 훈련한다. 해결책에 집중하며 기술을 익혀 자신을 조절하는 법을 배운다. 이 책을 읽고 나면, 이 책이 개인의 문제를 다루는 다른 책들과 다른 점을 발견할 것이다. 이 책에서는 문제의 원인, 환경, 주위 사람, 신체적 장애 등을 탓하기보다 가장 중요한 자신과의 관계를 포함한 주변과의 관계 문제를 주로 다룬다.

액션 플랜: 격려의 언어들

어떤 사람에게는 알아차리는 것만으로도 변화를 일으키기에 충분하지만, 또 어떤 사람에게는 구체적으로 해야 할 일을 정하는 것이 변화에 도움이 된다. 만약 당신도 해야 할 일을 정하는 것을 선호한다면 아래의 활동을 추천한다.

1. 1부터 18까지 숫자 중 하나를 선택한다.
2. 선택한 숫자의 나이로 몰입한다. 그리고 그 나이에 어떤 일이 있었는지 떠올린다. 잘 생각나지 않는다면 아침부터 어떤 일이 있었는지, 어떤 중요한 일이 있었는지를 떠올린다.
3. 기억 속의 아이는 어떤 생각, 감정, 결심을 했는가?
4. 기억 속의 아이를 초대하여 당신 옆자리에 앉힌다. 옆에 앉은 아이에게 격려의 말을 해준다. 어떤 격려의 말들을 할 수 있을까?

이 활동만으로도 문제를 해결하는 새로운 기술을 익힐 수 있다.

5. 자신이 한 격려의 문장들을 적어보자. 그리고 한 주 동안 생활하면서 자기 자신에게 그 문장으로 격려한다.

릭은 9살 때 어둑해진 공원에서 막 달리던 장면을 떠올렸다. 릭은 지칠 줄 모르는 아이였다. 기억의 끝에, '달리는 건 정말 재밌어. 난 엄청난 에너지를 가졌고 바람처럼 달릴 수 있을 것 같아. 어쩌면 날 수 있을지도 몰라'라고 생각하고 있었다. 또 무한한 에너지를 가진 것 같았고 마냥 행복한 느낌이었다. 계속 달리는 행동이 떠올랐다. 릭은 기억 속의 아이를 이제 의자 옆에 앉히고 이렇게 말해주었다. "정말 즐거운 시간이었어. 주위를 마냥 달리고 마치 바람이 된 듯한 기분. 참 좋았지 않니? 정말 재밌었어."

다음 주 릭은 25쪽에 달하는 To-Do 리스트를 보자 피곤하고 압도되는 느낌을 받았다. 그때 릭은 자신의 내면아이에게 해준 말이 떠올랐다. "주위를 마냥 달리고 마치 바람이 된 듯한 기분. 참 좋았지 않니? 정말 재밌었어." 이렇게 말하는 것이 과연 도움이 될지 의심스러웠지만 릭은 "내가 압도되었을 때, 난 방해받는 기분이고 힘이 쭉 빠져"라고 자신에게 말해주었다.

릭은 얼마 후 그 기억은 '내 삶이 이랬으면' 하는 바람과 '내 삶은 이래야 돼'라는 생각과 관련 있다는 것을 깨달았다. 그 후 자신에게 "그러나 난 지금 여기에 있어"라고 말하며 그 상황에서 한 걸음 물러나 현재 상황을 전체적인 관점에서 조망할 수 있게 되었다. '맞아, To-Do 리스트, 이건 그냥 해야 할 것들이고 직업일 뿐이야. 내가 아니라고.

그리고 내 전체 삶도 아니잖아. 난 여전히 산책할 수 있고, 체육관에 갈 수도 있고, 초콜릿도 먹을 수 있어'라고 생각하게 되었다. 릭은 기분이 나아지는 것을 느꼈다.

한 걸음씩 나만의 속도로

아마 학교나 집에서 당신의 삶을 바꾸는 방법에 대해 배운 적이 없었을 수도 있고, 어른이 될 때까지 이런 정보를 못 만났을 수도 있다. 사람들은 너무 쉽게 바뀌길 원하지만 그렇게 쉽게 바뀌지도, 한꺼번에 바뀌지도 않는다. 이 책을 통해 당신의 삶의 질은 당신 자신과의 관계와 주변과의 관계가 얼마나 건강하고 만족스러운지에 달렸다는 것을 이해할 수 있게 된다. 한 인간의 삶은 매우 복잡하고 그런 인격을 형성하는 데는 오랜 시간이 걸린다. 변화는 과정이다. 이 책은 당신 스스로 격려하며 삶과 관계를 변화시키는 데 도움을 준다. 이 과정을 신뢰하고 한 걸음씩 당신의 속도대로 나아가자. 아마 이 책을 다 읽고 실천했다면, 이제 당신의 삶을 스스로 운전하게 될 것이다.(참. 당신의 내면아이는 당신 옆자리에 앉아 있게 된다)

다만 변화를 가로막는 다음의 5가지를 유의하자.

변화를 막는 5가지 장애물

1. 다른 사람들이 변하기를 바라는 것

2. 신비의 약을 찾듯, 진단하고 처방하는 습관

3. '좀 더 했으면 잘 됐을 텐데'라고 생각하면서 과거에 하지 않은 일들에 집착하는 것

4. 다른 사람들과 비교하는 것

5. 아직 닥치지 않은 것들에 대한 걱정

당신의 삶을 바꾸기 위해서는 스스로 먼저 바꾸려고 노력해야 한다. 스스로 희생자라며 무기력하게 남은 삶을 보낼 필요가 없다. 당신을 바꾸는 것에서 작은 기적은 시작된다. 모든 사람은 기분이 좋을 때 더 잘하고 당신도 그렇다. 당신도 주위의 사람들도 낙담에서 조금은 벗어나 희망을 찾을 수 있다. 유치원에 다닐 때를 떠올려보자. 그저 처음 시작하는 거고 큰 기대도 없었다. 지금의 변화를 위해 그때처럼 자신에게 큰 기대를 걸지 말자. 그런 태도로 변화의 시작점에 서자. 그리고 변화를 만드는 일에 성공하지 못하더라도 당신은 그대로 괜찮고 가치는 변함없다고 자신에게 말해주자. 자, 이제 변화의 과정을 자신만의 속도로 즐기길 바란다.

알아차리기 활동: 변화를 위한 최선의 나의 길

삶에서 생긴 어떤 변화에 대해 생각해보고 그 변화를 적어보자. 그리고 쓴 것을 읽어보자. 그런 다음 당신의 생각을 바꾸었는지, 감정을 바꾸었는지, 행동을 바꾸었는지 살펴보자. 나에게 생긴 변화가 주위 사람들에게 어떤 영향을 미쳤는가? 어떤 변화를 선택했고 어떤 방법이 당신에게 가장 효과적이었는지 기록해두자.

소피는 친구에게 심하게 괴롭힘당한 일을 적었다. 그런데 최근에는 그 친구와 더 친해지고 즐겁게 지내고 있다. 도대체 소피에게 어떤 일이 있었던 걸까? 소피는 '친구가 왜 잘 대해주지 않을까?'라는 생각에서 '내가 어떻게 다른 방법을 사용할 수 있을까?'라는 생각으로 바꾸었다. 생각해보니 소피는 친구들 관계에서 매우 방어적이고 고민이 많았다. 그리고 그런 태도는 썩 유쾌하지 않았다. 소피는 방어적인 태도를 호기심을 보이는 태도로 바꾸었다. 항상 성공적인 시간은 아니지만, 소피는 스스로 성장하고 있다고 느낀다. 소피는 먼저 생각을 바꾸었고 그 생각이 행동을 바꾸었다. 친구 관계에서 방어적인 것을 스스로 알아챘을 때 좀 더 호기심을 보이며 친구를 대했다. 지금은 친구 관계를 만들어갈 때 기분도 좋아지고, 새로운 행동도 좀 더 하고 싶어진다.

생각과 감정, 행동은 상호작용을 한다. 이 3가지 중 하나를 바꾸면 다른 것들에 영향을 주어 함께 변한다. 이것이 변화가 일어나는 과정이다. 내 행동을 바꿀 때 나에 대한 생각이 바뀐다. 기분이 나아질 때 더 잘하게 된다. 변화가 빨리 일어나지 않아 스스로 낙담했다는 것을 느낄 때 다음의 말을 기억하자.

변화는 목적지가 아닌 과정이다.

결승선이 없으니 천천히 스스로 격려하면서 여행을 즐기자. 당신을 둘러싼 세상이 변하기를 기다리는 것보다는 결과가 좋을 것이다.

변화를 위해서는 새로운 생각이나 감정, 행동을 실제 삶에서 적용해야 한다. 이 책에서 찾은 지혜와 방법들을 실천하기 위해 시간을 내어야 한다. 당신의 변화가 충분하지는 않겠지만 지금보다는 나을 것이라고 확신한다.

알아차리기 활동: 엄지 테스트

어떻게 변할 수 있는지 그리고 연습이 얼마나 중요한지를 이해하기 위한 간단한 활동이 있다. 우선 두 손을 깍지 끼고, 손가락들을 기도할 때처럼 모두 교차시킨다. 자, 어떤 엄지손가락이 위에 있는가? 이제 손을 풀고 반대 엄지손가락이 위로 올라가게 다시 깍지를 껴보고 잠시 그 상태를 유지한다. 그리고 당신의 몸에 어떤 변화가 생기는지 살펴보자.

불편한가? 처음처럼 익숙한 방식으로 깍지를 끼고 싶은가? 불편한 순간에 편한 방식으로 가려고 하는 것은 어쩌면 당연하다. 이처럼 이 책에서 제안하는 새로운 방식을 접하면, 불편하고 다시 편한 방식으로 돌아가고 싶을 것이다. 하지만 당신의 뇌는 새로운 바람을 이루기 위해 노력하는 패턴도 가지고 있다는 것을 기억하자.

액션 플랜: 엄지 위? 엄지 아래?

엄지손가락 활동을 실제 생활에서 실천해보자. 일과 중에 시간을 내어 깍지를 반대로 끼는 것을 연습한다. 이것을 통해 변화를 위해서는 노력이 필요하다는 걸 알게 되는 것은 물론 연습을 하면 더 나아질 수 있음을 알게 된다.

로버트 이야기는 자신의 속도에 맞추어 어떻게 변화할 수 있는지를 보여주는 좋은 사례이다. 로버트는 많은 사람과 함께 있을 때 불편하고 그럴 때면 말이 없어진다. 그 상황을 의식하면 할수록 더 걱정되고 더욱 말이 없어진다. 가끔 이야기를 꺼내보지만, 말을 더듬거나 단어를 잘못 사용하기도 한다. 로버트는 사람들이 자신의 이야기에 흥미를 보이지 않는다고 느낀다. 결국 사람들이 말을 끊거나 주제를 바꾸거나 잠시 자리에서 일어나는 것이 자신의 이야기가 지루하기 때문이라고 확신하게 되었다.

로버트는 우선 자신이 여러 사람이 모인 장소에서 어떤 생각을 하고 있었는지를 곰곰이 생각해보았다. 여럿이 모인 상황에서 다른 사람들만큼의 언변이 없다고 스스로 생각했다. 이런 생각이 로버트를 더욱 긴장하게 했다. 다른 사람들과 자신을 비교하며 대화 자체를 즐기지 못했다는 것을 알게 되었다. 다른 사람들은 자신감이 있고 자기만 외롭다는 생각에 사로잡혀 있었다. 다른 사람들도 여럿이 모인 이 순간 어쩌면 불편해할지도 모른다는 것을, 그런 순간 그 불편함을 다른 방식으로 해결한다는 생각을 해본 적이 없다. 왜냐하면 한 번도 그 순간을 찬찬히 생각해보지 않았고 불편한 순간이 되면 자리를 피하기 일쑤였기 때문이다. 잘못된 생각 패턴에 갇혀 있었던 것이다.

로버트는 자신의 생각을 확인한 후 행동을 바꾸기로 했다. 하루는 동료들과 대화를 나누고 있는 테드에게 물었다. "어떻게 이렇게 많은 사람과 긴장도 하지 않고 자연스럽게 이야기할 수 있나요?" 테드는 웃음을 터트리며 말했다. "우리도 마침 그 이야기를 하고 있었어요." 옆에 있던 테드의 아내가 "테드는 여러 사람과 이야기를 나눌 때 긴장하면 혼잣말을 하죠"라고 했다. 테드가 이야기를 이어갔다. "아내는 긴장된 순간이면 음식을 가지러 가고 다른 사람들이 이야기하는 동안 그 음식을 아주 조금씩 천천히 먹는답니다"라고 말했다.

　로버트는 다른 사람들도 자신만큼 여러 사람이 모인 순간을 불편해한다는 것을 처음 알게 되고는 놀랐다. 여러 사람이 모인 자리에서 모두가 자신감을 가지는 건 아님을 알게 된 것만으로 마음이 편해졌다. '다른 사람들은 괜찮고 나만 그래'라는 단정은 실수였음을 깨달았다. 그저 그들은 자신만의 방법으로 불편한 상황을 해결했던 것이다.

　테드는 사람이 많이 모인 장소에서 사용하는 자신의 팁을 로버트에게 알려주었다. "이야기를 나눌 때 긴장되면 그 사람들의 말을 먼저 들어주세요. 그런 다음 관심을 표현하거나 질문을 하는 거죠." 테드는 이야기를 이어갔다. "사람들은 자기 이야기를 하는 걸 좋아해요. 사람들에게 이야기를 할 수 있도록 기회를 주면, 내 기분도 편해지고 대화도 자연스럽게 흘러간답니다. 내 이야기를 재밌어할지, 또 어떻게 생각할지를 고민하는 것보다 훨씬 좋은 방법이죠. 그러다 보면 사람들의 생각과 감정을 듣는 것이 재밌어져요."

　테드의 조언은 변화를 시도하는 로버트의 마음을 움직였다. 로버트는 조금 더 용기가 생겼다. 로버트도, 이 글을 읽는 당신도 하루아침에 바뀔 수는 없다. 중요한 것은 '변화는 계속되는 과정'이라는 것이다.

변화는 어렵다

　때론 두 걸음을 나아가면 한 걸음을 후퇴한다. 새로운 언어나 스포츠, 악기를 배울 때를 생각해보면 처음에는 어색하고 불편할 것이다.

빨리 느는 것도 아니다. 하지만 꾸준히 노력하면 성장한 자신을 보게 되고 매 순간 집중하는 자신을 만나게 된다. 이 모든 변화는 꾸준한 노력의 결과이다.

대부분의 사람이 그런 것처럼, 변화를 위해 스스로 엄청난 노력을 해야 한다는 것이 불만일 수도 있다. 그냥 다른 사람들이 변하기를 바랄 수도 있다. 자신의 삶을 업그레이드하기 위한 건설적인 변화는 쉽지 않지만, 모든 사람은 어려운 발걸음을 뗀다. 어떤 사람들은 변화하지 않으려는 것을 '저항'이라고 부르지만, 이 책에서는 '인간의 본성'이라고 부른다. 낡은 습관과 패턴은 깨기가 어렵다.

여기에 아이와 어른의 차이점이 있다. 그건 바로 아이들이 과학적이라는 것이다. 아이는 뭔가를 시도하고, 그것이 통하지 않으면 다른 방법을 사용한다. 반면 어른은 어떤 것을 시도하고, 그것이 통하지 않으면 통할 때까지 시도한다. 다른 결과가 나오길 바라면서 말이다. 만약 어른이 누군가를 변화시키고자 할 때는 심지어 "한 번만 더 말하면 천 번째야. 도대체 몇 번을 말해야 알아듣겠니?"라며 수업을 하듯 말하기도 한다.

어른들은 통하지 않는 방식을 반복할 뿐 아니라 어쩌면 자신의 방식을 고수하는 것이 득이 된다고 믿을 수도 있다. 아래 이야기의 톰처럼 말이다.

톰은 채소와 과일을 먹지 않는 아이였다. 주위에서는 "이것 좀 먹어보지 그래?"라고 말했고 톰은 이를 관심받는 거라고 느꼈다. 시간이 지나면서 톰은 먹어보지 않은 음식이 점점 많아졌다. 그런 톰에게 가족은 '세상 최고의 편식쟁이'라는 별명을 붙여주었다. 톰은 자신을 특별하고 중요하게 만든 편식을 포기할 수 없었다. 그런 톰이 대학생이 되었을 때, 친구들과 함께 생활하게 되었다. 친구들은 톰이 무엇을 먹지 않든 전혀 관심을 두지 않았다. 톰은 새로운 음식을 그제야 먹어보게 되었다. 하지만 방학이 되어 집에 돌아오면, 또 편식하는 습관으로 되돌아간다. 가족은 식사 자리에서 "톰은 채소를 안 먹잖아"라고 말하고 톰은 결국 자신이 만든 습관대로 행동해야 했다. 밖에서는 채소를 먹는데도 말이다.

당신의 변하면 주위도 변한다

당신이 행동을 바꾸기로 마음먹는 게 주위 사람들에게 불편을 주려는 것은 아니지만 당신의 변화에 사람들이 불편함을 느낄 때 "그냥 하던 대로 해"라고 말할지도 모른다. 심지어 비난하거나 조롱해 당신을 어렵게 할 수도 있다. 주위 사람들의 부정적인 반응에 예전으로 돌아가고 싶을 수도 있다. 그렇다면 그 순간 잠시 머물러 다음과 같이 생각한다.

'내가 변하는 것이 다른 사람을 행복하게 하는 걸 의미하거나 다른 사람이 변해야 한다는 걸 의미하진 않아. 그저 내가 바꿀 수 있는 유일한 사람은 바로 나 자신일 뿐이야.'

사람들을 만나는 기술과 태도를 향상시키는 데 집중할수록 주위 사람들은 당신의 변화를 받아들이고 긍정적으로 변할 것이다.

톰의 이야기로 돌아가면, 톰은 '변화는 항상 불편한 거야'라고 생각했고, 가족 안에서의 변화는 특히 그랬다. 하지만 톰은 변화를 시도할 때 받게 되는 주위의 부정적 반응을 무릅쓰고 변하기로 마음먹었다. 자신의 생각, 감정, 행동 패턴을 연습했고 그 과정을 스스로 축하해주었다. 가족에게 자신의 새로운 행동을 시험해보기 전에 집 밖에서 연습해봄으로써 자신이 더 잘 변화할 수 있다는 것을 깨달았다.

가족도 톰을 놀려도 재미가 없다는 것을 깨닫자 생각을 바꿔 더 이상 놀리지 않았다.

알아차리기 활동: 어린 시절의 라벨

라벨은 '○○는 그림을 잘 그려'와 같이 마치 물건의 상표처럼 가지게 되는 고정관념을 의미한다.

어린 시절 사람들이 당신에 대해 떠올리는 것들은 무엇이었는가?

_____

'당신은 이런 사람이야'라는 것이 당신 삶에 어떤 영향을 미쳤는가?

_____

삶에 득이 되었는가? 방해가 되었는가?

_____

만약 당신의 특징 중 하나를 포기한다는 것은 당신에게 어떤 의미인가? 그런 변화에 주위 사람들은 어떻게 반응할까?

_____

마거릿은 수년 동안 성 정체성 문제로 변화를 겪고 있었다. 문제를 해결하기 위해 심리치료를 받는 등 다양한 시도를 했는데, 얼마 뒤 자신이 레즈비언임을 알았다. 한편으로는 문제를 알게 되었다고 생각했지만, 해결해야 할 일들은 참으로 무거웠다. 그 뒤 여자와 데이트를 했고 지난 몇 년보다 마음은 더 괜찮아졌다. 하지만 부모님에게 이 사실을 말해야 하는 것은 몹시 괴로운 고민이었다. 종교적 신념이 강한 부모님은 충격을 받고 이 사실을 받아들이지 못할 것 같았다.

마거릿은 아버지가 살아계시는 동안, 이 사실에 대해 어떤 이야기도 하지 않았다. 아버지가 돌아가신 후 어머니에게는 이 사실을 털어놓아야겠다고 마음먹었다. 더는 속이는 것이 싫었고 사실 가족 안에서 소외감을 느끼기도 했다. 어머니에게 자신의 여자 친구인 엘리시아를 소개해드리고 싶었다. 사실 마거릿은 가족의 평화를 깨고 싶지 않아 부모님이 원하는 대로 하려고 노력했고 그래서 진실을 말하지 못했다. 그러나 더 이상 진실을 숨기고 싶지 않았기에 사실을 말하기로 어렵게 결심한 것이다.

마거릿은 용기를 내어 자신의 성 정체성과 여자 친구 이야기를 하기로 했다. 하지만 "성경에는 레즈비언을 인정하지 않으며 결코 있을 수 없는 일이다"라고 말할 어머니의 반응을 생각하면 참 어려운 대화가 되리라고 생각했다.

마거릿은 이야기를 듣고 어머니가 마음을 바꾸기를 기대하거나 아니면 전처럼 순응하거나 진실을 속이는 대신 용기 내어 그냥 자신의 마음을 이야기했다. "엄마가 알게 되면 충격을 받으실지 몰라요. 중요한 건 엄마를 사랑한다는 거예요. 엄마가 이해해주시지 않아도 괜찮아요. 당황스러우실 거예요. 사실 전 레즈비언이에요. 노력했지만 바꿀수 없었어요. 엄마가 어떻게 받아들이실지 걱정돼요. 전 엄마와 여전히 잘 지내고 싶고 함께 시간을 보내고 싶어요."

어머니는 잠시 생각에 잠겼다가 이렇게 말해주었다.

"마거릿, 엄마에게도 생각할 시간이 필요하구나. 다음 주 생일에 여자 친구를 초대하는 것은 잠시 미루렴. 마음의 준비를 할 시간이 필요하단다. 혼란스러운 건 사실이지만, 엄마도 마거릿을 사랑하고 여전히 너와 함께 시간을 보내고 싶단다."

조금씩 나아가기

마거릿은 자신이 변했다고 다른 사람들도 변해야 하는 것은 아니라는 걸 이해하게 되었다. 너무 먼 미래를 생각하거나 비현실적인 목표를 세우거나 꼭 어떤 결과를 얻어야 한다는 방식은 변화를 어렵게 만든다는 것을 알게 되었다. 엄마와의 진정한 관계를 위해서는 작은 걸음이 필요하다는 것을 깨달았다.

사람들은 종종 너무 큰 기대를 하며 변화를 꿈꾼다. 이렇게 큰 기대는 너무 오랜 시간과 노력이 들게 되고 그래서 포기하기 쉽다. 상황이 나아지기 위해서는 변화를 위한 어려움이 먼저 찾아온다는 것을 기억해야 한다.

처음에는 다소 어색하고 인위적이라고 느낄 수 있지만, 제안들을 따랐을 때 변화가 생긴다. 결국 되돌아보면 불편한 감정이 새로운 행동과 방법을 불러온다는 것을 알게 된다. 그리고 새로운 방법들은 당신의 고유한 인격과 삶의 방식이 된다. 삶은 과정이고 결승선이 없다. 삶은 '무엇을 얻는지가 아니라 어떻게 살아가는지'이다. 이런 삶의 방식이 당신을 마음의 평화와 건강, 행복으로 초대할 것이다.

액션 플랜: 변화를 위한 첫걸음

1. 변하려고 마음먹은 것을 한 가지 적어본다.

   _____

2. 변화를 위해 할 수 있는 가장 작은 시도를 생각한다. 생각한 것을 친구에게 말하거나 자신에게 글로 써보거나 포스트잇에 써서 욕실 거울에 붙일 수도 있다. 당신이 변화를 시도한다고 말하는 것은 누군가에게도 변화를 위한 영감을 줄 수 있다.

   변화를 위한 시도: _____

3. 당신을 멈추게 하는 "그래, 하지만"이라는 두 단어를 생각해본다. 인간은 변화하려고 할 때, 한 걸음 나아가기 위해 몇 걸음을 뒤로 물러나기도 한다. 하지만 당신이 "그래, 하지만"이라고 생각하는 순간 당신의 계획을 미루고 변화와 멀어지게 된다.

4. 걱정은 던져버리고 조금씩 천천히 나아간다.

빨리 변화하려는 마음을 내려놓기

변화를 지연시키는 가장 큰 요인은 변화가 빨리 오길 바라는 마음이다. 한 번에 모든 것을 바꾸려는 태도 말이다. 예를 들어, 수면제나 우울증 치료제 등 약을 통해 해결하려는 것이 대표적이다. 이런 방법은 단기간에 변화가 찾아오는 것처럼 보이지만, 약물에 의존하게 되는 문제뿐 아니라 다양한 부작용도 따라온다. 문제를 발견하고 해결하기보다는 감추는 방식일 뿐이다.

내가 느끼는 감정은 어쩌면 변화가 필요하다는 신호인데, 약물로 이 감정을 바꾸는 것은 자신 또는 타인과의 관계를 건강하게 개선할 기회와 동기를 없애는 것이다. 한 번에 해결할 수 있다는 말은 우선 의심해 보아야 한다.

"저는 우울해요. 걱정이 많아요"라는 환자의 말에 의사는 자세한 상담 과정 없이 약을 처방하는 경우가 너무도 많다.

걱정과 같은 우울은 인간이 경험하는 많은 감정 중 하나이다. '타인에게 환영을 받는지? 사람들을 기쁘게 하고 있는지?'에 관한 걱정부터 '불편하거나 정말 피하고 싶은' 불안까지, 우울을 불러일으키는 상황은 정말 다양하다. 우리 몸에 생기는 다른 고통처럼 우울은 생각, 감정, 행동이 결합된 상태로 당신을 낙담시킨다. 이 책은 약물을 사용하지 않고 자신의 삶을 조절하거나 변화시키기 위한 사람들을 위해 만들었다.

알아차리기 활동: 우울의 실타래 풀기

혹시 "나 우울해"라는 표현을 자주 하는가? 또는 주위에서 "전 우울증이에요"라고 자주 말하는 사람을 보았는가? 이런 말에는 우울은 약물로 나을 수 있다는 생각이 깔려 있다. 이제 우울을 감정의 실타래라고 다르게 생각하자. 고양이가 기침하면서 불편한 것을 뱉어내듯, 감정의 실타래를 시각화하여 하나씩 그려보자. 중심에 털실 뭉치를 그리

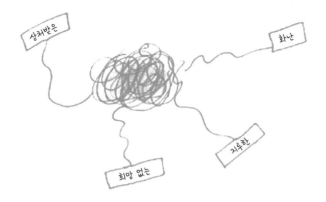

상처받은

화난

지루한

희망 없는

고 그로부터 여러 실을 마인드맵처럼 뻗어 나가게 그린다. 그러고서
실 끝에 감정 단어를 적어보자. 일반적으로 화난, 무기력한, 희망 없
는, 상처받은, 당황한, 황당한, 지루한, 외로운, 의욕 없는(54쪽의 감정 차
트를 활용할 수 있다) 등의 감정이 있다. '우울증'이라는 단어를 들었을 때
와 각각의 감정 단어를 들었을 때 어떻게 다른가? 우울증이라고 말한
다면 의사를 찾고 싶어진다. 하지만 구체적인 감정 단어를 사용하면
좀 더 건설적인 해결책을 초대하여 해결할 수 있다는 희망이 생긴다.
이때 무리하지 않고 조금씩 나아가는 것이 중요하다.

마침내 당신은 '우울증'이라고 말하는 순간, "화가 났구나" 등 다른
감정을 알아차릴 수 있게 된다. 이렇게 구체적인 감정을 알아차리는
것은 당신을 조금씩 변하게 하는 열쇠가 된다.

어느 날 한 내담자가 "우울증 진단을 받았어요"라고 말했다. 그러고
는 자신의 이야기를 이어갔다. "내가 우울증이라고 생각하니 밤에 잠
을 잘 수 없었습니다. 결국 약을 먹게 되었고 이제 약 없이는 문제를
스스로 해결할 수 없어요. 생각해보니 어린 시절부터 오랜 시간 이런

고통을 겪었어요. 하지만 약물의 도움 없이 어떻게 이 문제를 해결해야 할지 엄두가 나지 않아요."

이 내담자와 상담을 진행했고 그 후 내담자는 이렇게 고백했다.

"좀 더 일찍 내 문제에 대해 살펴보았다면, 오랜 시간 이렇게 약에 의존하며 살지 않을 수 있었을 텐데요. 그리고 이렇게 갑작스러운 고통을 경험하지도 않았을 텐데요."

감정 차트

차분한	신난	슬픈	놀란	자랑스러운	의심 많은	속상한
무력한	피곤한	편안한	거절된	겁내는	단호한	지루해하는
분개하는	화난	상처받은	장난기 많은	질투하는	부끄러운	긴장한
짜증난	절망적인	다정한	압도된	잘 모르는	분한	안도하는
외로운	평화적인	우울한	희망에 찬	성격이 나쁜	죄책감 드는	걱정하는

우울증 약을 먹고 있는 사람들은 그 약을 끊는 것을 두려워한다. 결국 의사도 약을 계속 처방하게 된다. 만약 우울증 치료제를 먹고 있다면, 약을 끊고 자기 자신에 대해 진지하게 생각해보길 바란다. 당신은 사람들을 만나는 기술을 익히며 이 문제를 해결할 수 있다. 약을 끊기로 마음먹었다면, 안전하게 끊을 수 있도록 도와줄 의사가 많다.

지금까지 약물을 사용하지 않고 정신적 문제를 스스로 해결할 수 있는 시도를 해왔다. 그러나 상담과 함께 약물을 사용하는 것이 좀 더 효과적이라고 생각하는 내담자도 있다. 이 책을 읽는 독자 중에도 약물의 필요성에 대한 생각을 바꾸기가 쉽지 않은 사람도 있을 것이다. 이 책은 자기 자신을 돕는 다양한 방법을 다룬다. 약물이라는 방법을 선택하든 그러지 않든, 이 책에는 삶을 더 건강하게 할 다양한 방법이 있다. 약에 대한 평생의 습관을 한 번에 바꾸는 것이 아닌 조금씩 조금씩 바꿔나가길 바란다.

변화를 위한 최선의 방법은 그냥 하는 것이다

새로운 습관을 만들기 위해서 연습을 위한 시간을 정하는 것이 좋다. 새로운 방법을 익히기 위해 친구와 함께 시간을 정할 수도 있다. 휴대전화 캘린더에 일정을 저장하고 해야 할 일을 기록해두자.

어떤 사람에게는 요술봉이 있다고 생각하고 자신이 원하는 삶을 그려보라고 하는 것이 도움이 된다. '꿈이 실현된 것처럼 하기'는 마치 그들의 삶이 이미 변한 것처럼 여기는 데 도움이 된다. 마음속으로 꿈이 실현된 걸 상상하는 것은 자기 자신에게 원하는 행동이나 타인이 자신에게 해주길 원하는 행동을 구체적으로 떠올리는 데 도움이 된다.

변화하는 데는 시간이 걸리고 그래서 쉽게 포기하지 않아야 한다는 것을 기억하자. 한 주 동안 매일 해야 할 것들을 구체적으로 정해보자. 나아가 두 주, 세 주 동안 해야 할 것들을 정하고 삶의 패턴에 변화를 시도하자. 자신에게 도움이 되는 이미지가 야구 게임인 경우도 있었다. 어려운 순간 멈추고 싶을 때, 일루에서 멈추는 것이 아닌 모든 베이스를 돌아 홈으로 들어오는 상상을 했다. 또 어떤 내담자는 힘든 순간, 상담사를 고용하거나 친구에게 부탁하여 업무에 집중할 수 있도록 격려하는 역할을 부탁했다. 당신이 격려상담가가 된다면 사람들을 돕는 역할을 할 수 있다.

당신과 내담자는 심리치료나 교육 프로그램, 회복을 위한 모임을 통해 약물에서 벗어나 성장과 건강으로 나아갈 수 있다. 이런 시도들은 당신의 변화에 큰 도움이 된다. 새로운 사람, 장소, 환경에 열린 마음으로 다가가는 것은 당신에게 새로운 방식의 생각, 감정, 행동의 경험을 선물할 것이다.

그냥 시도하자. 때로 변화를 위한 최선의 방법은 생각, 말, 계획, 분석을 멈추고 그냥 하는 것이다. 한 걸음 나아가길 결심했다면, 그대로 밀고 가라. 한 걸음을 나아가면 당신의 생각은 그 단계에 맞게 변해 있을 것이다. 그럼 다음 단계에서 무엇이 필요한지 알 수 있다. 한 단계 이동한 그 자체가 다음에 무엇을 해야 하는지에 대한 피드백을 줄 것이다.

실패에 대한 용기_ 다시 하면 된다

포기하고 싶거나 변하기 어렵다는 생각이 든다면, 용기를 잃은 것이다. 용기란 실수를 할 수 있다는 걸 아는 것이다. 실수가 끝이 아니다. 그리고 용기는 다시 해볼 수 있다는 것을 의미한다. 100번을 시도했을지라도 한 번 더 시도하여 101번째에 될 수도 있다. 여기에는 용기가 필요하다. 삶을 즐기는 태도도 필요하다. 이런 용기와 태도가 당신의 오랜 삶의 패턴과 태도를 업그레이드하는 데 도움이 된다. 인간이라면 누구나 실수할 수 있고 당신도 그렇다. 실수에서 무엇을 배울지 그리고 앞으로 어떻게 행동할지가 중요하다. 실수를 대하는 이러한 태도는 당신이 회복하는 데 도움을 주고 다시 시도할 용기를 줄 것이다.

진정한 변화는 수많은 실수와 함께한다는 것을 아는 데서 시작된다. 실수는 배움과 성장의 좋은 기회이지만, 많은 사람은 자신들의 실수를 숨기거나 회피하려고 한다. 실수하면 어떤 기분이 드는가? 어린 시절 당신이 실수했을 때, 어떤 일이 벌어졌는가? 사람들은 당신에게 어떤 말과 행동을 했는가?

걸음마를 배우는 어린아이를 예로 들어보자. 아이는 계속 넘어지지만 다시 일어나 걸으려 한다. 당신은 이 아이처럼 다시 일어나려고 하는가? 아니면 실수에 대한 두려움으로 안전한 삶을 택하는가? 우리는 후자의 삶을 고착된 안정(Safe and Stuck)이라고 한다. 실수를 삶의 일부로 받아들이고 도전하자.

이 책의 단계들을 따라가는 데도 용기가 필요하다. 자신을 신뢰하고 앞으로 나아가는 데도 용기가 필요하다. 사실 인생의 과제에 직면하기 위해서는 용기가 필요하다. 우리 모두는 성장해야 한다. 나이가 든다고 자연스럽게 성장하는 것은 아니다. 나이가 드는 것만큼 그만큼 꼭 성장하는 것도 아니다. 당신의 삶을 더 건강하고 행복하게 가꾸기 위해서는 좀 더 적극적이어야 한다. 변화를 위해 결코 늦은 때란 없다.

당신의 삶에 가장 영향을 미친 것
1

본성? 양육? 둘 다 아니다

성격에 관한 중요한 비밀이 있다. 바로 당신의 성격에 가장 큰 영향을 미치는 것은 타고난 본성도 후천적 교육과 양육도 아니라는 것이다. 지금까지 우리는 우리의 인격 형성에 가장 영향을 미치는 것이 타고난 본성과 어릴 적 환경이라고 생각했다. 물론 본성과 환경이 중요하지 않다는 것은 아니다. 그러나 그보다 더 중요한 것이 있다. 바로 태어난 순간부터 지금까지의 의식하지 못하는 신념, 결심들이다. 우리는 이것을 사적 논리라고 부른다. 이 사적 논리가 당신의 인격을 형성하는 가장 중요한 요소이다. 본성과 환경이 성격에 영향을 미치지만, 인격을 직접 만들지는 않는다. 성격을 만드는 것은 바로 의식하지 못한 결심들이다.

아래는 성격을 형성하는 요인을 잘 설명한다.

유전(선천적) + 환경(후천적) + 무의식 결심(창조적 해석) = 성격

여기서 유전은 타고난 것을 의미한다. 환경은 당신이 어디엔가 도착했을 때 그 순간의 장면들이다. 당신의 부모 그리고 부모의 가치, 양육 방식, 부모의 관계, 당신의 신체적·사회적 환경, 형제 관계, 출생 순서 등을 의미한다. 자라면서 당신은 세상 그리고 사람들과 관계를 맺으며 상호작용을 하게 되고 이 과정에서 의미 있는 존재가 되고 싶어 한다. 이때 '나는 누구인가'에 대한 창조적인 해석을 하게 되는데, 어린 시절 생긴 이런 믿음들은 당신의 삶을 성공적으로 이끌 수도, 문제를 야기할 수도 있다.

2주 차는 환경이 당신의 성격에 어떤 영향을 미쳤는지 알아본다. 특히 형제 관계는 인격에 큰 영향을 미치기 때문에 3주 차에 따로 다룰 것이다.

공기와 음식, 수면은 인간이 생물학적으로 살아가기 위해 반드시 필요한 것이라면, 소속감과 자존감은 사회적으로 살아가기 위한 필수요소이다. 이번 2주 차에는 어린 시절 당신이 소속감과 자존감을 어떤 방식으로 찾으려 했는지 그리고 오늘날에는 어떤 방식으로 소속감과 자존감을 찾는지에 관한 이야기를 다룰 것이다.

당신이 누구인지 스스로 알아차릴 수 있게 수많은 질문을 담았다. 질문에 대한 답을 컴퓨터에 기록하거나 공책에 기록해보자. 이 기록은 자신에 대해 아는 것은 물론 관계에서 생기는 문제를 해결하는 데도 큰 도움이 된다. 당신이 누군가를 돕길 원한다면, 그 사람과 다음에 나오는 여러 활동을 하며 상대가 자기 자신을 알아가도록 도와보자.

부모로부터의 영향

어린 시절 삶이라는 무대에 들어서는 순간 당신은 즉시 자신과 타인 그리고 삶에 대한 결심을 한다. 그리고 소속되기 위한 자신만의 방법을 찾는다. 당신의 부모는 극장을 만들었고 또 당신의 결정에 장기적으로 큰 영향을 미쳤다.

여기에서 부모란 생리학적 부모가 아닌 당신을 주로 양육하고 영향을 준 주양육자를 의미하며, 이는 낳아준 부모나 할머니, 할아버지, 계모나 계부, 키워준 부모 등을 의미한다. 그들은 당신의 삶이라는 연극의 연출자였고 환경을 제공하고 양육했고 가족의 환경을 만들기도 했다. 당신이 어떻게 행동하고 하지 말아야 하는지에 대한 결정을 할 때 주양육자의 가치는 큰 영향을 미쳤을 것이다. 주양육자의 양육 방식이 자기 자신과 타인 그리고 삶, 자신의 행동에 대한 기초 신념을 형성하는 데 영향을 주었다. 이런 환경적 영향을 살펴보는 것은 당신을 이해하는 데 큰 도움이 된다.

알아차리기 활동: 부모의 훈육 방식과 그 영향

당신의 부모는 허용적이었는가? 잘 받아주었는가? 육체적 체벌을 했는가? 아니면 감정적 학대를 했는가? 당신을 거부했는가? 다른 형제자매를 편애했는가? 부모의 양육에 대해 당신은 어떤 결심을 했는가?

　수잔은 시골 지역의 대식구 속에서 자랐다. 부모는 아이들에게 일찍 일어나 집안일을 돕고 어린 동생들을 돌보라고 했다. 만약 자신이 해야 할 일을 하지 않으면 부모는 그 아이를 찾아 벨트로 때렸다. 수잔은 부모의 말을 잘 듣고 문제를 일으키지 않겠다고 결심했다. 때론 힘들었지만 실수하지 않으려고 노력했으며, 부모에게 걸리지 않으려고 실수를 숨기거나 다른 형제자매에게 책임을 돌리기도 했다.

환경의 역할

　삶이라는 연극에서 당신이 무대에 올랐을 때 어떤 것들이 세팅되어 있었는가? 수많은 사람과 소음으로 가득했는가? 아니면 조용하고 한가한 시골이었는가? 가족과 이웃은 어떤 언어를 어떻게 사용했고 어떤 풍습이 있었는가? 강이나 호수가 있었는가? 아니면 평지나 바닷가였는가? 물리적 환경에 따라 결심이 달라질 수 있다. 만약 대도시 고층 아파트에서 자랐다면, 시골 작은 마을에서 자란 사람과는 세상을 바라보는 관점이 다를 것이다.

　셜리는 큰 호수가 있는 작은 마을에서 자랐다. 셜리 가족은 마을에서 유일한 유대인이었고 마을 아이들은 그런 셜리를 자주 놀렸다. 셜리는 왜 친구들이 자신을 놀리는지 몰랐다. 그저 그들은 친구이며 셜리 자신도 모르는 자신의 잘못이 있다고 생각했다. 셜리는 놀림을 받고 싶지도 상처를 받고 싶지도 않았고 그래서 모두가 좋아하는 행동을 하기로 결심했다. 또 유대인이 아닌 척 행동했다. 만약 셜리가 유대인들이 모여 사는 큰 도시에서 살았다면 어린 시절 그녀의 신념과 살아가기 위한 방식, 세상을 바라보는 방식은 달랐을 것이다. 주위와 잘 어울릴 수 없다는 신념은 어린 시절의 경험에서 영향을 받은 것이다.

알아차리기 활동: 어린 시절 환경의 영향

당신이 어린 시절을 보낸 장소를 떠올려보자. 어린 시절의 환경이 지금의 당신에게 어떤 영향을 미쳤는가? 어린 시절의 그 환경이 당신이 하게 된 무의식적 결정이나 창조적 해석에 어떤 영향을 미쳤는가?

가족 분위기의 영향

무대는 당신이 태어나기 전 이미 세팅되어 있었다. 만약 이웃이 당신의 가족 분위기를 설명한다면 어떻게 했을까? 서로 격려하고 행복한 분위기였는가? 우울하고 절망적이었는가? 예측 가능하고 규칙적이었는가? 혼란스럽고 규칙적이지 않았는가? 무서웠는가, 안전했는가? 따뜻하고 우호적이었는가, 아니면 차갑고 무관심했는가?

이 모든 것은 당신의 감정과 기대 그리고 신념에 중대한 영향을 미쳤다. 부부가 서로 대하는 방식, 자녀를 양육하는 방식, 부모의 언행, 집에서 어떻게 하는지를 가족 분위기라고 하는데 당신의 부모가 이 가족 분위기를 만들었다.

알아차리기 활동: 가족 분위기의 영향

당신이 자란 가족 분위기를 적어보자.

그런 분위기에서 자란 것이 지금의 당신에게 어떤 영향을 미쳤는가? 삶, 타인, 자신에게 지금까지도 영향을 미치는 결정은 무엇이었는가?

케빈의 가정에서는 밤마다 폭력이 일어났다. 부모가 접시나 물건들을 던지며 다투었다. 그때마다 케빈과 여동생 조이는 몸을 덮을 만한 것을 찾아 자신들을 보호해야 했다. 부모는 술을 계속 마셨고 그럴 때면 소리를 질렀고 싸움이 격렬해지면 아빠가 엄마를 때리기도 했다. 그러나 다음 날 부모는 아무 일도 없는 듯 행동했다.

케빈은 스스로 정말 중요한 신념, 즉 사적 논리를 만들고 있는 것을 알아차리지 못했고 또 남자와 여자의 관계에 관한 신념이 훗날 성인이 되었을 때 문제를 일으킬 거라는 것도 알지 못한 채 성장했다. 남자는 필요하다면 육체적인 힘을 사용해야 한다는 결심을 하게 된 것이다. 그의 아빠가 그랬던 것처럼, 가족 안에서 어떤 문제가 일어나면 힘을 사용할지 말지는 스스로 결정할 수 있다고 믿게 되었다.

하루는 조이가 케빈의 방에 가위와 풀을 빌리러 갔는데, 케빈이 기분이 좋지 않아 조이에게 좋지 않은 말을 했다. 조이는 케빈에게 말대꾸를 하며 놀렸고 곧 몸싸움으로 번졌다. 케빈은 조이의 머리를 때리고 장난감을 던졌다. 조이는 케빈이 던진 장난감에 맞아 상처가 났다. 조이는 소리를 질렀고 이 소리에 엄마가 놀라서 달려왔다.

케빈과 조이의 어린 시절 삶은 혼란스럽고 거칠었는데, 이런 삶의 패턴은 어른이 되어서도 영향을 미친다. 케빈은 폭력으로 가정을 끌고 간 아빠처럼, 조이는 폭력 상황을 겪은 엄마처럼 오랜 시간을 보냈다.

부모 가치관의 영향

당신의 인생극장은 비극이었는가? 코미디였는가? 주제는 무엇이고 어떤 흐름이었는가? 모든 가정에는 저마다 중요한 것들이 있는데, 이를 가족의 가치라고 한다. 만약 한 부모 가정에서 자랐다면, 조부모나 당신의 양육을 도운 사람들로부터 다양한 가치를 물려받게 된다. 자신의 동의와 상관없이 자녀는 중요한 어른들로부터 가치와 메시지를 다양한 방법으로 얻게 된다.

모든 가정은 가치를 가졌지만, 가정마다 가치는 모두 다르다. '일하고 놀기' '건강한 신체 건강한 정신' '자비로운 사람이 되자' '침묵은 금이다' 등 가족마다 다양한 가치를 지향한다. 이런 가치와 다양한 이슈에 대한 당신 부모의 태도는 당신이 어렸을 때, 가족과 수많은 상호작용을 하며 영향을 주게 된다. 이런 주제에 당신은 매일 노출되었고 아이들은 보통 그런 가치에 중립적이지 않다. 그래서 당신은 자신을 이끄는 무의식적 신념 안에 '되어야 하는 것들(Shoulds)'에 대한 결심을 하게 된다.

'공부를 잘해야 돼' '자립적인 사람이 되어야 돼' '너만 생각하지 말고 사람들을 배려해야 돼' '물질만능주의가 되면 안 돼' '낯선 사람들을 조심해야 돼' 등 ~이래야 해(shoulds)를 포함한 다양한 결심을 하게 된다.

알아차리기 활동: 가족 가치의 영향

당신 가족의 가치는 무엇이었는가? 질병, 돈, 성취, 일, 술과 마약, 성, 남성과 여성의 역할 등에 대한 가족의 가치는 어땠는가? 그것들을 적어보자.

대니는 훌륭하고 가치 있는 사람이 되기 위해서는 공부가 중요하다고 생각하는 가정에서 자랐다. 이런 말을 부모가 직접적으로 하지는 않았지만, 대니가 좋은 점수를 받거나 학교 행사에 적극적으로 참여할 때 좋아했고, 점수가 좋지 않거나 열심히 하지 않을 때는 화를 냈다.

처음부터 대니의 형 마크는 학교에서 점수가 좋지 않았다. 매일 밤 마크는 아빠와 숙제 문제로 티격태격했다. 아빠는 마크가 숙제를 완벽하게 해서 내길 바랐다. 반면 마크는 숙제에 별 관심이 없었고 왜 해야 하는지도 몰랐다. 그럭저럭 고등학교를 졸업했지만, 마크는 학교에는 다시 발을 담그지 않으리라 맹세했다.

마크는 건설 관련 일을 하게 되었고 실력도 수준급이었다. 하지만 자신의 프로젝트가 완벽하게 끝나기 전까지는 만족하지 못했다. 또 관련 면허증을 따려고도 하지 않았는데, 이는 시험을 준비하던 어린 시절의 영향 때문이었다.

반면 대니는 학교를 사랑했다. 대니는 학교에서 높은 점수를 받았고 과제도 성실히 수행했다. 그리고 좋은 대학에 진학했다. 대학을 졸업하고 나서도 다양한 분야에 관심을 가지고 더 깊이 공부했다.

부모 인격의 영향

자녀에게 인생이라는 극장의 리더는 바로 부모이다. 그 리더에 대해 생각해보자. 부모의 인격과 행동은 남자와 여자는 어떻게 행동하고 어떤 모습이어야 하는지에 대한 생각뿐 아니라 당신의 인생관에 많은 영향을 주었다. 만약 아버지가 안 계시는 가정에서 자란다면, 남자는 어때야 하는지를 누구를 보며 배울 수 있을까? 또 어머니가 안 계시는 가정에서 자란다면, 여자는 어때야 하는지를 누구를 보며 배울 수 있을까?

알아차리기 활동: 부모 인격으로부터의 영향

부모님은 어떤 분이셨는가? 당신이 어릴 적의 부모를 각각 세 단어의 형용사로 적어보자.

아버지: _____

어머니: _____

딜런과 존의 어머니는 창조적이고 에너지가 넘쳤으며 낙관적인 분이었다. 모든 것은 잘될 거라고 믿으며, 걱정 같은 건 하지 않아 보였다. 또한 마음만 먹으면 누구나 할 수 있다는 믿음을 가지고 있었다. 만약 어떤 일을 하는데 누군가 "그건 할 수 없을 것 같아요"라고 하면 어떤 방법을 써서라도 해내는 그런 분이었다.

반면 아버지는 진지했고 가족을 위해 최선을 다하는 분이었다. 아버지는 열심히 일했고, 안정적인 수입으로 어머니가 다양한 활동을 할 수 있게 지원했다.

어머니는 지역의 학교 프로그램 운영을 개선하는 일을 했고, 예산 삭감이 예정되어 있던 프로그램을 다시 할 수 있도록 하는 등의 성과를 이루었다.

딜런과 존은 자신의 인격이 어떻게 형성되었는지를 알아보는 워크숍에 참여하게 되었다. 딜런은 어머니의 영향을 받았다는 것을 깨달았다. 바로 '삶은 꾸준히 노력한다면 이룰 수 있어'라는 메시지였다. 그제야 "넌 너무 과제 중심적이야"라고 불평하던 여자 친구를 이해할 수 있었다.

반면 존은 가족에 대한 다른 관점을 가지고 있었다. 존은 자신이 '남자는 열심히 일해야 하고 여자는 원하는 것을 얻는다'라는 신념을 가졌음을 알게 되었다. 그제야 존은 왜 여자 동료와 의견이 다를 때 강하게 주장하지 못하는지, 또 여자 후배에게 일을 시키지 못하는지 이해하게 되었다.

부모 관계의 영향

친밀감, 협력, 협상 등에 관한 당신의 관점은 부모가 갈등과 다름을 어떻게 해결하는지에 따라 많은 영향을 받는다. 당신의 부모는 서로 어떻게 지냈는가?

부모가 함께했는가? 부모 중 한 명이 떠나 나머지 한 명과 지냈는가? 한 명은 신체적 힘으로 해결하려 했고, 다른 한 명은 감정적으로 해결하려 했는가? 혹 이혼을 했는가? 또는 재혼을 했는가? 만약 그렇다면 당신은 관계가 아주 쉽게 깨질 수 있다고 믿었을지 모르며, 누군가를 완전히 신뢰하기 힘들었을 수 있다. 또는 결혼하지 않겠다고 결심했을 수도 있고 결혼은 별로 좋지 않다고 생각했을 수도 있다. 아니면 폭력적이고 나쁜 관계와는 이별하고 다른 사람과 관계를 맺는 것이 중요하다고 믿었을 수도 있다.

만약 부모가 서로 무섭게 다투고 공격적이었다면, 당신은 삶이라는 공간이 매우 위험하다고 생각할 수 있다. 당신의 부모는 협력적이었는가? 아니면 갈등이 빈번했는가? 부모 중 한 명이 늘 결정하고 다른 한 명이 순종했는가? 아니면 함께 의논하고 민주적으로 결정했는가? 만약 한 명은 지시하고 다른 한 명은 따르는 가정에서 자랐다면, 당신은 세상에는 보스가 있고 그가 결정하면 나머지는 따른다고 생각하게 된다. 부모가 함께 의논하고 서로 존중하며 서로의 감정을 나누고 함께 결정했는가? 서로 따뜻하고 사랑하고 친절했는가? 아니면 서로에게 화를 내고 냉소적이고 사이가 멀었는가? 부모의 관계가 냉랭했다면, 당신은 모든 관계는 거리가 필요하다고 생각할지 모른다. 따라서 갈등하며 고립되는 감정을 피하려 할 것이다.

알아차리기 활동: 부모의 관계가 내 삶에 어떤 영향을 미치는가?

어린 시절 부모의 관계에 대해 떠올려보고 그때의 부모 관계가 지금 내가 살아가고 있는 환경에서 주위 사람들과의 관계에 어떤 영향이 있는지 비교해보자.

켈리는 '격려상담' 과정을 공부하면서 자신과 주위와의 관계에 대해 되돌아보았다. 그녀는 부모님이 서로 어떻게 대했는지를 생각해보았다. 어린 시절 켈리의 아빠는 엄마가 작은 실수를 하거나 해야 할 일을 하지 않을 때마다 화내고 소리를 질렀다. 그런 생각을 하니 켈리는 다시 두려운 기분이 올라왔다. 그럼 엄마는 아빠에게 미안하다고 말하곤 했다. 아빠는 감정 기복이 매우 심했다. 때로는 엄마가 좋아하는 음식을 선물하거나 함께 즐거운 시간을 보내기도 했다.

켈리는 돌이켜 생각해보니 집안 환경이 변화가 심하고 공격적이었음을 알게 되었다. 부모의 관계가 지금 자신의 삶에도 많은 영향을 미치고 있다는 것도 깨달았다. 켈리는 자신이 누군가에게 화내는 것도, 누군가가 자신에게 화내는 것도 항상 두려웠다. 어쩌면 어린 시절 화가 난 아빠를 보고 무서워했던 경험을 또 하고 싶지 않을지도 모른다. 그 뒤로 켈리는 실수하는 것을 두려워했고 도전을 하지 않았고 주저하게 되었다. 그녀의 이런 삶의 태도는 변하지 않았다. 켈리는 이렇게 생각했다. '남자는 예상할 수 없는 존재야. 너무 가깝지 않도록 거리를 유지해야 해.'

훈육 방식의 영향

부모의 훈육 방식이 서로 달랐다면, 어린 시절 당신의 생각하는 방식 뿐 아니라 행동에도 많은 영향을 미친다. 물론 어른이 된 지금도 영향을 미친다. 당신은 부모의 훈육 방식이 옳았다고 생각할지도 모른다.

아니면 부모의 훈육 방식에 저항했을 수도 있다. 하지만 당신은 가정의 평화를 원했기 때문에 부모의 서로 다른 훈육 방식을 견뎠을 것이다. 한 명은 권위적이고 다른 한 명은 허용적인 훈육 속에서 혼란을 겪었을 수 있다.

부모는 당신이 순종적이길 기대했는가? 자녀를 존중하고 의견을 묻고 격려하는 방식이었는가? 의논하지 않고 부모가 일방적으로 결정했는가? 가족회의를 하거나 대화를 하며 감정과 생각을 나누고 문제를 해결했는가? 자녀를 인격체로 존중했는가, 무시했는가? 말을 안 들을 때 당신을 복종시키고 벌을 주었는가? 보상이나 벌, 체벌 등의 방식으로 당신을 대했는가? 비록 부모와 생각이 다르더라도 당신이 스스로 생각하도록 훈육했는가? 하고 싶은 대로 하도록 그냥 내버려두었는가? 가족의 일을 나누어 같이 하게 하고 부모의 경계 안에서 원하는 것을 하게 했는가?

부모의 리더십 스타일은 당신의 신념에 많은 영향을 미쳐 결국 당신이 어떤 일을 결정할 때 중요한 역할을 한다. 많은 부모나 교사, 상담사는 다음에 나오는 4가지 훈육 방식이 복합적으로 섞여 있다. 다만 이 4가지 훈육 방식에 따른 영향에 관한 차트는 부모의 훈육 방식이 자신과 타인 그리고 삶에 대한 관점이나 행동에 어떤 영향을 미치는지를 이해하기 위한 참고 자료이다. 당신 자신과 타인에 대해 더 알아가고, 친절하며 단호한 부모에 대한 신념이 확고해지며, 다양한 기술을 익혀 수평적 관계를 맺길 바란다.

훈육 방식	부모의 신념	부모의 행동	아이에게 미치는 영향
권위주의적 부모 (authoritarian) 대장 · 보스형 독재자 사령관 어마마마 아바마마 보스	내가 대장이야. 내가 결정할 거야. 내가 옳아. 나에게 권리가 있어. 나에게 책임이 있어. 자녀는 내 소유야.	융통성 없는 규칙. 자유를 허락하지 않음. 강요와 벌을 사용함. 두려움을 통해 존중을 강요. '답은 하나야'라는 생각. 감정은 중요하지 않음. 자녀를 소유물처럼 대하기. 복종을 기대하기. 소리 지르기, 위협하기, 설교, 보상, 비난, 칭찬 등의 방법 사용. 부모가 결정, 부모가 책임. 과잉보호. 완벽을 강조하고 자녀가 아닌 다른 사람들의 생각을 중요시함.	난 무기력하고 타인에게 의지해야 해. 난 부족해. 난 스스로 할 수 없고 복종해야 해. 솔직한 감정은 숨기는 거야. 포기할래. 언젠간 복수할 거야. 난 충분히 괜찮지 않고 완벽해져야 해. 다른 사람들이 나를 위해 결정해줄 거야. 힘이 중요해. 그래서 나도 이기기 위해서는 힘을 가져야 해.
허용적인 부모 (permissive) 마시멜로처럼 너무 부드러운 소심한 줏대 없는 쉬운 을의 관계	난 중요하지 않아. 나보다 다른 사람이 더 중요해. 난 힘이 없고 통제할 수 없어. 나에게는 권리가 없고 아이에게 모든 권리가 있어.	아이에게 모든 힘을 부여함. 규칙이나 일과, 한계가 없음. 아이가 불편한 감정을 갖는 것을 지나치게 힘들어함. 결정에 대한 모든 책임을 아이에게 부여함. 양육의 노예가 됨. '안 돼'라고 말하는 것에 죄책감을 느낌. 친절하지만 단호하지 않음. 많은 자유를 주지만 예의가 없음. 자녀를 존중하지만 정작 자기 자신을 존중하지 않음.	다른 사람들은 내게 뭔가를 해주어야 하는 존재고 나를 보살펴주어야 해. 난 받기를 기대해. 세상은 나를 중심으로 돌아가지. 내가 결정하고 내가 원하는 대로 할 수 있어. 한계나 경계는 없어. 삶은 안전하지 않아. 난 사랑받지 않아. 난 내 요구를 받아줄 그리고 내가 원하는 것을 해줄 타인에게 의존해.
회피형 부모 (neglectful) 무관심 회피하는 부재한 병이 나는 중독 양육 포기	부모로서 난 부족해. 육아는 내게 너무 어려워. 차라리 즐기는 게 낫겠어. 나 혼자 둬. 양육이 싫어. 가족에겐 내가 필요하지 않아. 내가 뭔가를 하면 오히려 상황을 악화시킬 거야.	어떤 요구도 하지 않고 어떤 요구도 듣지 않음. 친절하지도 단호하지도 않음. 자유도 경계도 주지 않음. 자신과 자녀 모두를 존중하지 않음. 혼돈을 만듦. 가족과 거리를 둠.	난 중요하지 않아. 난 사랑받지 못하고 있고 사랑받을 자격이 없어. 난 가치 없는 존재야. 누구도 나에게 관심이 없지. 내가 모든 것을 결정해야 해. 난 돌봄을 받을 자격이 없어. 심지어 나 자신에게조차 말이지.

| 친절하며
단호한 부모
(Firm and
Kind)
리더
안내자
코치
친구
멘토 | 아이들도 결정할 수 있어. 다른 사람들도 가치 있고 나 또한 가치 있는 존재야. 난 한 인간으로 완벽하지 않아도 돼. 실수는 배움의 기회야. 모든 사람이 중요한 것처럼 나 또한 중요해. 나는 책임감이 있지만 유연하게 대처할 수 있어. 난 나와 자녀 모두를 신뢰해. 그리고 언제나 내 목소리를 내지. | 힘을 나누어 가짐. 친절함과 단호함으로 리드함. 타인을 존중함. 자녀를 한 인격체로 대함. 아이가 결정할 수 있도록 격려함. 아이의 장점을 격려하고 독립적으로 자라도록 함. 선택권을 주고 타인에게 관심을 갖도록 교육함. 평등을 강조함. 죄책감을 느끼게 하지 않음. 현실적인 목표를 제시함. 안 되는 것은 안 된다고 말함. 질문, 요청, 설득, 협력, 연습 등의 방법으로 훈육함. 아이의 이야기를 잘 들어줌. 아이가 자신의 목소리를 낼 수 있게 격려함. 믿음을 보이며 강점에 주목함. 감정을 들어주고 공감함. 일과표를 만들거나 순서를 정하고 따르게 함. 결과보다 노력을 강조함. 책임을 나누고 아이에게 스스로 원칙을 갖도록 가르침. | 난 책임 있고 타인을 존중해. 스스로 원칙이 있고 결정할 수 있어. 타인과 협력하고 함께 결정하지. 나 자신에 대해 생각하고 능력 있는 존재야. 다른 사람들의 생각에 열려 있고 스스로 중요한 존재라고 생각해. 문제를 해결할 수 있어. 나 자신을 신뢰하고 지금 이대로 충분히 괜찮아. 타인을 신뢰하고 실수를 통해 배워. 완벽하지는 않지만 노력을 통해 향상되고 있지. |

당신의 부모가 당신을 훈육한 방식이나 당신을 훈육하는 데 더 나은 방식이 있었다는 것에 동의하지 않더라도 놀랄 일이 아니다. 만약 당신의 가정이 그러했다면 당신은 다음과 같은 결심을 했을지도 모른다. '나는 내가 원하는 것을 얻기 위해서 누구에게 부탁해야 할지를 알아.' '부모가 다투느라 바쁜 동안 피해 있고 내가 원하는 것을 할 거야.' '삶은 혼돈이야.' '여자는 친절하고 남자는 거친 존재야.'

어린 시절에 생긴 이러한 신념이 여전히 당신의 마음속에 있는지 살펴보자.

알아차리기 활동: 부모의 훈육 방식이 당신의 삶에 미친 영향

부모의 훈육 방식이 당신의 삶에 미친 영향은 무엇인가? 당신의 답을 살펴보자. 이때의 결심이 지금의 삶에, 주변과의 관계에 영향을 미치는가? 어떤 것이 영향을 미치는가?

시몬의 부모는 매우 엄격한 권위주의적 부모 유형이었다. 매우 어렸을 때부터 시몬의 행동을 고치는 데 엄격했다. 옷차림, 식사예절, 말하기, 공공예절 등 말이다. 음식을 조금이라도 남기면 다 먹게 했고, 그런 규칙을 따르지 않으면 벌을 주었다. 그들은 시몬이 학교생활도 잘하길 기대했다. 공부뿐 아니라 피아노, 테니스 등 다양한 분야에서 우수한 성적을 거두길 기대했다.

사춘기가 된 시몬이 자기 생각을 표현하기 시작하면서 식사 시간은 전쟁터가 되었다. 시몬은 자기 생각이 왜 맞는지 이유를 들어가며 이야기했지만 시몬의 아빠는 자신의 생각과 맞지 않으면 그 이야기를 무시했다.

시몬의 부모는 시몬에게 너무 엄격하게 대하는 바람에 시몬이 자신의 삶을 향상시킬 선택권도 시간도 가지지 못했다는 것을 알았어야 했다. 시몬은 항상 강요받았기 때문에 다른 생각, 감정, 행동, 심지어 옷 입는 것에도 새로운 시도를 해보지 못했다. 그래서 시몬이 대학교에 진학하여 혼자 생활하게 되었을 때 무엇을 먹고 입을지, 무슨 일을 할지, 언제 과제를 해야 할지 등 혼자 결정할 수 있는 것이 없었다. 이런 상황이 너무 힘들었던 시몬은 두 달 사이에 4명의 남자와 사귀었고 체중이 급격하게 불었으며 5종류의 약물을 복용했고 3과목에서 낙제점을 받았다. 결국 첫 학기가 끝나기도 전에 심각한 우울증을 안은 채 집으로 다시 돌아오고 말았다.

부모의 훈육 방식이 당신의 삶에는 어떤 영향을 미쳤는가?

액션 플랜: 함께 해보기

- 형제자매가 있다면, 이번 2주 차에서 했던 질문에 답을 할 수 있는 누군가에게 질문을 하고 당신의 답과 비교해보자. 당신 답과 달라서 놀랄지도 모르겠지만, 누구의 답이 맞는지를 가리기보다 이 활동을 그저 즐기자.
- 어릴 적 사진 한 장을 고른다. 그리고 자주 볼 수 있는 곳에 붙인다. 사진을 볼 때마다 격려의 말을 해주자.
- 5분 동안 당신의 강점과 능력을 적어보자. 그것을 큰 소리로 말한다. 그런 다음 당신이 생각하는 자신의 약점을 적어본다. 또 큰 소리로 말해본다. 약점을 말할 때는 그 문장 뒤에 반드시 "이 역시 나의 한 부분이야"라는 말을 붙인다.

유전의 영향

당신의 삶에 영향을 미친 또 다른 요인은 바로 유전이다. 성별, 키, 체형, 뼈 구조, 눈과 머리, 피부색, 목소리, 시력, 청력 등을 포함한다.

만약 당신의 키가 작다면, 키 큰 아이들과 비교하며 스스로 부족한 존재라고 생각했을 수 있다. 주목받는 자리를 싫어했을 수도 있다. 그리고 자신을 지키려 했을 것이다. 또는 주목을 받아야 할 때는 소동을 일으켜야 한다고 생각했을 수도 있다.

외모가 남보다 뒤처진다고 생각했다면, 공부나 다른 방법으로 외모를 보상하기 위해 노력했을 수 있다. 또는 외모를 바꾸는 것은 거의 불가능하기 때문에 관심받기를 포기했을 수도 있다. 아니면 수술을 해서라도 자신이 원하는 외모를 가지려 결심했을 수도 있다.

벤은 5살이다. 벤은 소아마비에 걸려 철제 호흡 보조기를 해야만 했다. 치료 후 회복되어 더 이상 철제 호흡 보조기를 하지 않고 목발을 짚고 걸을 수 있게 되었지만, 여전히 누군가의 도움을 받아야 한다는 생각을 떨쳐버릴 수는 없었다.

벤의 부모는 벤이 보통의 삶을 살길 원했다. 그래서 지역의 공립학교에 보냈다. 벤은 주목을 받게 될 순간이 되면, 그 자리를 피해 교실 어딘가에 숨기도 하면서 누군가에게 주목받지 않으려고 했다. 그 대신 자기 내면에 관심이 많아졌고 음악과 미술에 대한 사랑을 키워나갔다.

어린 시절 철제 호흡 보조기에 의지했던 경험은 고립과 무력함의 두려움으로 기억되었고, 성장하여 이성을 만날 때도 영향을 미쳤다. 이성을 선택할 때도 철제 호흡 보조기처럼 자신을 보호해줄 수 있는지에 끌렸다. 자신은 다른 사람들보다 더 도움이 필요한 사람이라고 생각하며 자신을 보호해줄 이성을 찾은 것이다.

많은 사람이 기질은 유전이라고 믿는다. 그러나 우리는 당신의 정체성을 찾기 위한 과정, 형제와 다른 특별한 점을 가지기 위해 어떤 무의식적 결정을 했는지를 주목한다. 즉 당신에게 영향을 미친 것은 당신이 한 결정들이다. 출생 순서(첫째, 둘째, 중간, 막내)에 따라 행동 특성이 얼마나 비슷한지를 보면 놀랄 때가 있다.

지금까지 어린 시절의 경험, 특히 부모의 훈육 방식에 따라 당신이 어떤 결심을 했고 그것이 지금 당신의 삶에 어떤 영향을 미쳤는지를 살펴보았다. 다음 3주 차에서는 형제자매 관계에서의 위치가 삶에 어떤 영향을 미쳤는지를 살펴볼 것이다.

3주

당신의 삶에 가장 영향을 미친 것
2

형제자매의 관계

당신의 성격과 정체성에 가장 영향을 많이 미친 사람은 누구일까? 바로 당신의 형제자매이다. 만약 형제자매가 없다면, 사촌이나 친한 친구 또는 자신과 비교 대상인 동네 친구일 것이다. 당신이 자랄 때, 경쟁상대로 주로 생각했던 사람은 바로 당신의 형제자매일 가능성이 매우 크다. 여기서 '경쟁상대'(competitor)의 의미는 당신과 비교(comparison)한 대상을 의미한다. 인간은 더 큰 세상에 소속되고 싶어 하면서도 특별하고 유일한 존재가 되고 싶어 하기 때문에 경쟁과 비교는 같은 의미이다.

당신은 어린 시절에 형제자매와 비교하며 자신에 대한 결정들을 했을 것이다. 가족과 어린 시절을 보내면서 파이이론처럼 가족 내 자원은 제한적이고 가족은 파이 조각과 같다고 생각한 적이 있는가. 다른 형제자매가 한 조각을 차지하면 당신은 다른 조각을 찾아야 했을 것이다. 소속감과 자존감은 인간의 두 가지 기본 욕구이기 때문에 가족 내에서 당신의 자리를 차지하기 위해서 무의식적 결정을 할 때도 강렬한 감정을 느꼈을 것이다. 연극에서 인물들이 성장하려면 다양한 사건이 필요한 것처럼 인생의 극본을 만들기 위해서는 갈등이 늘 필요하다. 더 많은 인물을 추가하는 것만큼 갈등을 겪게 하는 기회가 또 어디 있을까?(우리의 경우에는 형제자매일 것이다)

　수년 동안 많은 워크숍과 상담을 진행하며, 성격을 형성하는 주된 요인이 어린 시절 가족 내에서 어떻게 소속되고 어떻게 특별한 존재(unique)가 될지 결심한 것과 관련 있음을 보았다. 10명 정도의 작은 그룹에서 100명 정도의 큰 그룹까지 출생 순서로 모둠을 나누고 장점, 단점, 차이점, 바람을 적은 후 결과를 모둠별로 발표하면 다른 출생 순서 참가자보다 같은 출생 순서 참가자끼리 공통점이 훨씬 많다는 것을 발견한다. 이 정보는 지금의 당신을 이해하는 데도 도움이 된다. 그러면 형제 관계가 당신의 삶에 어떤 영향을 미쳤는지를 이해할 수 있는 좋은 활동을 소개하겠다.

알아차리기 활동: 가족 파이

1. 가족 내에서 특별한 자리를 차지하려고 어떤 결심을 했는지 이해하기 위해 원을 그린 다음 형제자매 수만큼 피자 조각처럼 나눈다. 죽은 형제자매도 당신의 정체성에 영향을 미쳤으므로 원 밖에 점선으로 네모를 그리고 그 안에 표시한다. 부모는 포함하지 않는다.

2. 조각마다 형제자매의 이름을 적고 당신의 이름도 적는다. 각 조각의 이름 아래 당신과 나이를 비교하고 얼마나 많았는지 적었는지를 적는다.(○○ +3, □□ -2) 각각의 이름 아래 그 형제자매의 어릴 적 특징을 대표하는 형용사를 3~4개 적는다. 이제 파이 조각을 확인하고 당신이 형제자매와 어떻게 다르고 어떤 방식으로 특별해지고 싶었는지를 찾아본다.

3. 당신의 이름 아래 적은 형용사들은 당신의 신념을 반영한 것이다. 형제자매 중 누가 당신과 가장 다른가? 또 누가 가장 비슷한가? 무엇이 당신을 특별하게 만드는가?

4. 결혼을 했다면, 이 활동을 배우자와 해보는 것도 좋다. 당신의 파이 조각과 비교하며, 어떤 점이 같고 어떤 점이 다르며 어떤 점에서 갈등이 생기는지를 찾아본다. 이 활동 후 바로 3주 차 마지막에 소개하는 '내가 누구와 결혼한 거지?' 활동(106쪽)으로 이어가길 추천한다.

형제자매 간의 경쟁_ 서로 다른 관점

　형제자매의 경쟁이라고 하면, 서로 다투는 것을 떠올린다. 그건 형제자매가 상호 작용하는 하나의 방법이다. 하지만 어른들은 감지하기 어려운 다른 방법이 있다. 이것을 이해하기 위해 한 가족의 세 아이 이야기를 소개한다. 아이들이 가족 내에서 자신의 정체성을 찾아가는 과정을 이해하는 것뿐 아니라 스스로 어떤 존재라는 믿음에 기초해 다른 형제들을 대했는지도 이해할 수 있다.

　메리, 앨런, 민디의 이야기를 읽으면 아이들은 형제를 관찰하면서 스스로 특별한 자리를 차지하거나 가족 내에서 소속감과 자존감을 얻기 위해 중요한 결심을 하게 된다는 것을 발견하게 된다. 세 아이의 이야기를 읽고 당신은 어땠는지를 생각해본다.

　형제자매의 가족 환경은 각각 다소 다를 수 있는데, 나이가 들어가면서 부모의 훈육 방식이 바뀔 수 있기 때문이다.(예를 들어, 첫째보다는 둘째에게 좀 더 관대하다) 아이들의 출생 순서도 영향을 미치지만, 직업의 변화, 이혼, 이사, 죽음 등 다양한 요인도 중요하게 작용한다. 메리, 앨런, 민디가 어떻게 행동했는지에 관심을 가지고 글을 읽어보자. 당신이 어린 시절 그런 방법을 사용했는지도 스스로 질문해보자. 마지막으로 다른 누군가를 격려하는 상담사의 역할을 원한다면, 이와 같은 활동을 다른 사람과 나누길 바란다.

첫째 아이

메리가 태어나기 전, 부부는 함께 일과 집안일을 하며 지냈다. 때론 바쁘기도 하고 때론 행복하기도 한 시간을 보내면서 메리가 태어나길 손꼽아 기다렸다. 기다리는 시간 동안 걱정도 되고 긴장도 되었다. 아빠가 "우린 완벽한 부모가 될 거예요"라고 말하면 엄마는 "아이를 키우려면 해야 할 것이 참 많아요. 아이에게 좋은 음식, 옷, 소아과, 학교 등 알아봐야 할 것들 천지예요"라고 답했다. 다시 아빠가 "걱정하지 말아요. 잘할 수 있을 거예요. 아들에게 필요한 것을 봐가면서 준비하면 될 거예요"라고 말하자 엄마는 "당신 지금 아들이라고 했어요? 딸이 아니고?"라고 대꾸했다. 부부는 아이가 배 속에 있을 때부터 서로 원하는 것, 또 아이와 어떻게 놀아주고 영향을 미칠지에 대해 이렇게도 달랐다.

메리가 태어나자 관심을 한 몸에 받았다. 부모는 "너와 함께여서 참 행복하단다. 넌 놀랍고 완벽한 아이란다"라고 끊임없이 말해주었다. 부모는 아이가 하는 일거수일투족을 바라보았고 성장일기를 쓰기도 했다. 메리가 울 때면, 부모 중 한 명은 즉시 반응했다. 메리는 도움이 필요한 순간 무엇이 필요한지 알아차리고 재빨리 도와주는 부모를 보면서 어른은 능력 있고 자신을 잘 도와준다고 생각했을 것이다. 이런 경험을 하며, 메리가 결심한 것은 무엇일까? 당신이라면 이런 상황에서 어떤 결심을 할까?

아마도 '난 너무도 중요한 존재야. 우주의 중심이야. 난 어리고 작기 때문에 다른 사람들이 나에게 맞춰줘야 해. 삶은 긴장되지만 예측할 수 있어'라고 생각하고 결심하지는 않을까?

대부분 시간을 조용하고 만족스럽게 보냈지만, 때때로 어른들의 찌푸린 얼굴을 보면서 메리는 어떤 결심을 하게 되었을까?

'난 착한 아이일 때만 사랑받아. 그러니 상황을 불편하게 만들지 말고 부모님을 어떻게 기쁘게 할지를 찾아야 해'라고 결심하게 되었다. 이런 결심은 어린아이들에게서 볼 수 있는 일반적인 종류의 결론이다. 아이들은 매우 위대한 관찰자이지만, 형편없는 해석가이기도 하다.

메리의 부모는 최선을 다해서 육아를 했고 메리에게 올바른 행동을 하도록 교육했다. 메리는 자라면서 이런 부모님의 세상을 보면서 따라 했다. "여보, 메리는 말을 참 잘 듣지 않아요? 우리 부탁도 잘 들어주고요. 다른 아이들처럼 문제도 안 일으키고 말이죠"라고 하는 부모의 대화를 들으며 어른들처럼 그렇게 완벽하게 하는 것이 부모님을 기쁘게 하는 거라고 믿었다. 그러면서 한편으로 '난 어떤 문제도 일으키면 안 돼. 난 영리하니까 부모님이 원하는 대로 할 거야'라고 결심할 수도 있다.

메리는 그녀의 결심대로 부지런하고 진지하며 가족의 가치와 규율 그리고 권위를 존중하는 책임감 있는 리더로 성장했다. 메리의 이야기는 많은 첫째에게서 볼 수 있다. 당신이 첫째라면 이 이야기에 공감하는가? 그렇다면 첫째로서 받게 되는 전형적인 영향을 받은 것이다. 메리는 자신과 타인, 삶에 대한 관점을 완전히 바꿀 수 있는 새로운 이야기가 시작될 거라는 것을 꿈에도 생각하지 못했으리라. 바로 둘째의 등장이다.

둘째의 등장

둘째로 태어난 앨런은 첫째 메리와는 다른 세상을 경험하게 된다. 세상이라는 연극에 두 번째로 등장한 앨런은 아이가 어떻게 행동해야 하고, 행동하지 말아야 하는지에 관한 기준이 정해진 무대에 오른다. 첫째를 포함한 다른 사람들은 이미 대본을 읽고 대사를 능숙하게 하며 배우로서 역할을 하고 있는 것을 보게 된다. 앨런은 스스로 노력하여 자신을 향상시켜야 한다. 무대 중앙에서 잘하고 있는 첫째를 바라보는 부모를 보며 앨런은 어떻게 해야 하는지를 스스로 알아가야 한다. 앨런에게 3살 위 첫째는 넘지 못할 산과 같이 느껴진다. 혼자서 화장실을 가고, 시리얼을 부어 숟가락으로 먹으며, 노래도 부르는 모습을 보면서 말이다.

앨런이 본 부모의 모습은 늘 바빴지만, 첫째를 길러본 경험이 있기에 좀 더 여유 있고 침착하며 자신감이 있었다. 앨런은 이런 모습을 보며 '난 작고 다른 사람들은 커. 누나는 영리하고 빠르고 조용해. 그리고 세상은 조용해'라고 이미 결정을 하고 있었다.

앨런은 삶의 무대에 오르며, 자신에게 관심이 집중되기를 바랐다. 끊임없이 타인과의 상호작용을 원했고 펼쳐지지 않은 미래에 늘 관심을 가지고 주위를 관찰했다. 앨런은 시끄럽게 하면 주위에서 관심을 준다는 것을 알았고 '그래, 내가 가만있으면 누구도 나에게 관심을 주지 않아'라고 생각하게 되었다.

반면 메리가 한 결심은 달랐다. 동생 앨런을 대하는 부모를 보며 '난 동생처럼 약하지도 부산스럽지도 않아. 지금처럼 늘 정상적인 길로 가면 되는 거야'라고 생각하고 결심했다. 때론 동생의 관심 끌기로 자신의 왕좌를 빼앗기고 가족 내에서 자기 자리를 위협받고 있다고 느낄 수도 있을 것이다. 어쩌면 누나 메리는 늘 그래 왔던 것처럼 자신의 첫 번째 자리를 지키기 위한 자신만의 방법을 찾아내야 한다. '난 첫째야, 내 자리를 지킬 거야'라는 모토를 가진 첫째들은 자신의 자리를 안정적으로 지키려는 태도를 지니게 된다. 어린 시절 자신의 자리를 가지기 위한 과정은 정말 치열했다. 당신은 자신의 자리를 지키기 위해 형제자매와 어떤 경험을 했는가?

만약 당신이 둘째였다면 첫째가 당신보다 앞선 이유가 무엇이라고 생각했고, 또 둘째로서 자신의 특별한 자리를 차지하기 위해 어떻게 행동했을까?

하루는 엄마가 세탁기에 빨래를 넣고 있느라 앨런의 울음소리를 듣지 못했다. 앨런은 더 크게 울기 시작했고 그제야 엄마는 울음소리를 듣고 허겁지겁 달려와 안아주었다. 그때 앨런은 '엄마는 바쁘고 난 중요하지 않은 존재 같아. 난 짜증 나게 할 거야. 난 엄마가 들을 수 있게 더 큰 소리로 울어야 해'라고 결심하게 되었다.

엄마가 우는 앨런의 기저귀를 갈아주려고 했고, 바로 그때 누나 메리가 젖병을 엄마에게 주었다. 엄마는 "어머, 우리 메리 다 컸네. 동생이 배고파할까 봐 젖병도 갖다주고 말이야. 착하다 우리 딸. 동생은 이렇게 자주 울어. 얌전한 너랑은 정말 달라"라고 말했다. 메리는 동생과 비교하는 말을 듣고 한편으로는 기분이 좋았지만, 또 한편으로는 부담을 느꼈다. 이 순간 앨런은 '난 어리고 누나는 책임감이 강해. 누나는 얌전하고 난 시끄러운 존재야'라고 생각했다.

하루는 누나 메리가 블록을 가지고 노는 것을 보았다. 앨런은 신기해서 블록으로 기어갔고 누나가 만든 블록을 망가뜨리고 말았다. 누나는 화가 나서 동생을 밀쳤고 앨런은 울기 시작했다. 우는 동생에게 누나는 "내가 만든 걸 네가 망쳤잖아. 넌 블록을 갖고 놀지 마. 알겠어?"라고 화를 냈다. 이 소리를 듣고 엄마가 왔다. 엄마는 누나의 장난감을 망가뜨린 동생을 꾸짖었다. 그러자 앨런은 더 큰 소리로 울었다. 엄마는 앨런을 방에 데려가 침대에 앉히고 "여기 가만히 앉아서 뭘 잘못했는지 생각해보자"라고 말했다. 그때 앨런은 '난 엉망으로 만들 거고 그럼 엄마가 와서 우는 날 돌봐줄 거야. 누난 블록을 잘 만들지만 난 잘하지 못해. 내가 못살게 굴면 엄마는 나에게 관심을 줄 거야'라고 결심했다. 메리와 앨런 사이에는 글로 다 쓰지 못한 정말 많은 이야기와 상호작용이 있다. 둘은 자신의 자리를 찾기 위해 이런 경험을 자신만의 방식으로 해석하게 된다. 당신의 어린 시절은 어땠는가? 혹시 어린 시절 한 결심을 기억하는가? 그때의 결심이 지금 사람들과 관계를 맺는데 여전히 영향을 주고 있는가?

만약 당신이 앨런과 같이 둘째라면, 규칙을 지키는 것이나 부모의 기대를 첫째처럼 중요하게 여기지 않을 수도 있다. 둘째는 첫째를 키우며 양육을 경험한 여유 있는 부모를 만났고 그러기에 부모는 첫째 때보다 덜 엄격했을 것이다. 이런 양육 환경에서 어쩌면 둘째는 더 유연하고 친화력 있는 아이로 성장했을 것이다.

반면, 둘째로 태어났지만 다른 결심을 한 아이들을 만나기도 한다. 관심을 받기 위해 첫째의 행동을 모방하고 그 능력을 뛰어넘으려는 아이도 있다. 이런 아이들은 삶의 모토를 '더 열심히'로 정하고 출생 순서가 중요한 것이 아니라 어떤 환경에서라도 '내가 하기 나름이야'라는 관점으로 자신과 타인을 인식하게 된다. 이런 결정은 아이의 삶 전반에 작용하며 중요한 영향을 미친다.

모든 아이가 그랬던 것처럼 당신도 가족 내에서 자신의 자리와 고유성, 특별함을 찾기 위해 노력했을 것이다. 다른 모든 아이처럼 잘못된 신념을 가졌을 것이다. '특별해지기 위해서는 남들과 달라야 해. 특출해야 돼. 그렇지 않으면 사랑받지 못할 거야.' 이러한 신념은 무의식적으로 남들과 다르게 되는 길을 선택하게 했다. 첫째는 자신이 첫 번째가 되어야 한다고 믿고 둘째는 첫째를 따라잡기 위해 더 열심히 노력해야 한다고 믿는다.

부모는 형제가 이렇게 다른 것을 보고 놀란다. 부모는 첫째와 둘째가 다른 것을 보고 기질이 다르다고 하지만, 이 3주 차를 읽어보면 자기 자신과 타인에 대해 무의식적으로 한 결심들이 한 개인에게 어떻게 영향을 미쳤는지를 쉽게 이해할 수 있다. 타인과 다른 특별한 존재가 되기 위해 경쟁했고 당신이 선택한 방법은 아마 가족의 가치와 관련 있을 것이다. 많은 아이는 부모가 관심 있는 이슈에 관심을 보이는데, 부모가 그 문제에 어떤 견해를 가지든 상관없이 아이는 어른이 관심 있어 하는 주제에 관심을 보인다.

둘째의 경우, 첫째에 비해 성취도가 높고 스스로 '이것이 내 자리를 차지하는 방법이야'라고 무의식적으로 결론을 내리며 첫째를 따라잡으려 한다. 이런 현상은 터울이 작을수록, 동성일수록 강해진다. 둘째의 성취도가 첫째를 능가한다면, 그래서 첫째가 낙담하게 된다면 가족 내에서 역할은 바뀌게 된다. 첫째는 '난 잘하는 것으로는 첫째가 될 수 없어. 차라리 최악으로 첫째가 될 거야'라고 결심하기도 한다.

막내의 출생

막내 민디가 태어나면서 가정이라는 무대는 모든 것이 바뀐다. 부모는 막내가 태어나면, 첫째와 둘째에 대한 기대가 갑자기 커진다. 그러면서 메리와 앨런을 더 능력 있고 큰 존재로 대하며 동생을 함께 돌보는 지원군으로 여기기도 한다. 어쩌면 첫째와 둘째는 이런 상황을 자연스럽게 받아들이고 막내에게 필요한 것을 갖다주며 부모의 협력자가 되어 막내를 함께 돌보기도 한다.

첫째 메리는 이제 5살이고 '난 내가 해야 할 것을 알아'라고 생각할 수 있는 나이로 성장했다. 자신에게 '난 협력적이고 어른스러우며 책임감이 있어'라고 말하면서 말이다. 메리에게는 어쩌면 꼬마 엄마의 역할이 꽤 편안할 수도 있다. 때로는 막내 민디의 음식을 챙겨주고 놀아주고 옷을 입혀주고 막내 주변에서 많은 것을 대신해주며 대장 역할을 한다.

민디는 너무 어려 혼자서 할 수 없는 자신에 대해 이렇게 생각할지도 모른다. '난 가장 작아. 모두가 나보다 크잖아. 난 걸려 넘어질지도 몰라. 그럼 다른 사람들이 도와줄 거야. 다른 사람들은 나를 돌봐주고 세상은 참 살기 편해.' 그래서 막내의 모토는 '난 권리가 있다고'이다. 막내에게서 이런 모습을 쉽게 볼 수 있다. 가족은 모두 막내의 음식을 챙기는데, 막내가 가장 작고 약하다고 생각하기 때문이다. 하지만 이렇게 챙겨주는 것이 실제로는 대부분 능력 있는 막내에게 선물로 끝나지는 않는다.

민디는 태어나자마자 다양한 움직임으로 가득 찬 가정이라는 무대를 만난다. 엄마와 아빠는 늘 바쁘게 행동하고 때로는 누가 무엇을 해야 할지로 다투기도 했다. 민디는 이런 가정에서 어떻게 적응하고 관심을 받을 수 있을지를 궁리해야 했고 그래서 찾은 방법이 웃기, 귓속말하기, 옹알이하기였다. 민디가 웃거나 옹알이를 할 때면 가족은 따뜻한 목소리로 반응했고, 민디가 귀여운 행동을 할 때면 가족은 즐거운 표정을 지었다. 비록 바쁠지라도 막내를 돌봐주는 누군가가 항상 있었다. 막내는 늘 그저 선택만 하면 된다. 첫째에게 도움을 받을지, 둘째에게 도움을 받을지, 누구랑 놀지, 뭐 하고 놀지 말이다.

하루는 막내 민디가 처음으로 신발 끈을 묶으려고 하고 있었다. 그때 앨런이 달려와서는 "민디야, 이건 오빠가 해줄게"라고 말했다. 이때 민디는 '난 능력이 없고 이걸 혼자서 할 수 없어'라고 결심하게 되었다. 만약 엄마와 아빠, 앨런과 메리가 도움이 필요한 모든 순간에 도와준다면, 민디는 자신감이 부족하고 의존적인 아이로 성장하게 된다.

이런 일은 주로 막내에게 자주 일어난다. 성장을 위해 스스로 해야 하는 순간, 자신보다 뭔가를 더 빨리할 수 있는 크고 강하고 나이 많은 사람이 있다면 막내는 스스로 능력이 없고 따라잡을 수 없다고 여긴다. 그러면서 '내가 왜 해야 하지?'라고 생각한다. 만약 당신이 막내였다면, 이와 같은 결심을 했을까? 지금도 사람들과의 관계 속에서 막내의 특징대로 행동하고 있는가?

민디는 자라면서 언니 메리가 학교에서 친구들과 어울리기보다는 혼자서 공부해 좋은 점수를 받는 데 관심을 두는 것을 보았다. 공부를 잘해서 변호사가 되려는 언니를 보고는 자신은 '공부를 잘해서 관심을 얻기는 틀렸어'라고 생각한다. 그러면서 언니와 달리 친구들과 잘 지내고 사회적인 관계에서 언니와 다른 자리를 차지하고자 한다.

민디는 수업에 집중하는 대신 친구들과 이야기하는 데 시간을 보내기 때문에 학교에서 선생님에게 자주 혼난다. 민디는 항상 전화기를 보고 있고 친구와 연락한다. 또 친구 집에 놀러 가는 것을 좋아한다. 민디의 부모는 사회성이 좋은 민디를 칭찬한다.

당신의 부모는 당신에 관해 어떻게 이야기했는가?

___

만약 당신의 부모가 독립적인 모습을 인정하지 않았다면, 어쩌면 막내인 당신은 어린아이 단계에 머물렀을 테고 다양한 기술을 배울 기회가 없었을 것이다. 만약 주위 사람들에게 관심 끄는 것을 잘했다면, 오늘날 아마도 모임의 대표가 되었을 수도 있다. 막내로서 당신은 귀엽고 매력적이며 장난꾸러기였지만, 남들이 자신을 잘 대해주지 않는다며 불평할 수도 있다. 그러나 다른 형제들보다 막내가 사회성이 발달한 것은 사실이다.

알아차리기 활동: 5의 법칙

놀라운 소식은 많은 막내가 가족의 보스처럼 지내고 가장 권력을 가진 존재라는 것이다. 당신 가족의 막내만 봐도 알 수 있다. 막내를 제외하고 부모를 포함하여 형제자매 수를 더해보라. 그 합이 권력의 수(power number)이다. 막내는 그만큼 권력을 가졌다.

예를 들어, 4형제와 부모님이 있다면 가족 구성원은 6이다. 이때 막내를 제외한 숫자 5가 막내가 가진 파워이다. 그리고 나머지 구성원은 이것보다 작은 힘을 가지고 있다. 만약 이 사실이 믿어지지 않는다면, 또는 막내로서 자신이 그보다 작은 힘을 가지고 있다고 생각된다면, 가족의 다른 구성원이 얼마나 막내가 하자는 대로 따라주고 양보해주는지를 관찰하면 알게 될 것이다. 4명의 형제자매가 있는 가정에 막내가 4살이라면, 막내는 다른 자녀보다 훨씬 어리게 보일 것이다. 막내를 아기처럼 대하지 않기란 어려운 일이지만, 그렇게 하는 것은 가족 누구에게도 도움이 되지도 않고 격려되지도 않는다. 특히 막내에게는 더욱 그렇다.

왕좌에서 내려오는 것이 성격에 미치는 영향

앨런은 한때 가장 작고 귀엽고 어리고 가족의 관심을 한 몸에 받는 존재였다. 하지만 지금은 그의 자리를 뺏겼고 몇몇은 이를 왕좌의 찬탈이라 부른다. 아마도 새로운 존재가 그 자리를 차지했을 것이다. 앨런은 딜레마에 빠졌다. 자신이 누구인지? 그리고 더 작고 매력 있는 새로운 존재인 민디와 다른 자신을 어떻게 증명할까? 눈에 띄기 위해 무책임하거나 크게 떠들거나 문제를 일으키는 역할을 선택할까?

종종 중간에 낀 아이들은 첫째의 특권도 막내의 자유도 없는, 그냥 낀 존재라고 느낀다. 만약 당신이 중간에 낀 아이라면, 늘어나는 가족 구성원 안에서 자신의 자리를 찾기 위해 첫째나 막내와 다른 특별한 재능을 키웠어야 했고 아마도 가족의 관심을 어떻게 계속 받을 수 있을지를 의심했을 것이다.

중간에 낀 아이의 모토는 '삶은 불공평해!'이다. 중간에 낀 존재로서 첫째와 막내를 보면서 공평과 정의에 매우 민감했을 것이다. '삶은 불공평해'라는 신념이 불공정하다고 주장하며 고치려 했거나 포기했을 수도 있다. 중간에 낀 아이로서 가족 내 중재자 역할을 했는가? 낙담하는 순간이 되면, 아마도 공평하지 못했을 가족의 대우에 대해 불평을 늘어놓는다. 이 고통을 참거나 복수하려 하기도 한다. 중간에 낀 아이로서 자신보다 작고 어린 동생과 자신보다 크고 나이 많으며 보다 숙련된 첫째를 보게 된다. 따라서 첫째와 막내가 가진 특성들을 자신과 비교하며 더 넓고 다양한 개성을 가지게 된다.

민디가 태어났을 때 앨런은 겨우 두 살이었다. 앨런이 울거나 소리를 지를 때면, 부모는 방해받는다고 느끼면서 앨런의 마음을 알아주지 못했다. 민디가 태어나면서 앨런은 부모에게 더 까다로운 아이가 되어 갔다. 부모가 아무리 노력해도 좋아지지 않았다. 앨런은 우유 알레르기가 있었고 가족이 먹는 음식을 먹지 못했다. 6살 때까지 밤에 오줌을 싸기도 했다. 메리는 엄마가 말하는 대로 장난감을 잘 정리 정돈했다. 그런데 앨런에게는 계속 말해도 듣지 않았다. 첫째 메리는 매우 우호적이어서 동생이 가지고 논 장난감을 대신 치워주기도 했다. 엄마는 앨런에게 "누나처럼 좀 행동하는 게 어때?"라고 묻곤 했다. 앨런은 그저 말없이 어깨만 으쓱할 뿐이었다. 앨런이 학교에 갔을 때, 선생님은 "메리 동생이구나, 같은 반이 되어 기쁘다"라고 말했다. 진정한 앨런을 알기 전까지 말이다. 앨런은 공책에 낙서를 하거나 창밖을 보는 등 수업에 집중하지 못했다. 앨런은 남매들과 경쟁을 통해 가족에게도 인정받는 단 한 명의 학생이 되어야겠다고 결심했다. 하루는 부모님에게 자신이 그린 스케치북을 보여주었다. 매우 자세하게 집중해서 그린 점은 인상적이었지만, 죽음이나 살인, 전쟁 등 부모님에게는 불편한 주제투성이였다. 부모는 앨런에게 문제가 있다며 상담소를 찾았다.

막내 민디는 앨런의 방에 가서 눕는 것을 좋아했다. 오빠가 스케치하는 동안 민디도 그림을 그렸다. 하루는 엄마가 민디와 앨런이 그리고 있는 그림을 보고는 민디의 손을 잡고 나가버렸다. 이상한 그림을 그리는 앨런에게 나쁜 영향을 받을까 봐 걱정했기 때문이다. 엄마는 민디에게 "넌 예술가 스타일이 아니야, 엄마랑 다른 놀이 할까?"라고 말했다.

사실 엄마는 앨런에게 절망적이었다. 엄마는 아들이 스케치북에 이상한 공포 영화 그림이나 쓸데없는 그림을 그리기보다는 좀 더 가치 있고 생산적인 활동을 하며 시간을 보내길 기대했다. 비록 기대를 말로 표현하고 강요하지는 않았지만, 엄마의 표정이나 신체 언어를 통해 고스란히 앨런에게 전달되었다. '예술가' 앨런은 생각했다. '그것이 나라고. 정신없고, 외롭고, 우울한….'

청소년이 되었을 때, 앨런은 가족의 차로 사고를 내고 약물을 했으며 친구들과 어울려 문제를 일으켰다. 부모는 그런 앨런을 혼내고 벌을 주었다. 규칙을 정하고 지키도록 강요했지만, 앨런은 규칙을 어기기 일쑤였다. 결국 부모님은 앨런을 특별한 학교에 보내기로 결심한다. 앨런은 집에서도 학교에서도 '어려운 아이'로 자신의 이미지를 만들었다. 이는 부모님과 선생님에게 충분한 관심과 에너지를 받는 누나와 구별되는 자신을 찾아가는 과정이었다. 비록 그 방법이 부정적이어도 말이다.

부모는 자신도 모르게 아이들이 하는 결심에 일정 부분 강요를 하고, 그 영향을 받아 아이들은 각자의 삶의 이야기를 만들고 저마다의 방식으로 자란다. 아이들의 결심은 무의식적으로 이루어지지만, 이것이 성격을 형성하고 삶에서 자기가 어떤 역할을 해야 할지를 결정하게 한다. 이는 인간의 성장과 발달 과정이지만, 우리는 이 점을 별로 주목하지 않았다. 너무도 자주 아이들의 드러난 행동을 보고 정신적 문제나 성격장애로 치부해버리곤 한다. 아이들이 결심을 할 때, 이것은 의식적이지 않다. 하지만 이러한 결심들은 개인의 성격과 사회적 성품을 이루는 토대가 된다. 당신은 삶을 살아가기 위해 스스로 어떤 사회적 성품을 만들었는가?

외동아이

만약 당신이 외동아이라면 "그럼 나는? 나에게 영향을 준 형제자매가 없는 거잖아"라고 할 수 있다. 아마 댄의 이야기가 그런 당신과 많은 연관이 있을 것이다.

댄이 삶의 무대에 등장했을 때, 그를 맞이한 것은 부모가 되기 위해 기다려온 30대 중반의 부모였다. 그들의 첫 번째이자 마지막 자녀인 것이다. 아빠는 유명한 변호사였고 엄마는 직장을 그만두고 댄에게 모든 시간을 할애했다. 엄마는 너무도 소중한 외동아이를 위해 성장의 순간순간을 카메라에 담아 CD와 성장 앨범을 만들었다. 또한 청소, 음식, 빨래를 비롯해 거의 모든 일을 해주었다. 아이는 아빠와 스포츠 경기 보는 것을 좋아했다. 자라면서 댄은 농구, 야구, 가라테, 테니스, 펜싱 등을 했는데 그때마다 아빠는 장비를 사주었고 엄마는 스포츠클럽 픽업을 담당했다. 부모는 시합이 있는 날에도 참관했다. 거실 선반은 댄의 트로피로 가득 채워졌다. 댄은 어떤 결심을 했을까? 당신이 댄이라면 어떤 결심을 했을까?

'내가 원하는 건 뭐든 할 수 있고 가질 수 있어. 난 세상에서 가장 중요한 존재야. 모든 관심은 나의 것이야. 다른 사람은 날 위해서 해줘야 해. 삶은 질서 있고 안전하며 제공되는 공간이야.'

외동아이가 초기에 어떻게 인식하는지를 알 수 있다. 만약 당신이 외동아이라면, 동의할 수 있는 것에 동그라미를 쳐보자. 만약 할머니, 할아버지가 댄과 함께 살았다면 어떤 영향을 미쳤을까?

댄은 자신에게 필요한 소속감을 찾기 위해 자신과 삶, 타인에 대해 수많은 결심을 할 때 부모와 조부모의 훈육 방식이 서로 얼마나 일치하는지 그리고 얼마나 갈등이 있었는지에 큰 영향을 받게 된다. 첫째와 같이 외동아이는 어른들만 있는 가정에 태어난 것이지만, 막내처럼 자기 자리를 다른 형제에게 뺏기는 경험도 하지 않는다. 가정 내 유일한 아이로서 자기만의 자리와 소유를 갖게 되지만, 자신이 가진 것을 나누는 데 어려움을 겪을 수 있고 또는 자기가 하고 싶은 대로 일이 진행되지 않는 것도 못 견뎌 할 수 있다.

어른스러운 행동을 해야 소속감을 느낄 수 있다고 생각한다면, 아이는 매우 책임감 있고 성취 지향적이며 독립적으로 자라게 된다. 외동아이는 보통 첫째들이 그렇듯, 자신에 대한 기준이 높을 수 있다. 하지만 부모나 가족의 자원을 얻기 위해 경쟁해야 하는 형제자매가 없었기 때문에 관심받는 데 익숙해졌을 것이다.

반면 많은 막내가 그렇듯, 모든 것을 가족이 대신해주었다. 따라서 독립심을 못 기르거나 주위의 능력 있는 어른들과 자신을 비교하며 스스로 능력이 없다고 느낄 수도 있다. 그럼 낙담하게 되고, 스스로 희망이 없고 의존적이라고 결정할 것이다. 가족이나 세상에서 내가 가지는 위치를 알려주는 형제자매가 없었기 때문에 부모가 아이를 대하는 방식이 외동아이가 어떻게 삶을 살아갈지에 크게 영향을 미친다.

외동아이의 모토는 '전 유일하고 특별해요'이다. 당신과 일치하는가?

아이들이 성인이 되면

어렸을 때 우리는 다양한 신념을 갖게 되고 이 신념은 오늘날을 살아가는 지금의 우리에게 영향을 미친다. 어떤 신념은 우리를 성공으로 이끌기도 하고, 어떤 신념은 지금의 상황에서 수정이 필요하기도 하다. 또 어떤 신념은 문제를 불러일으키기도 한다. 어쩌면 또 다른 선택이 있다는 것을 놓치기도 한다. 어린 시절의 신념이 절대적이라고 생각한다면 더욱 그럴 것이다.

댄은 어린 시절 자신이 최고이자 유일한 존재가 되어야 한다는 신념을 가지고 있었고 자라서 민디와 결혼했다. 민디는 행복한 가정에서 자랐고 경쟁을 싫어했다. 댄은 좀 더 특별한 존재가 되길 바라며 자주 불행을 느꼈다. 댄은 소속감을 느낄 수 있고 자신이 능력을 발휘할 수 있는 스포츠를 좋아했고 스포츠에 오랜 시간을 보냈다. 하지만 경쟁을 싫어하고 사교적인 아내의 성품에 불평을 한다면, 민디는 어떤 느낌일까? 아마 사랑받거나 이해받지 못하고 있다고 느낄 것이다. 어쩌면 자신을 이해해주고 시간을 함께 즐길 수 있는 사람을 찾을지도 모른다.

사교적인 집안에서 사랑받고 자란 민디는 엄마가 되었다. 그녀는 여전히 놀기를 좋아하고 아이 같지만, 수많은 집안일을 해야 했고 엄마와 아내의 책임을 짊어져야 했다. 여유가 있다면 가사도우미를 고용할 수 있을 테지만, 남편이 집안일을 도와주고 자신을 좀 더 돌봐주길 바랄 것이다. 만약 남편이 그런 역할을 해주지 않는다면, 집안일에 압도되거나 화를 낼 수 있다. 어쩌면 민디는 자신의 성향에 맞는 사람을 찾을지도 모른다.

어른이 된 앨런은 어떨까? 중독에 탐닉할 수 있고 그 때문에 감옥에 갈 수도 있다. 분출구를 찾을 수도 있고 예술적인 기질로 성공을 이룰 수도 있다. 앨런은 자신의 문제 행동이 둘째로서 가족 내에서 특별한 자리를 찾으려 했던 자신의 방식과 관련 있는 것일 뿐 마음속 깊은 곳의 심리적 불행은 아니란 걸 알아야 한다.

메리는 자라서 변호사가 되었다. 변호사로서 큰 압박을 느꼈고 한

번에 많은 일을 처리해야 했다. 그녀에겐 걱정하는 의뢰인과 사무실의 법률사무 보조원을 대하는 게 어려운 일이 아니었는데, 어린 시절 동생들을 돌보던 엄마 역할을 했던 경험이 자신감을 주었다. 하지만 이렇게 능력 있는 메리에게도 힘든 문제가 있었다. 바로 뭔가 새로운 것을 배울 때의 압박이다. 심할 때는 불안한 나머지 불면증에 시달리기도 했다. 새로운 기술을 익혀야 할 때면 화가 났고 중요한 시험에서 좋은 점수를 받지 못할까 봐 걱정했다. 자신의 영역에서 첫 번째가 아니라고 생각한다면, 자기가 일궈온 자리를 유지하기 위해 끊임없이 노력할 것이다. 자신의 특별한 기준을 지키지 않는다면 자기 자리를 잃을까 봐, 사랑받지 못할까 봐 두려웠다. 이것이 동료와 잘 지내지 못하는 이유였다. 동료들은 일 외에는 메리와 시간을 보내려 하지 않았다.(메리도 사실 함께 놀 시간은 없었지만)

지금까지 묘사한 어른들의 이야기 중에서 자신과 일치하는 모습이 있는가? 어린 시절에 한 결심들이 지금을 살아가는 나에게 상처가 되는가? 아니면 도움이 되는가? 이런 신념을 지금 바꿀 수 있다. 아래의 7단계 활동도 신념을 바꿀 수 있는 하나의 방법이다.

액션 플랜: 출생 순서 활동

1. 친구에게 당신을 떠올리면 생각나는 형용사 3~4개를 물어본다.

2. 형제자매에게 당신을 떠올리면 생각나는 형용사 3~4개를 물어본다.

3. 자신 자신을 설명하는 형용사 3~4개를 적어본다.(가족 파이 활동에서 적은 형용사를 참고할 수도 있다)

4. 1~3번에서 적은 형용사들을 비교하고 당신에게 적합하다고 생각하는 것에 동그라미를 친다.

5. 최근에 찍은 사진을 종이에 붙이고 사진 아래에 동그라미를 친 형용사를 적는다.

6. 종이를 잘 보이는 곳에 붙인다. 그리고 사진을 보면서 이야기한다. "첫 번째 형용사의 장점은 ___이고 단점은 ___이다." 이와 같은 방식으로 두 번째, 3번째 형용사를 넣어서도 말한다.

7. 이 활동을 하며 자신을 더 잘 받아들일 수 있는지 생각해본다. 한계는 스스로 정하는 것이며 당신이 원한다면 바꿀 수 있다고 말해본다. 이제 좀 더 자유롭게 새로운 곳으로 나아갈 수 있는지 자기 자신에게 물어본다.

다양한 다른 경험

출생 순서와 관련된 설명이 자신과 잘 맞지 않는다면, 그것은 어린 시절 당신을 둘러싼 환경이나 사람들 사이에서 자신에게 특별한 의미를 부여했기 때문이다. 두 명의 맏이가 특징이 똑같지도 않고 또 둘째와 막내도 그러하다. 당신이 첫째라면, 둘째에게 도전받거나 추월당하며 첫째의 책임 있는 성취자의 역할을 포기하고 낙담을 경험했을 수도 있다. 당신이 둘째라면, 가족 중 첫째와 막내의 특징을 확인했을 것이다. 나이 차이가 많은 대가족이나 혼합 가족이었다면, 가족 내 관계가 달랐을 것이다. 반면 외동아이의 경우에는 출생 순서상 첫째의 특성이 있으며, 터울이 많은 둘째의 경우에도 첫째의 특징이 있다.(이런 경우 심리학적 첫째라 부른다) 이렇게 형제 사이에 나이 차이가 많은 것은 중간에 낀 아이에게 외동아이나 막내와 같은 영향을 미친다.

막내의 경우 부모와 형제자매가 과잉보호하여 의존적인 아이가 될 수도 있고 이런 도움을 거부하고 독립적으로 성장할 수도 있다. 많은 막내는 형이나 누나를 따라잡기 위해 노력하는데, 자기 스스로 모든 것을 하겠다고 우기거나 대단히 수완이 좋은 사람으로 성장한다. 당신이 다양한 기술을 배울 기회를 가지거나 적극적으로 행동하라는 기대를 받고 자랐다면, 자신의 능력을 키워 책임감 있는 어른으로 성장했을 수 있다.

출생 순서가 성격에 미친 영향을 확인할 때, 어린 시절 세상을 떠난 형제나 사산아 또는 유산의 경우도 포함한다. 왜냐하면 부모는 아이들과 이야기할 때 은연중에 죽거나 유산된 아이에 대한 반응을 하기 때문이다. 이런 부모의 태도는 당신과 당신의 삶에 대한 결정에 영향을 미친다. 어린 시절 충분히 괜찮아야 된다는 생각은 죽은 형제와 심리적 경쟁을 했기 때문일 수도 있다.

각각의 아이에 대해 내릴 수 있는 결론은 방대하다. 인간은 각각 독특한 존재이다. 인간의 창조적 능력은 상상할 수 없을 정도로 다양한 인간상을 만든다. 가족 파이 활동은 출생 순서에 따른 자신의 위치를 어떻게 해석했는지와 특별해지기 위해 어떤 결심을 했는지를 이해하는 데 도움이 된다. 또한 출생 순서에 따라 결심했던 것들이 지금의 나와 나를 둘러싼 관계에 어떤 영향을 미치는지 이해하는 데도 도움이 된다.

알아차리기 활동: 나는 어떤 사람과 결혼했을까?

사람들이 배우자를 선택할 때 그들의 엄마 또는 아빠와 같은 사람을 고르는 경향이 있다는 이야기를 들어보았을 것이다. 더 정확하게 말하면, 형제자매와 같은 사람과 결혼했을 가능성이 크다. 만약 외동아이라면 어렸을 때 경쟁자라고 생각했던 사람과 비슷한 배우자를 선택했을 수도 있다. 확인하고 싶다면 가족 파이 그림을 다시 본다. 그리고 종이에 배우자가 매력적이었던 이유 3가지를 쓴다. 그런 다음 가족 파이의 형제자매의 특징과 비교해본다.

알아차리고 받아들이기

어린 시절의 영향, 자신과 타인에게 했던 결심들을 발견하면서 "어떻게 내가 이럴 수 있지?" "이렇게 멍청하다니" 또는 "도대체 뭐가 문제지?"라며 자기 자신과 자신의 특징들에 대해 즉각적 판단을 하는 경향이 있다. 이런 판단을 할 때 주의해야 할 점은 어린 시절 당신은 어린아이였고 가족 내에서 연결되기 위해, 특별한 존재가 되기 위해 노력했다는 것이다. 스스로 부족했다고 생각하는 삶의 경험이나 그때 가졌던 관점은 누구도 피할 수 없는 실수에 불과하다. 지금은 잘못되었다고 생각하는 결심이 어린 시절에는 도움이 된 것들이었다.

만약 폭력적 환경에서 자랐다면, 어떤 변화도 시도하지 않는 것이 현명했을 수 있다. 하지만 어떤 불평도 하지 않는 것이 어쩌면 지금 인간관계에서 겪고 있는 문제와 관련 있을지도 모른다. 이제는 어른이 되었으니까 어른의 관점에서 그때의 어린아이에게 공감하고 연민하는 것을 연습할 수 있다. 아이로서 최선을 다했다고 다독일 수도 있다. 어린 시절에 한 어떤 결심들이 지금에 도움이 되고 또 문제를 일으키는지를 확인할 수 있다. 너무 빨리 바꾸려 하지는 마라. 많은 것을 알아가면서 기억해야 할 게 있는데, 바로 받아들이는 것이다. 받아들임, 즉 수용은 당신의 실수나 잘못에도 자신을 여전히 가치 있는 존재로 받아들이는 것이다. 받아들임을 통해 현재 겪고 있는 어려움을 성공으로 이끄는 당신만의 특별하고 독특한 방법을 볼 수 있게 된다. 또한 받아들임은 현실을 그대로 받아들이는 것을 포함하는데 이런 수용 없이는 진정한 변화도 있을 수 없다.

당신의 바람과
당신의 행동

행동의 4가지 목표

　모든 행동은 목적을 향한다. 그러나 보통 행동에 목적이 있다고 생각하지 않고 살아간다. 행동은 당신이 원하는 것을 얻기 위한 시도이며 이를 아들러는 목표론이라 했다.

　인간 행동의 목표에는 4가지가 있다. 첫 번째 목표는 인정과 관심이다. 누군가가 당신을 알아봐 주고 고맙게 여겨주길 바라는 감정이다. 우리 모두는 독특하고 특별하길 원한다. 인정과 관심을 얻는 긍정적이고 유용한 방법은 공헌하거나 함께하자고 하는 것이다. 그러나 용기를 잃고 낙담했다면, 인정과 관심을 받기 위해 유용하지 않은 방법을 사용하는데 가령 관심을 끊임없이 요구하는 것이 대표적인 예이다.

　두 번째 목표는 힘과 통제이다. 세상에서 나의 힘을 사용하고 통제하고 싶은 감정이다. 자유롭게 선택하고 결정할 수 있고 자신의 삶을 계획하거나 목소리를 낼 수 있는 것을 의미한다. 궁극적으로는 자신이 원하는 일을 하는 것을 의미한다. 내가 무엇을 원하는지를 정중하게 이야기하는 것은 목표를 달성하는 데 유용한 방법이지만, 낙담해 있다면 힘겨루기 상황으로 초대하여 목표를 해결하려 유용하지 않은 방법, 즉 힘겨루기를 사용한다.

3번째 목표는 공평(Fairness)과 정의(Justice)이다. '세상은 공평하지 않다'라는 말을 많이 들었을 것이다. 하지만 세상 어디엔가 정의롭고 공평함이 있을 거라 생각하고 그런 삶을 추구한다. 사람들이 당신에게 관심을 가지길 바라고, 당신 존재 그대로를 받아들여 주길 원하고, 자신을 드러냈을 때 비난받지 않길 원한다. 이 단계에서의 유용한 방법은 자신의 실수를 솔직하게 인정하고 수정하는 것이다. 그러나 건강하지 않은 방식은 복수를 꿈꾸는 것이다.

4번째 목표는 기술과 능력이다. 일상의 과제, 사람들과의 관계, 특별한 과제, 갑작스러운 일 등 자신의 주변에서 일어나는 문제를 해결하는 것과 관련 있다. 당신은 배움을 통해 무엇인가를 잘하고 싶고, 성공적인 삶을 사는 것에 자신감을 갖길 원한다. 용기가 있다면 작은 단계들에 도전하고 성취감을 느낄 테고, 낙담해 있다면 시작도 하기 전에 포기할 것이다.

알아차리기 활동: 어긋난 행동의 암호를 해독하라!

사람이 유용한 방식이든 유용하지 않은 방식이든 원하는 것을 얻기 위해 노력할 때, 그 목적을 알아낼 방법이 있다. 그것은 바로 감정이

다. 누군가의 행동으로 굉장히 짜증 났거나 화가 났거나 상처를 받았
거나 사기가 떨어진 경험이 있는가? 또는 반대로 상대를 짜증 나게 했
거나 화나게 했거나 상처를 주었거나 사기를 떨어뜨려 비난받은 적이
있는가? 이 감정들은 당신 또는 주위 사람들이 낙담해 있고 그래서 유
용하지 않은 방법을 사용할 때 느끼는 감정이다. 당신의 감정은 레이
더 역할을 한다. 이 레이더는 상대의 목표를 찾을 수 있게 한다.

4주 차에는 당신과 주위의 사람들이 어떤 원인 때문에 그런 행동을
하는지 알아내거나 상대를 비난하는 데 시간을 허비하는 대신 목표를
확인하고 낙담한 상태에 용기를 불어넣어 문제를 해결하는 모델을 배
우게 된다.

── 어긋난 행동의 암호를 해독하라! ──

1. 어긋난 행동의 암호 해독 차트에서 두 번째 칸 B에 있는 감정을
확인한다.(114~115쪽 도표 참고)

2. 주위의 누군가가 매우 부적절하게 행동한 때를 떠올린다. B 칸에
있는 감정 중에서 그 일이 일어날 때 당신의 감정과 가장 가까운 것을
찾아본다. 감정 칸 바로 왼쪽 A에 있는 내용은 상대가 원하는 것을 의
미한다. 상대는 유용한 방법으로 원하는 것을 얻고 있는가? 아니면 유
용하지 않은 방법으로 얻으려 하는가?

3. 만약 누군가를 격려하길 원한다면 F에 있는 문장들을 읽어주거나
보여준다. 또는 G에 있는 해결책을 보여줄 수 있다. 또는 긍정훈육법
에 있는 해결책이나 감격해 카드에 있는 해결책을 보여줄 수도 있다.

어긋난 행동의 암호 해독 차트

A 상대의 목표	B 나의 감정	C 일반적인 나의 반응	D 나의 반응 이 상대에 게 불러오 는 결과	E 상대 행동의 목적	F 상대의 숨겨진 메시지	G 서로 격려하는 효과적인 방법
인정 관심 감사표 현 특별함 존재감	성가시다. 짜증 난다. 걱정된다. 죄책감을 느낀다.	알아차리게 한다. 아이를 타이른다. 아이들이 할 수 있는 일을 대신 해준다.	순간적으 로 행동을 멈추지만 같은 행동 을 반복하 거나 다른 방법으로 방해한다.	'내가 사람들 의 관심을 받 을 때 또는 특별한 대접을 받을 때 나는 소속감을 느 껴.' '당신이 나 때 문에 분주할 때 내가 중요 한 사람이 된 것 같아.'	나를 봐 주세요. 나도 함께 하고 싶어 요.	상대가 유용한 과제를 통 해 관심을 받을 수 있도록 일을 하도록 한다. 일일이 반응하지 않고 때론 말없 이 신체적으로 격려의 표 현을 한다. "좋은 시도였 어"라고 말한다. 당신의 방식으로 관심을 표현한 다. "난 너를 사랑해. 나중 에 너와 함께 시간을 보낼 거야"라고 말하지만 지나 치게 도와주지는 않는다. 대접을 하지 않는다. 바꾸 거나 구해주려 하지 말고 상대가 스스로 감정을 조 절할 수 있다고 믿는다. 문제 해결을 위해 함께 의 논하거나 일과를 함께 정 한다. 비언어적 신호를 정 한다. 공감하고 상대의 특 별한 점을 말해준다. 필요 하다면 신체적으로 거리 를 유지한다.
힘과 통제	화난다. 도전받는 느낌이다. 위협을 느낀다. 패배감을 느낀다.	싸운다. 포기한다. '넌 벌 받아 야 해' 또는 '본때를 보 여주겠어' 라고 생각 한다. 바로잡아 주려 애쓴다.	더 심한 행 동을 한다. 명령에 반항한다. 내가 화내 는 모습을 보고 승리 감을 느낀 다. 건강하지 않은 방식 으로 힘을 얻으려 한 다.	'내가 대장일 때 또는 내가 통제할 때 나 는 소속감을 느껴.' '누구도 나를 어쩔 수 없어.'	도와줄 게요. 선택권을 주세요.	상대가 긍정적 힘을 사용 할 수 있도록 도움을 요 청한다. 한정된 선택을 제 안한다. 싸우거나 포기하지 않는다. 갈등 상황에서 빠 져나온다. 부드러우면서도 단호하게 행동한다. 말하 지 않고 행동한다. 당신이 할 행동을 결정한다. 규 칙이나 일정표를 함께 따 른다. 자리에서 물러나 마 음을 진정시킨다. 상호 존 중하는 태도를 개발한다. '관철하기' 기술을 친절하 며 단호하게 실천한다. 동 의할 수 없는 부분에 대해 동의의 과정을 거친다. 함 께 해결하기 위한 시간을 가진다.

A	B	C	D	E	F	G
상대의 목표	나의 감정	일반적인 나의 반응	나의 반응이 상대에게 불러오는 결과	상대 행동의 목적	상대의 숨겨진 메시지	서로 격려하는 효과적인 방법
공평과 정의	상처 받는다. 실망스럽다. 믿지 못하겠다. 혐오스럽다.	보복한다. 복수한다. 창피함을 느낀다. '네가 나한테 어떻게 이럴 수 있지?'라고 생각한다.	보복한다. 더 심하게 행동하거나 다른 방법을 찾는다.	내가 상처받은 만큼 되돌려주려 한다. '누구도 나에게 관심이 없어. 나도 관심을 주지 않을 거야.' '세상은 공평하지 않아. 그러니 규칙을 지키지 않을 거야.' 사랑받지 못하고 환영받지 못한다고 생각하며 자신과 사람들에게 상처를 준다.	난 상처받고 있어. 내 마음을 알아줘.	상처받은 감정을 알아차리고 상처를 연민으로 바꾼다. 스스로 진정하고 또 다른 해결책을 사용한다. 처벌이나 보복을 하지 않는다. 신뢰를 쌓는다. 경청한다. 당신의 감정을 표현하고 나눈다. 진심으로 사과한다. 배려를 보여준다. 장점을 격려한다. 어느 한쪽 편을 들지 않는다. 문제를 해결하기에 앞서 관계를 먼저 회복한다.
기술과 능력	체념한다. 절망적이다. 어쩔 수 없다. 기대에 미치지 못한다.	포기한다. 상대가 할 수 있는 일을 대신 해준다. 지나칠 정도로 도와준다.	더욱 움츠러든다. 수동적이 된다. 더 나아지려는 생각이 없다. 아무런 반응을 보이지 않는다.	상대가 포기하도록 하는 것. 혼자 남는 것. 아무런 기대도 하지 않게 하는 것. '내가 뭘 하든 만족스럽지 않을 거야. 그러니 시도해서 뭐해?'라고 생각하고 자신을 사람들과 비교하며 <u>스스로 무능력하다고 믿기</u>	날 포기하지 말아줘. 나에게 조금씩만 과제를 주세요.	할 일을 작은 단계로 나누어준다. 비난하는 것을 멈춘다. 시도한 것 자체를 격려한다. 상대의 가능성에 믿음을 갖는다. 긍정적 자산에 초점을 둔다. 동정하지 않는다. 포기하지 않는다. 성공할 기회를 제공한다. 기술을 가르친다─어떻게 하는지 보여준다. 그러나 해주지는 않는다. 상대와 즐거운 시간을 보낸다. 실수를 통해 배운다고 격려한다.

낙담한 행동에 반응하는 것은 더 낙담하게 만든다

어긋난 행동에 반응하는 것은 문제를 더 악화시킬 수 있다.(불행히도 인간의 본성과 관련 있다) 당신이 의도하지 않았지만, 반응하기는 상대를 더욱 낙담하게 만든다. 어긋난 행동의 암호 해독 차트 중 B 칸에 있는 감정에 따라 당신은 상대의 어긋난 행동에 반응하는 예를 만날 수 있다. 이 차트를 읽으면서 당신의 감정을 통해 상대가 낙담해 있고 어긋난 행동을 하고 있다는 것을 알아차리길 바란다.

사이먼은 언제나 약속에 30분씩 늦는 동생을 볼 때면 짜증이 났다. 매번 변명을 늘어놓는 동생은 자신과 달리 그저 책임감이 없어 늦는 것으로 판단했다. 사이먼의 감정인 짜증은 동생이 관심과 인정을 받고자 하는 목적을 가지고 있다는 것을 의미했다. 사이먼의 동생은 이 행동을 어린 시절 배우게 되었고 자라면서 자신이 특별해지기 위한 방법으로 사용했다. 또 늦은 뒤 변명하며 자신이 무책임한 아이라는 것을 인정하게 하려 했다. 이런 동생의 행동에 사이먼은 반응했고 또 짜증 났다. 짜증이 반복되며 낙담하기도 했다. 그러나 동생의 행동에 반응하지 않고 다른 선택이 있다는 것을 알지 못했고 이런 나쁜 습관을 동생이 포기할 수 있도록 돕는 방법도 몰랐다. 사이먼은 차트 중 B 칸에 있는 감정을 통해 동생 행동의 목적을 알게 되었다.

민디의 상사는 손님들이 보는 앞에서 민디를 꾸짖었다. 민디는 화를 꾹 참았다. 그러면서 상사의 행동은 비참한 결혼 생활 때문이라며 스스로 합리화했다. 자기가 실수해서 상사를 화나게 했기 때문에 자기 잘못이라고 생각했다. 민디가 느낀 감정이 분노이기 때문에 힘과 통제에 대한 문제와 관련 있다는 것을 알 수 있다. 민디의 상사는 상대를 공격하거나 비난하는 방식으로 자신의 스트레스를 해결하려 했고, 민디는 화를 표현하지 않고 참으며 해결하려 했다. 민디 역시 그 상황을 확대 해석하기도 했다. 상사가 집에서 있었던 일로 화난 것이라고 스스로 주문을 걸었다. 민디와 상사는 모두 어린 시절 형성된 반응하기 방식을 그대로 사용했다. 만약 민디가 자신의 감정을 살펴보았다면, 상대의 목적이 힘과 통제임을 확인하고 상사와의 관계 문제를 해결하기 위해 좀 더 효과적인 방법을 사용할 수 있었을 것이다.

그레이스는 아들 방에 남은 핼러윈 사탕을 다 먹어 치우며 자신에게 실망감을 느꼈다. 스스로 자제력이 없는 약한 존재라고 결심(Decide)했다. 그레이스의 문제는 공평과 정의다. 그레이스는 과식하거나 칼로리가 높은 음식을 즐기며 자신을 경멸하고 스스로 벌주고 있는데 이를 의식하지는 못한다. 자신은 식탐을 어찌할 수 없는 유일한 사람이고, 다른 사람들은 먹어도 살이 찌지 않는다며 삶은 불공평하다고 생각할 가능성이 있다. 그레이스의 행동 목표는 그녀의 감정, 즉 '실망'에서 실마리를 찾을 수 있다. B 칸을 참고한다면 그녀의 행동 목표가 공평과 정의이며 이를 이루기 위한 더 긍정적인 방법을 찾을 수 있다.

휘트니는 절망감에 빠져 있다. 자신의 남편이 성중독이고 그 때문에 바람을 피운다고 생각한다. 또 이 상황을 변화시키기 힘들다고 믿고 있다. 만약 남편이 왜 그런 문제가 생겼는지 그 원인을 찾는 대신 남편 행동의 목적을 생각했다면 휘트니는 다른 선택을 할 수 있었을 것이다. 그랬다면 이 상황을 스스로 해결할 수 없다고 믿으며 절망하지는 않았을 것이다. 또 만약 휘트니가 어긋난 행동의 암호 해독 차트를 보았다면, 자신감을 가지고 결혼 생활을 할 수 있는 다양한 방법을 만나거나 건강한 생각을 할 수 있었을 것이다.

반응하기의 결과를 확인하라_ C와 D

사이먼, 민디, 그레이스, 휘트니의 이야기로 다시 돌아가 보자. 만약 그들이 C와 D 칸처럼 상대의 행동에 반응하고 그래서 상황이 더 악화된다면 그들은 더욱 낙담할 것이다. 어떤 방법이 상황을 개선하는 데 더 도움이 되는지 너무 심각하게 고민하지 말고 이 차트를 참고한다. 만약 당신이 사이먼, 민디, 그레이스, 휘트니와 같은 감정이라면 어떻게 행동할지에 대해서도 살펴보자.

사이먼의 경우 동생이 늦게 오는 것에 항상 불만을 가졌다. 때론 동생이 사과했지만, 그 후에도 동생의 행동에는 변함이 없었다. 민디의 경우는 화를 참았다. 그 결과 상사는 여러 명 앞에서 민디를 비난하거나 함부로 대하는 것이 더욱 심해졌다. 그레이스의 경우 아들 방에 남은 핼러윈 사탕을 다 먹어 치우고는 자신에게 실망했다. 사탕이 떨어졌을 때는 건강하지 않은 음식을 폭식하는 방식으로 자기 자신을 괴롭혔다. 휘트니는 남편의 외도 문제를 꺼내는 것을 두려워하여 그 문제를 해결하지 못하고 낙담해 있었다. 누구도 도움이 되지 않을 거라 생각하며 어떤 시도도 하지 못했다.

알아차리기 활동: 감정을 통해 행동의 목표 찾기

　개선하고 싶은 상황을 하나 떠올려본다. 그 상황에 대해 짧게 적어보고 그때 드는 감정도 적어본다. 만약 감정 단어를 찾는 데 어려움이 있다면 B 칸에 있는 감정 단어를 참고한다. 성가시거나, 짜증 나거나, 걱정되거나, 죄책감을 느낀다면 당신 또는 상대의 행동 목표는 인정과 관심이다. 화나거나 도전받는 느낌이거나 위협을 느낀다면 당신 또는 상대의 목표는 힘과 통제이다. 상처받고 실망스러우며 믿지 못한다면 공평과 정의가 목표이다. 마지막으로 체념하고 절망적이며 어쩔 수 없다는 느낌이 든다면 당신 또는 당신 주위 누군가가 낙담해 있고 기술과 능력을 원한다는 신호이다.

　다음으로 그런 감정이 들었을 때 어떤 행동을 하는가? 그리고 그 결과는 무엇인가? 당신의 행동은 상황을 개선하는가? 악화시키는가? 상황이 악화되었다면 당신의 행동에 변화가 필요하다. 만약 상황을 개선하고 싶다면 원하는 것을 이끌어주기(proactive) 방식, 즉 더 존중하는 방법으로 행동해야 한다.

　다시 한번 어긋난 행동의 암호 해독 차트를 보자. B에서 당신의 감정을 찾았다면 당신의 반응하기는 C이다. 그리고 그때 상대의 반응은 D이다. 이때 당신도 상대도 함께 낙담하게 된다.

능동적 이끌어주기로 격려하라_ E, F 그리고 G

　타인의 행동에 반응하는 것이 그 결과가 효과적이지 않더라도 인간으로서 자연스러운 패턴이었다. 하지만 반응하기는 상대의 어긋난 행동을 강화한다. 이제 E, F 그리고 G를 다시 보자. 우선 E 칸을 보면, 행동의 목적을 의미한다. 사람들은 일부러 낙담한 방식으로 행동하지 않는다. 그보다는 목적을 위해 행동할 뿐이지만 자신의 행동 방식을 알아채지는 못한다. 만약 누군가에게 "당신은 관심을 원하는군요" "당신은 힘을 갖길 원하는군요" "좀 더 공평했으면 하는군요" "이 분야에서 성공하기 쉽지 않다고 생각하여 포기하고 싶군요"라고 말한다면 그 사람은 충격을 받고 방어적인 태도를 취할 것이다. 만약 좀 더 부드럽게 표현하여 "가끔 저는 ____이 궁금해요"라는 표현을 사용할 수 있다. 이런 부드러운 표현조차도 상대를 여전히 방어적으로 만드는 경향이 있다. 이 어긋난 행동의 암호 해독 차트를 이용하여 상대의 행동에 수동적으로 반응하지 않고 능동적으로 목적을 이끌어주자. 이것이 상대를 격려하는 첫걸음이다.

이제 F를 주목하자. "말 속에 숨겨진 메시지는 ____." 이렇게 말이나 행동 속에 숨은 메시지를 이해하는 것은 상황을 악화시키는 행동을 멈추게 하고 어떻게 격려할 수 있을지에 대한 영감을 준다. 이것이 행동의 암호를 읽고 숨겨진 메시지를 읽는 방법이다.

마지막 칸 G에는 격려를 할 수 있는 다양한 해결책이 있다. 이 해결책들은 상대를 격려할 뿐 아니라 나 자신을 격려할 수 있는 방법이다. 암호를 읽고 G 칸에 있는 방법으로 행동을 이끌어주는 것이 결과를 바꿀 수 있는 잠재적인 해결책들이다. 신기하게도 인간은 주위에 누군가 낙담해 있다면 상황을 악화시키는 방식으로 행동을 취할 가능성이 매우 크다. 우리는 이것을 '반응하기'라고 부른다.

사이먼, 민디, 그레이스, 휘트니처럼 효과적이지 않은 방식을 멈추고 어긋난 행동의 암호 해독 차트를 활용하여 자신을 격려한다면 능동적이고 서로에게 격려가 되는 방법으로 문제를 해결할 수 있다.

사이먼은 항상 늦는 동생의 행동 그리고 변명으로 일관하는 태도에 짜증이 나서 동생에게 잔소리를 하곤 했다. 사이먼은 차트를 확인하고 자신의 반응과 결과를 봤을 때 동생의 목표가 인정과 관심이라는 것을 알게 되었다. 이제 전과는 다른 방법을 사용하기로 마음먹었다. 첫 번째 줄 G 칸에 있는 해결책 중 두 가지를 참고하여 동생에게 어떻게 말할지 선택했다. "난 너를 사랑해. 그리고 네가 늦는 것 때문에 더 이상 짜증 내고 싶지 않아. 우리가 약속한 시간이 되면 난 출발할 거야. 학교로 출발하거나 놀이시간에도 말이야." 사이먼은 동생에게 이런 사실을 매주 일요일 오후에 문자로 알려주었다. 또한 동생을 두고 혼자 출발했더라도 그와 상관없이 다음 일정대로 시간을 보냈다.

민디는 상사가 여러 사람 앞에서 핀잔을 주는 것에 지쳐가고 무력해지고 있었다. 민디는 『격려 수업』을 읽고 침묵하고 참으며 낙담하는 자신을 발견했다. 자신이 실수를 저질렀기 때문에 더 존중받을 자격이 없는 듯이 행동했다는 것도 알게 되었다. 변화가 필요했다. 민디는 이 문제가 해결되지 않는다면 직장을 관둬야겠다고 생각했다. 4가지 목표 중 힘과 관련된 문제임을 확인하고 차트 가장 마지막 칸의 해결책인 도움 요청하기를 선택했다. 민디는 다음 날 아침, 상사에게 개인적으로 말했다. "이 직장에서 최선을 다하고 싶어요. 물론 배워야 할 게 많다는 것도 알아요. 제가 실수했을 때 당신이 얼마나 싫은지도 알겠어요. 저도 제가 실수하는 것이 맘에 들지 않아요. 그래서 당신의 도움이 필요해요. 어제처럼 다른 사람들 앞에서 제 실수를 비난하면 당황스럽고 또 실수로부터 배움을 얻기도 힘들 거예요. 이것은 우리 둘 모두에게 좋지 않아요. 다음에는 제가 실수했을 때 개인적으로 말해준다면, 제가 배우는 데도 상황을 개선하는 데도 더 도움이 될 것 같아요."
상사는 알겠다고 하며 돌아섰지만, 썩 좋은 표정은 아니었다. 민디는 상사가 여러 사람 앞에서 다시 비난한다면 어떻게 해야 할지에 대해서도 생각해두었다. 차트에 있는 방법을 참고하여 더 구체적으로 해결책을 정해놓은 것이다. 스스로 준비가 된 듯한 느낌이 들었다.

그레이스는 어긋난 행동의 암호 해독 차트를 공부하고 나서 자기 문제는 정의와 관련 있다는 것을 바로 알아차렸다. 아들이 핼러윈에 받았던 사탕을 다 찾아 먹으며 폭식하는 이유가 '자신의 죄'에 대한 복수라는 것을 깨달았다.

그 후 실망은 혐오로 변해갔다. 그레이스는 차트의 E와 F 칸을 읽을 때는 눈물을 흘리기 시작했다. "사람들이 절 사랑하지도 좋아하지도 않아요." "전 상처받았어요." 희망을 느낄 수 있다는 생각이 자신과는 거리가 먼 이야기처럼 느껴졌다. 격려하는 방법이 있을 수 있다는 것이 피부로 와닿기까지 세 번이나 소리 내어 읽어야 했다. 그 후 실천할 한 가지를 선택했는데 바로 '상처받은 감정 알아차리고 상처를 연민으로 바꾸기'였다. 그러고는 스스로 진정하고 또 다른 해결책을 선택했다. 바로 '장점을 격려하기'였다. 비록 처음에는 우습게 느껴졌지만, 자신에게 "난 나쁜 사람이 아니야. 그저 상처받았을 뿐이야"라고 말해주었다. 그 후 마음이 차분해졌다. 그레이는 친구에게 문제 해결을 도와달라고 부탁했다. 친구와 함께 자신이 좋아하는 스타일의 건강한 음식도 찬장에 채우기로 했다. 그리고 아이들에게 집에 있던 사탕을 모두 버리거나 아니면 엄마가 모르는 곳에 숨기라고 부탁했다.

휘트니는 남편이 절대 변하지 않을 거라고 확신하면서 행동에 목적이 있다는 내용을 관심 있게 보지 않았다. 자신과 같은 상황에서는 이런 정보가 유용할 리 없다며 차트를 의심했다. 하지만 집요한 바버라는 차트를 복사해서 주머니 속에, 냉장고 앞에, 심지어는 차 운전석 앞에까지 붙였고 결국 휘트니는 소리 내어 차트를 읽기 시작했다. 차트를 읽어 내려가면서 마지막 줄에서 '체념한다' '절망적이다' '어쩔 수 없다'를 읽게 되었고 그 순간 머릿속에 섬광이 스쳐 지나갔다. F 칸의 메시지 '날 포기하지 말아줘' '나에게 조금씩만 과제를 주세요'라는 문장을 읽자 눈물이 왈칵 났다.

"이게 바로 제가 원했던 거예요."

휘트니의 이야기는 어긋난 행동 중 무기력의 좋은 예이다. 휘트니는 남편에게 그동안의 실수를 서로 인정하고 다시 시작하자고 제안했다. 또 망가진 관계를 개선할 수 있도록 상담을 받고 한 걸음씩 나아가기로 했다.

알아차리기 활동: 어린 시절의 유용한 또는 유용하지 않은 행동

1. 어린 시절로 돌아간다. 나이를 선택한다.

2. 아이로서 관심과 인정을 받기 위해 했던 행동을 쓴다.

3. 청소년이 되면서 힘과 결정권을 갖기 위해 했던 행동을 쓴다.

4. 상처받았을 때를 떠올리고 그때 어떻게 했는지를 쓴다.

5. 무기력하거나 포기하고 싶은 순간을 떠올리고 그때 격려를 느끼

기 위해 어떤 행동을 했는지를 쓴다.

6. 작성한 행동 목록을 보면서 그 행동들이 지금 유용한지 그렇지 않은지를 살펴본다. 또 원하는 것을 얻으면서 낙담하는지 격려받는지를 확인한다.

알아차리기 활동: 진단의 목적은 무엇인가?

스스로 적용하는 진단명이 있는가? 화학적 불균형, 만성 우울증, ADD, OCD, 컴퓨터 문맹, 알레르기, 사회 부적응, 게으름, 학습부진, 또는 그 밖에 어떤 진단명을 부여하고 있는가? 당신의 진단명이 인정과 관심, 힘과 통제, 공평과 정의를 얻는 데 도움이 되는지를 스스로 물어보라.

액션 플랜: 실제 삶에서 격려 활용하기

당신이 겪는 문제 행동이 무엇이든 간에 최고의 해독제는 격려이다. 어긋난 행동의 암호 해독 차트에서 G를 보면, 수많은 격려의 제안이 있다. 또 자신이 이미 잘하고 있는 것들을 쓸 수도 있고 자신과 주위를 격려하기 위한 새로운 방법들을 쓸 수도 있다.

4가지 목표 모두에 사용할 수 있는 격려

당신의 낙담이 어떤 형태든 모든 상황에서 도움이 되는 표현이나 행동을 소개한다.

'아니요'라고 말하기

어떤 것을 하고 싶지 않다면, 그냥 '아니요'라고 말하라. "제가 컨디션이 안 좋아서"나 "제가 시간이 없어서"와 같이 변명하지 마라. "할 수 있으면 좋겠지만, 안 되겠어요"와 같이 말할 수는 있다. 여기서는 '아니요'에 주목하자. 상대가 당신의 의견을 바꾸도록 두어서는 안 된다. 당신이 '아니요'라고 말하면 상대도 다른 방법을 찾을 테니 너무 죄책감을 느끼지 마라. 이 방법은 모든 것을 자신이 해야 한다고 생각하고 그러지 못할 때 죄책감을 느끼는 사람들에게 매우 유용하다.

원하는 것 말하기

주목받고 싶거나 감사나 칭찬을 받고 싶다면, 그냥 부탁하라. 기대하는 것은 오래 기다려야 하고 짜증을 불러오지만, 부탁하는 것은 직접적이며 존중하는 방식이다. 사람들은 독심술을 쓰지 않는다. 원하는 것을 말하지 않으면 어쩌면 당신이 원하는 게 무엇인지 영원히 모를 수 있다. 화났을 때는 감정을 솔직하게 표현하는 것이 불편한 행동을 멈추는 방법이면서 상대를 존중하는 방식이기도 하다. 만약 상처를 받았다면 그냥 인정하라. 너무 피곤하다면 그냥 피곤하다고 말하라. 지루해서 다른 것을 하고 싶다면 감정을 피하지 마라. 다만 그렇다고 누군가를 비난하라는 것은 아니다. 단지 자신을 돌보라는 것이다.

먼저 관심 주기

당신의 삶에서 중요한 사람들과 특별한 시간을 계획한다. 그러면 그 사람들이 당신의 관심을 요구하면서 당신을 괴롭힐 필요가 없어진다.

당신의 관심을 표현하기 위해 시간을 보내야 한다면, 일정표에 저장하거나 정기적인 날짜를 계획한다. 저녁 약속이 될 수도 있고 그저 산책을 할 수도 있다. 아니면 주말에 전화를 할 수도 있다.

상황을 통제할 수 있게 만들기

어떤 것이 하기 힘들다면, 당신이 준비될 때까지 기다려달라고 부탁한다. 아니면 시작할 수 있도록 작은 단계로 알려달라고 한다. 당신의 노력이 아무런 도움이 안 된다면 시간을 두고 다음에 다시 시도한다. 만약 포기하고 싶거나 희망이 없는 느낌이라면 "당신이 준비되었을 때 시작할게요. 그러니 준비가 되면 이야기해주세요"라고 말해도 괜찮다.

그 자리에서 벗어나기

이 방법은 어떤 낙담한 상황에서도 좋은 해결책이 될 수 있다. 관심 끌기를 하는 상황을 무시할 수 있고, 힘겨루기 상황을 피할 수 있으며, 공평하지 않다고 논쟁하는 상황에서 물러날 수 있다. 또한 포기하고 싶은 상황에서도 당신이 생각하고 상황을 회복할 수 있는 시간을 벌어준다.

느낌을 말하고 원하는 것을 요청하며 비판 없이 듣기

이렇게 하면 비록 관계가 나아지지는 않을 수 있지만, 적어도 당신의 기분이 좋아진다.

내가 필요한 것에 관심을 가지기 위해 무엇을 할지 결정하고, 한계를 정하여 친절하며 단호하게 행동하기

이것은 어떤 어긋난 행동에도 할 수 있는 적극적인 반응이다. 모든 관계에서 긍정적인 영향을 미칠 수는 없더라도 적어도 다른 많은 상황에서 당신을 도울 수 있는 기술을 연습하게 된다.

함께 문제 해결하기

긍정훈육을 배웠다면, 부모 문제 해결 14단계나 교사 문제 해결 14단계를 경험했을 것이다. 이 책에서는 약간 변형하여 당신과 주위 사람들을 격려하고 더 잘하도록 돕기 위한 단계를 제시했다. 진짜 문제를 해결하기 위한 단계를 만날 수 있고 이 단계를 통해 앞으로 나아갈 수 있다. 내 문제보다 다른 사람의 문제를 해결하는 편이 더 쉽다는 걸 경험해봤을 것이다. 이유는 분명하다. 왜냐하면 감정에 휘말리지 않을 때 문제를 객관적으로 바라볼 수 있기 때문이다. 이것이 바로 우리가 서로의 문제 해결을 도와야 하는 까닭이다. 이 단계를 활용하여 서로의 문제 해결을 돕길 바란다. 단계를 그대로 지키고 과정을 신뢰하는 것이 중요하다.

단계를 활용하여 문제를 겪고 있는 사람들을 격려하라. 해결책을 쓸 때 외에는 어떤 것도 쓸 필요가 없다. 이 단계를 통해 문제를 가지고 있는 사람은 실천 계획을 세우게 된다. 여러 명이 함께 이 활동을 한다면, 모든 사람에게 이 단계를 복사해 나누어주라.

그럼 이제 14단계를 만나보자.

액션 플랜: 함께 문제 해결하기 14단계

1. 14단계 종이를 나누어주고 1단계만 보이도록 나머지는 종이로 가린다. 한 단계씩 진행하면서 가린 종이를 함께 내린다. 이때 분석하지도 말고 단계에 없는 것을 추가하지도 않는다.

2. 문제를 해결하고 싶은 사람에게 "누구와 어떤 문제를 가지고 있나요?"라고 물어본다.

3. 한 단어 또는 한 문장으로 문제를 헤드라인 뉴스처럼 말하도록 부탁한다.

4. 최근에 문제가 일어난 상황에 대한 설명을 부탁한다. 다음 단계에서 역할극을 해야 하기 때문에 자세하게 대본처럼 이야기하도록 한다. "무엇을 했나요? 다른 사람은 어떻게 했나요?" "그런 다음 어떤 일이 일어났나요?"라고 질문한다.

5. 느낌이 어땠는지 물어본다. 한 단어로 말하기를 어려워한다면 어긋난 행동의 암호 해독 차트 B 칸에서 해당하는 감정을 찾도록 안내한다.

6. 감정을 확인함으로써 그 상황에서 힘든 관계에 있는 사람의 잘못된 목표를 확인할 수 있다.

7. 지금까지와는 다른 해결책을 찾고 싶은지 물어본다.

8. 지금까지 이야기를 바탕으로 역할극을 준비한다. 역할극은 1~2분 정도로 짧게 한다. 이때 문제를 제시한 사람은 자신과 어려운 관계에 있는 사람의 역할을 할 수도 있고, 아니면 참가자 중 다른

사람이 역할을 도울 수도 있다.

9. 역할극을 한 후 각자에게 생각, 감정, 결심이나 어떻게 행동할지를 물어본다.

10. 긍정훈육의 다양한 해결책이나 어긋난 행동의 암호 해독 차트 G 칸을 활용하여 다양한 해결책을 브레인스토밍한다.

11. 문제를 겪고 있는 사람은 일주일 동안 실천할 해결책을 선택한다.

12. 선택한 해결책으로 다시 역할극을 한다. 이때는 문제를 겪고 있는 사람이 자신의 역할을 할 수 있다. 다른 역할들은 참가자들의 도움을 받는다. 마찬가지로 역할극 후 역할자들에게 생각, 감정, 결심을 묻는다.

13. 일주일 동안 실천하고 다음 주에 경험을 나누어줄 수 있는지를 물어본다.

14. 이 활동에 참여한 서로에게 감사를 표현한다.

함께 문제 해결하기 14단계_ 실제 사례

격려상담 과정에 참가한 조엘이 참가자들과 함께 문제 해결 14단계를 진행한 실제 이야기이다.

1. 14단계 종이를 나누어주고 1단계만 보이도록 나머지는 종이로 가린다. 한 단계씩 진행하면서 가린 종이를 함께 내린다. 이때 분석하지도 말고 단계에 없는 것을 추가하지도 않는다.

2. 문제를 해결하고 싶은 사람에게 "누구와 어떤 문제를 가지고 있 나요?"라고 물어본다.

음식을 먹을 때 조절할 수 없는 문제를 해결하고 싶어요.

3. 한 단어 또는 한 문장으로 문제를 헤드라인 뉴스처럼 말하도록 부탁한다.

폭식 문제

4. 최근에 문제가 일어난 상황에 대한 설명을 부탁한다. 다음 단계 에서 역할극을 해야 하기 때문에 자세하게 대본처럼 이야기하도 록 한다. "무엇을 했나요? 다른 사람은 어떻게 했나요?" "그런 다 음 어떤 일이 일어났나요?"라고 질문한다.

나 자신에게 말해요. 천천히 건강한 음식을 먹을 거라고요. 잘 조 절되다가도 울적하거나 화가 나면 마구 먹기 시작해요. 그럼 그 순간에는 만족스럽지만, 곧 내게 화가 나요. 다시 조절하려 노력 하고 좋은 생각을 하자고 말해요. "실수한 것뿐이야. 다시 시작할 수 있어"라고 말이죠. 하지만 나 자신에 대한 실망감을 극복하기 가 쉽지 않아요.

5. 느낌이 어땠는지 물어본다. 한 단어로 말하는 것을 어려워한다면 어긋난 행동의 암호 해독 차트 B 칸에서 해당하는 감정을 찾도록 안내한다.

실망한, 좌절하는, 수치스러운

6. 감정을 확인함으로써 그 상황에서 힘든 관계에 있는 사람의 잘못 된 목표를 확인할 수 있다.

복수

7. 지금까지와는 다른 해결책을 찾고 싶은지 물어본다.

　예.

8. 지금까지 이야기를 바탕으로 역할극을 준비한다. 역할극은 1∼2 분 정도로 짧게 한다. 이때 문제를 제시한 사람은 자신과 어려운 관계에 있는 사람의 역할을 할 수도 있고, 아니면 참가자 중 다른 사람이 역할을 도울 수도 있다.(이 문제의 경우는 자신과의 관계 문제이므 로 린이 조엘의 생각 역할을, 조엘이 자신의 역할을 했다)

　린(조엘의 생각 역할): 이봐, 배고프지 않아? 가서 좀 먹지 그래.

　조엘: 아니, 이번에는 잘 조절할 거야.

　조엘의 생각: 우습군. 잠시는 참을 수 있겠지만 곧 빵을 집어 들 거야. 힘들게 그러지 말고 가서 빵 먹어.

　조엘: 그렇게 하면 나 자신에 대해 좋지 않은 기분이 들 거야.

　조엘의 생각: 네 나이에는 몸무게를 걱정할 필요가 없어. 그냥 원 하는 만큼 먹어.

9. 역할극을 한 후 각자에게 생각, 감정, 결심이나 어떻게 행동할지 를 물어본다.

　린(조엘의 생각 역할): 내 생각은 음, 마치 게임 같아요. 영원히 할 수 있는 게임 말이죠. 내 느낌은 음, 내가 원하는 것, 특히 달콤한 어 떤 걸 얻을 때까지 여기에 매달릴 것 같아요. 내 결심은, 내가 원 하는 것을 얻을 때까지 조엘을 굴복시키는 거예요. 이것은 의식 없이 하는 오래된 습관이에요.

　조엘: 무의식적 자아에 대해 너무도 혼란스럽다는 생각이 들어요. 이런 반복을 끊을 수 있다는 생각과 결코 이 문제를 해결할 수 없

을 거라는 생각 사이에서 왔다 갔다 하는 모습이 너무도 힘들어요.

10. 긍정훈육의 다양한 해결책이나 어긋난 행동의 암호 해독 차트 G 칸을 활용하여 다양한 해결책을 브레인스토밍한다.

비슷한 고민을 하는 사람들 모임에 나간다. 주는 것만 먹을 수 있는 수도원에 간다. 자신에게 말하지 말고 다른 사람과 대화를 한다. 매일 건강한 음식을 배달하는 업체를 고르고 그 음식만 먹는다. "원하는 것을 먹어도 될 만큼 나이를 먹었어. 그러니 너무 걱정하지 마"라고 자신에게 말한다. 일과를 정한다.

11. 문제를 겪고 있는 사람은 일주일 동안 실천할 해결책을 선택한다.

일과 정하기

12. 선택한 해결책으로 다시 역할극을 한다. 이때는 문제를 겪고 있는 사람이 자신의 역할을 할 수 있다. 다른 역할들은 참가자들의 도움을 받는다. 마찬가지로 역할극 후 역할자들에게 생각, 감정, 결심을 묻는다.

조엘: 난 일과를 만들었어. 이제부터 이 일과대로 살 거야.

조엘의 생각: 할 수 없을걸. 늘 실패했잖아.

조엘: 어린 시절에 그랬지. 결국 기분이 좋지 않았고. 하지만 어린 시절의 나와는 달라.

조엘의 생각: 같을걸. 어떻게 다르게 할 건데?

조엘: 집에 오자마자 바로 일과를 쓸 거야.

조엘의 생각: 어린 시절의 패턴이랑 비슷하잖아. 아마 또 미루고 실패할걸. 예전처럼 말이지.

조엘: 집에 오자마자 할 거야. 그리고 마치자마자 아내를 부를

거야.

13. 일주일 동안 실천하고 다음 주에 경험을 나누어줄 수 있는지를 물어본다.

예.

14. 이 활동에 참여한 서로에게 감사를 표현한다.

린: 스스로 격려할 수 있는 정말 좋은 주제를 소개해주어 도움이 된 점 감사드립니다.

상담사: 많은 사람이 이런 문제를 겪고 있어요. 이 과정이 다른 분들에게도 도움이 될 거예요. 이 문제를 용기 있고 진솔하게 나누어주어 고마워요. 용기 내어 말하는 것이 얼마나 어려운지 알아요.

항상 관계를 개선하는 데 성공할 수는 없다

관계의 문제를 해결하거나 개선할 수 없는 상황들이 있다. 만약 상대가 대화를 존중하는 태도로 하려 하지 않거나, 자신의 행동에 관해 이야기하는 것을 거부하거나, 문제 해결에 비협조적이거나, 노력하지 않는다면 당신의 유일한 선택은 스스로 격려하는 것이다. 격려는 내가 원하는 대로 하길 바라면서 상대를 조종하는 도구가 아니다. 오히려 관계의 분위기에 영향을 미치는 것으로 건강한 상호작용을 불러올 뿐 그걸 보장하는 것은 아니다. 어떤 사람은 당신이 어떻게 격려하든 변하지 않고 싶어 할 수 있다.

낙담한 많은 사람은 유용하지 않은 방식으로 관계를 맺을 때, 그들의 행동을 미리 계획하거나 행동이 미치는 영향에 대해 고려하지 않는다는 것을 꼭 기억하자. 당신이 행동의 목적을 이해한다면, 인간의 4가지 목표를 이루기 위해 어떤 낙담하는 방식을 선택하는지를 알 수 있게 된다. 그러면 사람들의 행동에 수동적으로 되지 않고 격려할 수 있게 된다. 친구, 가족, 워크숍 참가자, 학생, 상담을 받으러 온 많은 사람은 행동이 감정과 환경, 상황의 원인이 아니라 타인과 타인과의 상호작용을 내가 어떻게 바라보는지에 따라 달라졌다고 이야기를 전해왔다. 행동을 바꾸는 것은 많은 수고가 따르고 실천 없이는 절대 불가능하다. 이 책의 알아차리기 활동과 액션 플랜은 당신의 목적을 이루는 데 많은 도움이 될 것이다.

당신의 성격 유형_
거북이, 독수리, 카멜레온, 사자

톱 카드로 배우는 4가지 성격 유형

사자, 독수리, 카멜레온, 거북이 중 당신은 어떤 유형일까? 알고 싶은가? 이는 당신이 배울 가장 흥미로운 콘셉트 중 하나로, 격려상담에도 유용하다. 모두가 똑같을 거라고 생각하는 것은 특이한 게 아니다. 그리고 만약 다른 이들이 당신이 좋아하지 않는 방식으로 행동한다면, 당신과 맞지 않는다고 생각할 것이다. 성격 유형을 나타내는 '톱 카드'를 공부하면, 인간의 4가지 성격 유형을 만날 수 있다. 각 유형은 관계 개선을 위해 서로 다른 관심과 방법이 필요하다. 이 정보는 다른 사람의 본성을 더 많이 이해하고 당신의 고유한 특성을 더욱 잘 받아들이는 데 도움을 줄 것이다.

이번 5주 차에는 당신이 스트레스를 받고 두려움을 느낄 때 어떻게 자신을 방어함으로써 스스로 변화하는 것을 막는지 발견하게 된다. 당신은 어떻게 당신의 톱 카드를 확인할 수 있는지, 당신이 톱 카드를 사용할 때 어떤 일이 일어나는지 이해하게 될 것이다. 그리고 당신이 두려움에 직면하여 변화에 대한 당신의 저항을 깰 수 있음을 인식할 수 있을 것이다. 우리는 어떻게 당신의 톱 카드가 당신의 최초(주된) 관계에 영향을 주는지를 보여줄 것이다. 또한 더 많은 협력과 적은 에너지 소모를 가져오는 변화를 어떻게 만들지를 다룰 것이다. 일단 이 방식으로 당신 자신에 대해 더 잘 이해할 수 있게 되면, 다른 사람을 격려할 때도 톱 카드가 얼마나 유용한지를 깨닫게 될 것이다.

본론으로 들어가서 당신이 어떤 동물인지 확인하기 위해, 우선 스트레스에 관해 잠깐 이해할 필요가 있다. 이는 누구나 사용하는 흔한 말이지만, 조금 다른 방식으로 소개하려 한다. 아래의 그림은 우리 두 저자가 스트레스를 어떻게 이해하고 있는지 보여준다. 이는 삶이 어떠해야 한다는 당신의 생각과 현실 사이의 거리이다. 그 사이 간격이 클수록 당신은 스트레스를 많이 받는다.

삶이 어때야 하는지에 대한 당신의 생각

스트레스

삶의 현실

우리가 말하는 각각의 동물은 서로 다른 방식으로 스트레스를 다룬다. 사자는 으르렁거리거나 공격을 할 것이다. 독수리는 자기 둥지로 가거나 하늘 높이 날아가 버릴 것이다. 카멜레온은 보호색으로 색깔을 바꿀 것이다. 거북이는 헤엄쳐서 가버리거나 등 껍데기로 숨어버릴 것이다. 이 동물들은 스트레스를 받지 않을 때는 매우 다양한 행동을 보여준다. 하지만 스트레스 상황일 때 동물별로 자신만의 행동 방식을 선택하는데, 이는 마치 포커게임에서 결정적인 순간에 자신만의 카드를 선택하고 배팅하는 것과 같다.

이는 방어적인 행동으로, 생각이나 계획 없이 반사적으로 나온 반응이다. 삶이 예상 밖으로 흘러가는 스트레스 상황을 다루기 위해 사자형은 옳은 길을 주장하고, 독수리형은 현실을 피하거나 미루고, 카멜레온형은 다른 사람을 기쁘게 하고, 거북이형은 갈등을 피하려 한다. 실제 거북이는 스트레스 상황에서 다른 동물의 머리를 물어뜯거나 아니면 자기들끼리는 사납게 싸워 상대 거북이가 딱딱한 등 껍데기 속으로 머리를 숨기게 한다.

알아차리기 활동: 당신은 무슨 동물인가?

자신의 톱 카드를 찾아낼 수 있는 가장 빠른 방법이 있다.(린 로트는 70년대 중반에 빌(Bill)과 밈 퓨(Mim Pew)에게 이 방법을 배웠고, 이후로 다른 이들과 함께 자신만의 버전을 나누고 있다) 플립 차트에 4개의 상자를 그린다. 각각의 상자 위에 매듭을 그린다. 각각에 내용물을 적는다. 첫 번째 상자에는 고통과 스트레스(pain and stress)가 들어 있다. 두 번째 상자에는 거절과 귀찮음(rejection and hassles)이, 3번째 상자에는 의미 없음과 중요하지 않음(meaninglessness and unimportance)이, 4번째 상자에는 비판과 조롱(criticism and ridicule)이 들어 있다. 당신의 현관 계단에 이 4개의 상자가 도착했다고 생각해보자. 상자를 열면 적어놓은 대로 일이 벌어진다. 그리고 하나의 상자를 돌려보낼 수 있다. 그럼 그 상자에 적힌 일은 일어나지 않는다.

4개의 상자 중 무엇을 문밖에 두고 처리하는 걸 피할 것인가? 너무 어렵게 생각하지 말자. 그냥 가장 가까워 보이는 것을 골라보자. 잘못 골랐다고 생각되면 나중에 언제든지 마음을 바꿀 수 있다.

고통과 스트레스를 골랐다면 당신은 거북이다. 그리고 당신의 톱 카드는 '편안함/회피'(comfort/avoidance)이다. 거절과 귀찮음을 골랐는가? 그렇다면 당신의 톱 카드는 '즐거움'(pleasing)이고, 당신은 카멜레온이다. 의미 없음과 중요하지 않음을 골랐다면 당신은 사자다. 그리고 톱 카드는 '우월성'(superiority)이다. 마지막으로 비판과 조롱을 골랐다면 당신은 독수리고 톱 카드는 '통제'(control)이다.

당신의 마음을 바꾸기 전에, 다음에 나오는 톱 카드 차트를 보라. 당신이 고른 카드를 읽고 차트에 있는 정보가 당신에게 맞지 않는다면, 당신 자신에 대해 생각하는 것과 가장 가까운 카드를 찾을 때까지 읽어보라. 이 차트를 읽는 대부분의 사람은 너무 많은 고민 없이 이 중 하나를 선택한다. 만약 그래도 선택하기 어렵다면, 작업가설(working hypothesis)*로 사용할 카드를 일단 아무거나 골라라. 당신은 나중에 언제든지 다른 것을 고를 수 있다.

---

* 일군의 현상을 통일적으로 설명하기 위해 미래의 실험으로 확인될 것을 전제로 하고 있는 것, 혹은 어떤 관계의 존재를 가정하고 거기에 따라 이론이나 실험을 추진해가는 실마리가 얻어질 경우, 그러한 가설을 작업가설이라 한다.

피하고 싶은 것	거절과 귀찮음
리더십 스타일	즐거움(카멜레온)
스트레스 시 행동	진절하게 대한다. 'no'를 의미하더라도 'yes'라고 대답한다. 마지못해서 한다. 자신의 필요보다 상대가 원하는 것을 한다. 문제에 맞서지 않고 뒷말을 하거나 불평한다. 모든 것을 해결하려 하고 모든 사람을 행복하게 만들려고 한다. 이해를 구걸한다. 불평한다. 다른 사람에게 맞춰준다. 열심히 노력한다. 침소봉대한다. 깜깜한 밤에 질주하는 차를 맞닥트린 사슴처럼 조용해지고 얼어붙는다. 매우 이성적으로 되어 자신의 감정을 외면한다. 징징대거나 자기연민을 한다. 해야 할 일 목록을 작성한다.
스트레스를 받지 않을 때 갖는 장점	친구가 많고 타인의 기분을 세심하게 헤아린다. 타협에 능하고 사려 깊고 공격적이지 않다. 스스로 자청하며 사람들이 신뢰한다. 일반적으로 모든 사람이나 일들의 좋은 면을 보려 한다. 인정받으려 집착하지 않는다면 사랑을 주고 사랑받을 수 있다.
다른 사람과의 갈등 요인 내가 야기하거나 힘들어하는 문제	복수의 악순환을 불러일으킬 수 있다. 다른 사람들에게 거부받았다는 느낌을 줄 수 있다. 꽁하고 무시받았다고 느낀다. 내가 원하는 대로 일이 되지 않는다. 일은 잘하지 못하면서 잘하는 것처럼 보이려고 하다가 큰코다친다. 개인적 성장 위축, 자기 감각이나 자기만족 상실 우려가 있음.
스트레스받을 때 다른 사람들로부터 필요한 것	다른 사람들이 당신을 얼마나 좋아하는지 표현하고 스킨십해주는 것. 공감하고 동의, 감사를 표현하는 것. 당신이 느끼는 바를 말하더라도 괜찮다는 걸 확신하는 것.
더 성장하려면	더 열린 자세로 정직하게 당신의 생각과 감정을 말하라. 거절하고 그렇게 행동하라. 타인의 감정과 행동에 연연하지 마라. 다른 사람을 즐겁게 하기보다 자신의 시간을 가져라. 용기 있게 도움을 청하고 다른 사람의 의견을 묻자.
원하는 것	주위의 인정을 받으며 원하는 일을 하는 것. 다른 사람들의 관심을 받고 그들에게 받아들여지는 것. 다른 사람이 당신을 돌보고 귀찮은 일들을 대신해주는 것.

피하고 싶은 것	비판과 조롱
리더십 스타일	전체적인 상황 통제(독수리)
스트레스 시 행동	자기감정을 다 표현하지 않는다. 명령하며 논쟁한다. 상대가 당신을 달래줄 때까지 조용히 기다린다. 감정을 꾹꾹 눌러 담는다. 일을 시작하기 전에 만반의 준비를 마쳐놓는다. 혼자서 해결하려고 한다. 불평하고 화내거나 한숨을 쉰다. 해야 할 일을 미룬다. 설명하거나 방어한다. 신체활동을 한다. 벽을 쌓는다.
스트레스를 받지 않을 때 갖는 장점	좋은 리더로 위기를 극복한다. 적극적이고 포기하지 않으며 조직적이다. 법을 준수하고 생산적이며 원하는 것을 얻는다. 결국 완수한다. 상황을 책임진다. 인내심을 가지고 기다린다. 통제에 집착하지 않는다면 관대하고 침착할 수 있다.
다른 사람과의 갈등 요인 내가 야기하거나 힘들어하는 문제	즉흥적인 행동 부족, 사회적·정서적으로 거리를 둠. 다른 사람이 자신의 약점을 찾지 못하길 원함. 힘겨루기를 하게 되고 몸이 아픔. 비판받는다고 생각하며 문제를 회피함. 개방적이기보다는 방어적인 자세. 허락을 받을 때까지 기다릴 때도 있다. 비판하고 잘못을 지적함.
스트레스받을 때 다른 사람들로부터 필요한 것	'yes'라고 말하는 것, 선택권을 주는 것, 당신이 상황을 끌고 갈 수 있는 것, 당신의 감정을 물어봐 주는 것, 당신에게 감정을 추스를 시간과 공간을 주는 것.
더 성장하려면	모든 것을 책임져야 한다고 생각하지 않는 것. 생기지 않은 문제를 막기 위해 너무 애쓰지 말고 단계적으로 행동할 것. 물러나지 말고 경청할 것. 당신이 원하는 것이 무엇인지 생각하고 요구하라. 방어하지 말고 들으며, 도움과 선택지를 달라고 요청하고 권한을 나누어라.
원하는 것	다른 사람이 더 잘할 수 있음에도 통제하려 한다. 존중, 협력, 충성을 얻고자 한다. 신뢰를 얻기 원하며 당신이 원하는 것을 얻기 원한다. 당신의 페이스에 맞춰 선택권을 갖길 원한다.

피하고 싶은 것	의미 없음과 중요하지 않음
리더십 스타일	우위를 점하는 것(사자)
스트레스 시 행동	다른 사람이나 일을 깎아내린다. 자책한다. 삶의 부조리에 대해 말한다. 다른 사람을 고치려 한다. 일을 너무 많이 맡는다. 지나치게 한다. 불필요한 싸움을 한다. 항상 더 잘하려고 한다. 늘 뭔가를 해야 한다고 생각한다. 다른 사람의 관심을 다른 데로 돌리고 경쟁의 판도를 바꾼다. 울거나 다른 사람에게 소리치거나 불평한다. 고집을 피운다. 우유부단하다. 어디엔가 몰두하려 한다. 전문가가 된다. 자신을 옹호해줄 사람을 찾는다.
스트레스를 받지 않을 때 갖는 장점	지적이다. 정확하다. 이상주의적이다. 많은 것을 이루어내고 주위를 즐겁게 한다. 많은 칭찬과 상을 받는다. 다른 사람이 시키기 전에 알아서 임무를 완수한다. 자신감이 있다. 우월성에 집착하지 않는다면 더 깊이 있고 자존감을 가지게 된다.
다른 사람과의 갈등 요인 내가 야기하거나 힘들어하는 문제	일이 너무 많아서 결국 지쳐버림. 다른 사람에게 무능력하거나 중요하지 않다는 감정을 불러일으킴. 잘난 척하거나 무례한 사람처럼 비치는데 그게 문제라는 걸 모름. 늘 더 잘해야 한다고 생각해서 행복할 수가 없음. 주위의 많은 완벽하지 않은 사람을 참아야 한다고 함. 자신의 가치를 의심하는 데 너무 오랜 시간을 사용함.
스트레스받을 때 다른 사람들로부터 필요한 것	당신이 얼마나 중요한지 말하는 것. 당신이 한 일들에 감사하는 것. 차근차근히 할 수 있도록 돕는 것. 당신이 옳다고 말하는 것.
더 성장하려면	비난을 멈추고 해결책을 찾을 것. 당신을 포함한 모든 사람에게 잘한 일은 잘했다고 인정해줄 것. 당신이 가지지 않은 것을 부러워 말고 당신이 가진 것에 감사할 것. 다른 사람들에게 관심을 보이고 호기심을 가질 것. 산책과 운동, 건강한 음식 즐기기.
원하는 것	최고가 되는 것. 감사와 인정을 받고 정서적 관계를 유지하는 것. '옳다'라는 말을 듣는 것.

피하고 싶은 것	고통과 스트레스
리더십 스타일	편안함(거북이)
스트레스 시 행동	농담을 하고 지적으로 행동한다. 새로운 시도를 피하고 자신이 잘하는 일만 한다. 저항이 가장 적은 길을 선택한다. 상황을 불완전하게 둔다. 위험을 피한다. 당신의 결점을 찾을 수 없도록 숨어버린다. 과잉반응하고 불평한다. 울고 소리 지른다. 마이크로 매니징하면서 다른 사람을 응석받이로 만든다. 껍데기 안에 숨어버린다. 도움을 요청하지 않고 숨어버리고 가슴을 닫아버린다. 화난 거북이처럼 공격한다.
스트레스를 받지 않을 때 갖는 장점	유연하고 사람들이 당신 주위에 있는 것을 좋아한다. 잘하는 것을 한다. 태평하다. 자신에게 필요한 것을 찾는다. 도움을 요청하고 다른 사람에게 편안함을 준다. 편안함에 집착하지 않는다면 용기 있고 품위를 유지할 수 있다.
다른 사람과의 갈등 요인 내가 야기하거나 힘들어하는 문제	지루함. 게으름. 결과를 만드는 것에 취약. 동기부여가 잘 안 됨. 자기 몫을 다하지 않음. 특별히 관심받거나 도움받길 원함. 당신은 걱정하고 있지만 누구도 당신이 힘들어한다는 것을 모름. 나누는 것을 하지 않고 어려운 상황을 직면하지 않고 방치함. 독립적이 되기보다는 보호받으려 함. 다른 사람들에게 스트레스를 느끼게 함.
스트레스받을 때 다른 사람들로부터 필요한 것	방해받지 않는 것. 말할 기회를 제공하는 것. 경청하는 것. 혼자 내버려두는 것. 믿음을 보여주고 작은 성장에 격려하는 것.
더 성장하려면	자신 또는 학급의 일과표를 만들어라. 처음엔 보기만 하더라도 참석해서 끝까지 있어라. 판단하고 단정하는 대신 당신이 원하는 것이나 다른 사람에 대해 질문하라. 당신이 느끼는 것을 말하라. 당신이 당신의 속도대로 할 수 있도록 주위에 말하라. 당신의 재능을 주위에 발산하라.
원하는 것	논쟁을 싫어한다. 당신의 속도대로 하는 것을 좋아한다. 모든 상황이 당신이 보는 것처럼 쉽길 바란디.

사람들은 자신의 톱 카드가 바뀔 수 있는지 종종 물어본다. 처음 시작할 때 잘못 골랐다면 그렇다. 바뀔 수 있다. 하지만 일단 특정 카드로 당신의 선택을 좁혔다면, 그것은 바뀌지 않을 것이다. 또 당신은 피하고 싶은 두 번째 카드를 가질 수 있다. 스트레스를 받지 않을 때 사용하는 카드 말이다. 그 카드는 당신의 일상 양식(daily style)이다. 때때로 그 카드는 현관 앞에 어떤 상자를 남겨둘 것인지에 대한 당신의 두 번째 선택을 반영한다.

알아차리기 활동: 톱 카드 차트 사용하기

아직 하지 않았다면, 톱 카드 차트를 보고 당신 자신의 것에 대해 읽을 좋을 시간이다. 각 내용에서 당신에게 맞는 특성에 동그라미를 쳐라. 당신의 톱 카드 동물과 당신의 특성의 공통점을 생각해보라. 당신의 톱 카드는 좋고 나쁜 게 아니라는 것을 상기한다.

알아차리기 활동: 스트레스 좁히기

여기에 당신의 스트레스를 줄일 간단한 활동이 있다. 종이 한 장을 꺼내라. 종이 제일 위에 '삶은 어떠해야 하는지'라고 당신이 생각하는 몇 가지 단어를 적어라. 종이 아래쪽으로 내려가서 '삶이 어떠한지' 적어라. 그리고 두 서술의 차이를 알아채라. 둘이 얼마나 차이가 나는가? 둘 사이의 '거리'가 당신의 스트레스 수준이다. 둘이 너무 다르면(대부분의 사람이 그렇다) 다음 방법을 시도하라.

1. 종이의 아래쪽을 위로 접어서 '삶이 어떠한지'가 '삶이 어떠해야

하는지' 바로 밑에 오게 하라.

2. 이제 나란히 있는 삶의 두 가지 상을 본다. 당신은 어떤 감정과 생각이 드는가? 이때 대부분의 사람은 웃기 시작하고 더 침착해진다. 많은 사람은 이런 식으로 말한다. "나는 이것을 생각만 하는 걸 그만하고 현실을 받아들일 거야."

당신이 톱 카드를 사용할 때

소속감과 자존감을 느낄 때 당신은 상황에 맞게 행동하고, 당신의 행복(well-being)에 기여하고, 다른 사람의 행복에 기여하는 방식으로 행동한다. 이때 톱 카드의 장점을 사용한다. 당신이 생각하기에 당신의 소속감과 자존감이 위협받고 있다면, 당신은 스트레스를 받고 두려워하고 있으며, 스스로 보호하기 위해 반사적으로 행동한다. 자신을 방어하고, 소속감과 자존감을 손상하지 않고 유지하려는 노력으로 톱 카드의 단점을 사용한다. 불행하게도 당신이 그렇게 하는 순간, 당신은 스스로 피하려고 했던 것(고통과 스트레스, 의미 없음과 중요하지 않음, 거절과 귀찮음, 비판과 조롱)을 오히려 초래한다. 당신의 톱 카드가 편안함/회피라면, 당신은 그 상황을 처리하는 것을 피함으로써 편안한 구역을 찾는다. 당신의 톱 카드가 통제라면, 당신은 자신의 감정과 상황, 다른 사람을 통제하려고 한다. 당신이 즐거움 톱 카드를 가지고 있다면, 당신은 다른 사람들이 원하는 것을 주기 위해 무엇이 그들을 기쁘게 해줄 수 있는지 찾으려고 한다. 마지막으로, 우월성 톱 카드라면 당신은 진정으로 우월한 것을 성취하려고 하거나, 의미 있음과 중요함을 찾기 위해 무언가를 완벽하게 하려고 하거나, 다른 사람들이 당신이 중요하다고 생각하는 것을 하거나 보게 하려 한다.

톱 카드는 당신이 정말로 두려워하는 것이 무엇인지, 그러한 두려움이 실현되거나 실현되려 한다고 믿을 때 당신이 무엇을 하는지 알려준다. 이는 당신의 단점(당신이 제 발등을 찍는 몇 가지 방법)의 촉매제일 뿐만 아니라 당신의 장점(당신의 가장 사랑스럽고 좋은 것들) 목록이다. 톱 카드를 이해하는 것은 상대의 다름을 존중하며 이를 격려하는 방법과 당신이 다르다는 걸 상대에게 표현하고 격려를 요청하는 방법을 이해하는 데 도움을 줄 것이다. 당신은 비교하고 절망하는 것을 멈출 수 있다. 왜냐하면 당신은 모두가 장점과 단점, 강점과 약점, 각자가 잘할 수 있는 영역이 있다는 것을 깨닫기 때문이다.

톱 카드는 어떻게 만들어졌는가

아기와 어린아이들을 관찰해보라. 그럼 아이들이 주변에서 벌어지는 일들을 바라보는 관점과 시도 그리고 아이들이 경험하는 반응을 어떻게 학습하는지를 이해할 수 있게 된다. 아이들은 삶의 경험이나 말하는 기술이 거의 없기 때문에 그들 자신과 다른 사람, 세계에 대한 판단이나 결심은 다른 사람의 제스처나 소리뿐 아니라 자신의 감정에 기초한다. 아이들은 편안하지 않거나 두려움을 느끼면, 대처 행동을 만들어낸다.

예를 들어, 한 아이는 새로운 것을 시도하는 걸 피하려고 부모의 다리 뒤로 숨을 수 있다(편안함/회피). 다른 아이는 어떤 행동으로 혼났을 때 굴욕감을 느껴서, 닥쳐올 비난을 피하기 위해 자신의 방으로 갈 수 있다(통제). 3번째 아이는 다른 사람이 찡그리지 않고 웃게 하기 위해 매력적이고 귀여워지려고 노력할 수 있다(즐거움). 4번째 아이는 선 밖으로 삐져나와 색칠했을 때 좌절하여 울며 계속하기 싫어할 수 있다(우월성).

이러한 아이들과 같이, 당신도 5살 이전에 대처 행동을 만들었다. 당신은 다른 사람의 행동을 보고 모방했을 수도 있고, 아니면 시행착오를 겪으면서 당신의 소속감과 자존감을 보호해준다고 생각하는 완벽한 행동을 선택했을 수도 있다. 그리고 당신이 위협을 느낄 때마다 자신을 지키기 위해 톱 카드의 행동, 즉 대처 행동을 선택하고 연습했다.

만약 편안함이 당신의 톱 카드라면, 당신은 무언가가 너무 스트레스적이거나 고통스럽거나 어려울 때, 닥쳐 있는 일을 감당할 수 없고 아마 소속되거나 자존감을 느낄 수 없을 거라 믿을 것이다. 통제가 당신의 톱 카드라면, 누군가 당신을 비난한다고 생각할 때 당신은 생각하는 것만큼 못 할 수 있다는 가능성에 굴욕감을 느끼고, 그래서 아마 소속되거나 중요하지 않다고 결론지을 것이다. 당신의 톱 카드가 즐거움이라면, 다른 사람이 당신이나 당신의 행동으로 행복하지 않거나 당신을 거절한다고 생각할 때, 아마도 소속감과 중요함을 잃었다고 확신할 것이다. 그리고 당신의 톱 카드가 우월성이라면 당신은 아마 당신이 중요하지 않거나 삶이 무의미하다고 생각했을 때 더 이상 중요하거나 소속되어 있지 않다고 생각할 것이다. 당신은 소속감이나 중요함을 잃는 것을 피하기 위해 연습한 행동이 무엇이든지 간에 그것에 능숙해졌다. 오늘날 당신은 스트레스, 두려움, 위협을 감지한 것에 대한 반응으로, 자동으로 이와 같은 행동들을 사용한다.

당신이 더 많은 기술을 가지고 있을수록, 더 나은 삶을 살 수 있다. 하지만 스트레스 상황에서 톱 카드를 사용할 때, 당신은 반사적이고 자동적인 방어적 행동으로 빠지고, 새로운 기술을 배울 당신의 능력을 제한한다. 사용할 수 있는 선택지를 더 적게 가지게 되고, 삶은 더욱 스트레스로 가득 찬다. 톱 카드에 대한 인식이나 이해 없이 톱 카드를 사용할 때, 당신의 톱 카드는 당신의 바람과 반대로 작동한다. 당신의 두려움에 맞서지 않고 톱 카드를 사용할 때, 당신은 결국 당신이 피하려고 하는 것을 경험하게 된다.

액션 플랜: 당신의 두려움에 맞서다

일단 당신의 대처 행동이 무엇인지 인식하는 것을 배우면, 계속해서 자동적으로 하는 대처 행동을 알아차리고 자신의 두려움에 맞설 수 있다. 방법은 아래와 같다.

1단계. 자신에게 질문하라. "내 두려움은 무엇인가?"

2단계. 그리고 나서 스스로 물어보라. "내가 두려워하는 것이 실현되었을 때 일어날 수 있는 최악은 무엇인가?"

3단계. 마지막으로, 스스로 물어보라. "만약 최악의 일이 벌어진다면, 내가 그것을 처리할 수 있는가?"

4단계. 만약 당신의 대답이 '그렇다'라면, 당신은 아마도 이미 더 기분이 좋아졌을 테고, 자동으로 당신의 톱 카드 행동으로 빠져서 보지 못했던 새로운 선택들을 봤을 것이다.

당신의 대답이 '아니다'라고 해보자. 당신은 두려움이 생겼을 때 그것을 처리할 수 없다고 생각한다. 아니면 아마도 기분이 좋아지지 않고, 4단계에 갔을 때 선택들을 보지 못할 것이다. 만약 이 중 당신에게 해당하는 것이 있거나, 당신의 두려움에 대해 좀 더 깊이 들어가고 싶다면, 아래에 당신이 할 수 있는 것이 있다.

1. 1단계로 돌아가라. 자신에게 질문하라. "내가 두려워하는 것이 무엇인가?"
2. 답을 적어라.
3. 지금 스스로 물어보라. "날 괴롭히는 것이 무엇인가?"
4. 답을 적어라. 그러고 나서 그것을 읽으면서 스스로 물어라. "…그리고 날 괴롭히는 것이 무엇인가?"
5. 답을 적어라. 그러고 나서 그것을 읽고, 다시 물어보라. "…그리고 날 괴롭히는 것이 무엇인가?"

당신이 더 깊이 파고들수록, 당신의 대답은 결국 계속해서 같은 문제(4개의 목표 중 하나 혹은 그 이상과 관련된)로 돌아갈 것이다. 4개의 목표는 인정(recognition), 힘(power), 정의(justice), 능력(competence)과 관련 있다.(4주 차 참고) 일단 자신의 두려움을 이해하면, 그것을 직면할 수 있고 새로운 선택들을 볼 수 있다. 격려상담으로 당신은 사람들이 톱 카드를 사용하는 것을 발견했을 때, 다른 사람들에게 이러한 질문을 할 수 있다.

액션 플랜: 톱 카드 행동에 적극적으로 행동하기

누군가를 만났는데 화나거나 속상하거나 무력함을 느끼면, 방어적인 태도를 취하는 대신에 다른 사람에게 다음과 같이 물어보라.

"당신도 혹시 어떤 것 때문에 두렵거나 위협을 느끼고 있나요?"

반응(reactive)하는 대신에 적극적 행동(proactive)을 함으로써, 당신은 두려움을 가진 타인을 도울 수 있고 당신의 도움으로 타인은 지지받고 있는 감정을 느낄 것이다. 그들의 대답에 귀를 기울여야 한다는 것을 기억하길 바란다. 다만 이야기를 나누며 상대의 문제를 해결해야 한다는 부담감이나 상담의 능력을 증명해야 한다는 의무감을 내려놓아야 한다. 그저 들어주고 당신과 나눈 그 사람에게 고마워하라.

여기에는 톱 카드별로 그 사람을 어떻게 만나고 대화를 나눌지에 관한 좋은 방법들을 소개한다.

- 거북이 유형을 만날 때: 부정적 측면을 긍정적 측면으로 바꾼다. 편안한 행동을 추구하는 데 몰두하지 말고 그냥 미소 짓는다. 특별한 서비스를 제공하는 것을 피한다. 상대와 경계를 세우고 가치를 나눈다. 신뢰를 보이고 도와준 것에 감사를 표현한다. 함께 시간을 보낸다.
- 독수리 유형을 만날 때: 모든 것을 완벽하게 할 수 없다는 것을 인정한다. 하지만 함께 해결책을 찾고 싶다고 요청한다. 장황하게 말하

지 말고 당신이 무엇을 할지를 결정한다. 친절하며 단호하게 행동한다. 일과를 만들 때 함께 하고 그 일과를 함께 지키는 연습을 한다. 사랑과 관심을 표현한다.

- 카멜레온 유형을 만날 때: 보복을 피한다. 상대가 진정할 때까지 친절하게 기다려준다. 감정을 공감한다. 나의 감정도 솔직하게 나눈다. 당신이 들은 것을 되물어 본다. 함께 문제를 협력적으로 해결한다. 관심을 표현하고 격려한다.
- 사자 유형을 만날 때: 작은 시도라도 긍정적 시도를 알아차린다. 완벽함에 대한 모든 기대를 없앤다. 장점에 초점을 둔다. 포기하지 않는다. 그 사람과 정기적으로 특별한 시간을 보낸다. 유용한 방법을 찾도록 돕는다. 사랑과 관심을 표현한다.

톱 카드 동물은 당신이 변화하는 데 도움을 줄 수 있다

우리 동료 중 한 명인 스티브 커닝엄(Steve Cunningham)은 우리에게 톱 카드 동물들을 소개해줬고, 우리는 그의 유머와 명쾌함을 고맙게 생각한다. 동물과 당신 자신을 비교하는 것은 당신의 고유한 행동을 이해하고, 행동을 바꾸는 데 도움이 될 뿐 아니라 이 활동은 많은 웃음을 준다. 우리는 각각의 톱 카드를 가진 사람들에게 무엇이 변화를 만드는 데 도움을 주었냐고 물었고, 그들은 자신을 개선하거나 격려하는 데 주목하는 것이라 답했다. 명심하라. 톱 카드 내용이 정확하게 당신과 일치하지는 않는다. 하지만 무엇이 맞는지를 확인함으로써 그 대처 방식과 관련된 당신의 행동 스타일을 이해하는 데 도움이 된다.

거북이: '편안함' 톱 카드를 가진 사람

 당신이 편안함 톱 카드를 사용한다면, 당신은 거북이와 공통점이 많다. 거북이는 자신의 고유한 페이스대로 움직이기를 좋아한다. 거북이는 언제나 적들로부터 안전한 바위처럼 단단한 껍데기 안에 있는 집에 있다. 위협을 받았을 때, 거북이는 딱딱한 등 껍데기 안으로 숨거나 자신을 보호하기 위해 물려고 한다. 거북이는 햇빛을 받으며 눕거나 게으르게 헤엄치며 하루를 보내면서 변화 없이 수 세기를 살았다. "느려도 착실하면 이긴다"는 말은 스트레스를 받지 않는 방식으로 필요한 것을 돌보는 거북이의 능력을 설명한다. 거북이는 곁길로 새 나가지 않고 경주를 끝마칠 수 있다. 이것이 익숙하게 들리는가?

조니는 위협을 느낄 때 편안함/회피 톱 카드를 사용한다. 조니는 다른 사람의 의견에 동의하지 않을 때도 그 사람의 의견을 지지한다. 그 사람을 곤란하게 하는 것 대신에 말이다. 자신의 머릿속에서는 쉴 새 없이 말을 할 때도, 다른 사람이 계속 말하는 것을 좋아한다. 조니가 생각하기에는 아무런 문제가 없지만, 자신에게 문제가 있을 수도 있는 경우를 대비해서 다른 사람이 자신을 뚫어지게 관찰하는 것을 피하기 위해 자신을 가리고, 숨고, 물러난다. 우리는 편안함/회피 톱 카드를 가진 많은 사람이 다른 사람과 비교하고, 다른 사람들만큼 하거나 완벽하게 할 수 없다고 결심하는 것을 발견한다. 조니와 같이 새로운 것

을 테스트해보기보다는 안전한 구역으로 후퇴한다.

조니는 꽤 예측할 수 있고, 자급자족할 수 있고, 독립적이고, 꾸준하고, 평화적이고, 온화하다. 조니는 다른 사람에게 거의 도움을 요청하지 않는다. 그녀는 태평하고, 자기 자신과 자신의 욕구를 돌본다. 등에 집을 진 거북이처럼, 조니는 어디를 가든지 집의 편안함을 갖고 있다. 그녀는 다른 사람이 그녀의 편안함 구역 밖으로 가지 않는 한, 그들이 편안함을 느낄 수 있게 도와주는 것을 좋아한다(그녀가 그들에게 기대하지 않았던 무언가를 함으로써). 만약 다른 사람들이 조니를 껍데기 밖으로 꺼내려고 한다면, 자신의 안전을 지키기 위해 머리를 내밀고 공격하는 거북이처럼 상대를 사납게 공격한다.

사람들은 때때로, 특히 조니가 무엇을 두려워하는지를 모를 때 그녀가 게으르거나 비관적이라고 생각한다. 조니는 장미 덤불을 볼 때, 아름다운 장미보다 가시에 주목한다. 조니는 모두를 편안하게 만들기 위해 다른 사람을 보호하거나, 안전한 곳으로 가게 하거나, 위험하다고 상기시키거나, 구함으로써 자신의 편안함 톱 카드를 사용한다. 결과적으로 충분히 스스로 할 수 있는 일이지만 조니가 자기 일을 대신해주길 바라는 사람들만 주위에 남게 된다.

거북이가 성장하려면

조니와 같이 당신이 거북이처럼 행동한다는 것을 알게 되었다면, 한 걸음씩 변화를 시도할 수 있다. 톱 카드 차트에서 7번째 칸 '더 성장하려면'을 참고한다. 우선 다른 사람들에게 스스로 할 수 있도록 한다. 비록 처음에는 불편하더라도 말이다. 변화를 위한 최고의 방법은 당신과 상대가 새로운 것을 천천히 배울 수 있다고 스스로 상기하는 것이다. 시작할 능력이 있다고 믿어라. 자신을 위한 목표나 일과를 정하거나 새로운 것을 시도하기 위해 스스로 자극할 필요가 있다. 주위 사람들과 대화하는 것을 두려워 말고 자신이 원하는 것을 알려주어라. 질문을 하고 자신의 감정을 말하라. 무엇보다도 자신의 가치를 믿어라. 당신은 괜찮은 사람이다.

독수리: '통제' 톱 카드를 가진 사람

만약 당신이 가장 피하고 싶은 것이 비판과 조롱이라면, 당신의 톱 카드는 통제이고 당신은 독수리같이 행동한다. 날카로운 발톱, 갈고리 같은 부리, 거대한 날개로 독수리는 힘이 세고 강해 보인다. 하지만 독수리는 보이는 것만큼 사납지 않다. 독수리는 접근할 수 없는 곳에 둥지를 틀고, 다른 독수리들과 거리를 두어 스스로 보호한다. 독수리가 둥지로 날아가 피신하면, 다른 사람들은 독수리와 만날 수 없고, 독수리 스스로 내려올 때까지 기다려야만 한다. 독수리는 움직이기 전에 높이 올라가서 지형을 먼저 살피는데, 이 날카로운 '독수리의 눈'을 누구도 피할 수 없다. 이 중 당신에게 해당하는 것이 있는가?

레오는 자신의 통제 톱 카드를 사용할 때, 비판과 조롱을 피하기 위해 모든 상황을 파악하려 노력한다. 그는 매우 조직적이어서 매일 해야 할 일에 대한 체크리스트를 만들지만, 일이 너무 벅차서 통제할 수 없다고 느끼면 종종 꾸물거린다. 레오는 산더미처럼 쌓여 있는 '해야 할 일'을 하지 않고, 텔레비전 앞에 앉아 있곤 한다. 그는 일이 자신에게 던져져 있거나, 누군가가 그에게 생각하거나 준비할 시간을 주지 않고 명령대로 하길 기대할 때 가장 불편함을 느낀다. 누군가 그가 모르는 것을 물어보면, 그는 어디 갇혀 있거나 굴욕감을 준다고 느껴서 말다툼을 하거나 아는 척한다.

레오는 지역 협회의 임원이다. 그는 상황에 대해 책임을 질 수 있고, 문제를 해결할 수 있으며, 일을 완수할 수 있고, 보통 자신이 원하는 것을 가질 수 있다. 비록 미리 계획하는 것을 좋아한다고 하더라도 위기 상황에서 진정한 장점이 빛난다. 바로 어려운 일을 체계적으로 나누고 완벽하게 해결하는 것이다. 그리고 필요하다면, 자신이 원하는 것을 얻기 위해 인내심을 가지고 기다릴 수 있다.

동시에 그의 몇몇 동료 이사는 레오가 위세를 떨고, 방어적이고, 오만하고, 융통성이 없다며 불평한다. 레오는 다른 사람들이 자기 약점을 발견하지 못하게 하려고 거리를 두거나 통제하거나 부자연스럽게 행동한다. 상황을 통제하기 전에 허락을 구할 필요가 있지만, 레오는 그렇게 하지 않는다.

우리는 독수리 같은 행동을 하는 사람들이 자신의 아래에 두기 위해 다른 사람의 행동이나 삶을 통제하려고 하는, 권위주의적인 스타일을 가지는 경향이 있다는 것을 발견한다. 레오처럼 그들은 자기가 직접 일하기를 좋아하고, 다른 사람이 일을 잘한다는 걸 믿지 않기에 위임하기를 어려워한다. 레오가 이러한 방식으로 행동한다면, 권력 싸움으로 이어지는 저항과 반란을 자초할 것이다.

내면의 생각과 감정을 감추고 나누지 않는 경향은 결국 친밀함의 결여라는 결과를 낳는다. 자신의 진실을 말하거나 정보를 나누는 것에 대한 두려움 때문에 만족스러운 관계를 얻기가 어렵다는 것을 발견한다. 독수리가 친밀한 것을 본 사람은 거의 없다. 만약 레오와 같은 독수리 유형의 사람이 조용해지거나, 날아가 버리거나, 감정을 억누르는 방식으로 충돌을 다루면, 그들은 종종 신체적인 증상이나 병으로 결국 몸에 스트레스가 나타난다.

독수리가 성장하려면

레오처럼 톱 카드가 독수리이고 삶을 개선하고 싶다면 당신에게 일어나는 일들과 자신의 감정과 생각을 주위 사람들과 나누어야 한다. 더욱 중요한 것은 당신이 원하는 걸 나누어야 한다는 점이다. 통제하는 것을 내려놓거나 진실한 감정을 나누는 것, 원하는 바를 말하는 것과 자신을 드러내는 것은 당신에게는 정말 두려운 일이지만, 그 과정이 독수리 유형인 당신의 성장을 위한 최선이다. 모든 것이 당신의 책임이 아니라는 점을 상기하라. 아직 일어나지 않은 일에 대한 걱정을 내려놓아라. 방어하기보다는 경청하라. 권한을 위임하고 도움을 요청하라. 독수리 톱 카드의 경우 한 걸음씩 나아가는 것을 배울 때 더 나은 삶으로 변한다. 한 걸음씩 나아가는 것이 가장 중요하다.

카멜레온: '즐거움' 톱 카드를 가진 사람

당신의 톱 카드가 즐거움이라면, 당신의 스트레스 행동을 더 잘 이해하기 위해 카멜레온에 대해 곰곰이 생각해봐라. 빛, 온도, 감정(특히 공포, 심한 놀람)

과 같은 환경적 요인에 민감한 카멜레온의 1차 방어는 배경과 뒤섞이기 위해 대폭적인 색깔 변화를 거친다. 만약 위협이 계속되면 카멜레온은 공격하고 턱을 문다. 그래도 여전히 위협을 받으면, 제거되지 않기 위해 틈새로 들어가고 부풀어 오른다. 공격을 받으면, 몇몇 카멜레온은 꼬리를 남겨놓고 도망간다. 안전을 위해 허둥지둥 도망가면서 말이다. 나중에 꼬리는 다시 자라난다. 카멜레온은 신중하게 주위를 잘 관찰한다. 각각의 눈은 따로따로 움직여서 주변에 벌어지는 모든 일을 볼 수 있다. 이것이 당신의 이야기처럼 들리는가?

'카멜레온의 여왕'인 프리실라는 거절과 귀찮음을 피하기 위해 끊임없이 자신의 즐거움 카드를 사용한다. 그녀는 친절하고, 융통성 있고, 배려심 있는 사람으로 보인다. 그녀가 절대 원하지 않는 것은 바로 누군가를 화나게 하거나, 그녀를 싫어하게 만드는 행동을 하는 것이다.

프리실라는 1인 그래픽디자인 회사를 운영한다. 회사에서 그녀는 자신이 원하는 것보다 다른 사람들이 원하는 걸 더 많이 걱정한다. 그녀는 좋아 보이거나 문제를 피할 수 있는 것은 무엇이든 할 것이다. 때론 약속을 어기기도 하는데, 지나치게 약속을 많이 잡아서 모두 지킬 수는 없기 때문이다. 프리실라는 자신의 재능과 지식을 활용해 고객에게 아이디어와 선택들을 적극적으로 제시해야 하는 상황에서도 그들의 의견을 기다리고 있어 속 터지게 하기도 한다.

반면에 프리실라의 자산 중 하나는 주변에 대한 극도의 민감성이다. 그녀에게는 고객과 친구가 참 많다. 그녀는 잘 협조하고 융통성이 있다. 그녀는 다른 사람의 마음을 아주 잘 읽을 수 있기 때문에 고객이 좋아하는 디자인을 만들어낼 수 있다. 고객은 프리실라가 고객의 가장 좋은 부분을 보고, 개성을 반영하여 로고와 디자인을 만든다고 흔히들 이야기한다. 하지만 똑같은 민감성이 프리실라에게 고통을 주기도 한다. 그녀는 모든 것을 지나치게 개인적으로 받아들이기 때문에 쉽게 상처받는다.

프리실라는 다른 사람들을 자주 화나게 한다. 우유부단함과 카멜레온 같은 변하기 쉬운 성질 때문에 말이다. 그녀는 대부분의 시간을 사람들에게 할애하는데, 상대가 그녀에게 우호적이지 않을 때 억울해한다. 그리고 그녀는 거리낌 없이 말하는 것보다 누군가의 등 뒤에서 뒷말을 하거나 가끔은 화가 나서 반응하는 게 더 쉽다는 것을 발견한다. 주변 사람들은 그녀의 에너지나 기분에 변화가 심하다는 것을 눈치채고 무엇 때문에 그런지 추측하거나, 그녀를 구슬리려 노력해야 한다. 그녀는 모든 것이 괜찮다고 말할 것이다. 심지어 그렇지 않을 때도 말이다. 그러면 그녀에게 정말 무슨 일이 일어나고 있는지 확신하지 못한 채 사람들은 어떻게 하면 상황이 나아질 수 있을지를 고민하며 어쩔 줄 몰라 한다.

카멜레온이 성장하려면

프리실라와 같은 카멜레온 유형이 자기 자신에 대한 과제를 해결하거나 좋은 관계를 유지하려면 다른 사람들이 스스로 자기 문제를 해결할 수 있다는 믿음을 가져야 한다. 감정을 정직하게 나누는 것을 연습하면 대부분의 문제를 피할 수 있다. 당신의 감정과 필요한 것을 나누어라. 특히 뒷말보다는 당신이 어려움을 겪고 있는 바로 그 사람과 직접 감정을 나누는 것이 효과적이다. 필요하다면 '아니요'라고 거절하고 행동으로 옮긴다. 상대의 감정과 행동은 꼭 당신 때문이 아니라는 것을 받아들여라. 혼자만의 시간을 보내고 모두를 만족시키려는 것을 포기하라.

카멜레온은 자신만의 방식을 고수하거나 까다로울 수 있다. 이것은 타인을 기쁘게 하는 카멜레온의 특징과 반대로 보일 수 있지만, 카멜레온은 변화에 과민하다. 상대를 기쁘게 하는 것보다 자신을 기쁘게 하는 것이 더 중요할 때 카멜레온 유형은 긴장 상태를 없애기 위해 까다로워진다. 에둘러 행동하지 말고 나를 방해하는 것이 무엇인지를 상대에게 말하는 법을 배워야 한다. 가장 중요한 변화의 열쇠는 바로 정직이다.

사자: '우월함' 톱 카드를 가진 사람

당신의 톱 카드가 우월함이라면, 스트레스 상황에서 사자의 특성과 매우 비슷하다. 사자에게는 모순적인 면이 있다. 화가 나거나 배가 고플 때, 사자는 사납고 무서운 속도로 달려들 것이다. 하지만 다른 때는 종일 빈둥거리고 잠을 잘 것이다. 사자는 종종 큰 소리로 으르렁거리지만, 큰 고양이처럼 가르랑거릴 수도 있다. 사자는 먹이를 사냥하기 위해 함께 일하지만, 목표물을 공격할 때 혼자 사냥하기도 한다. 사람들은 사자를 자랑스럽고 교활하고 힘이 센 정글의 왕이라 보기도 하고, 동물원에 갇혀 있는 동물로 보기도 한다. 이러한 모습 중 어떤 면이 당신을 묘사하는가?

파블로의 톱 카드는 우월함, 즉 사자이다. 파블로는 중요하지 않은 일로 시간을 낭비하지 않는다. 자신의 불완전함을 보여주는 상황을 피한다. 파블로의 엄마는 파블로가 집안일을 도와준다고 한 약속을 얼마나 지키지 않았는지 계속해서 지적한다. 그래서 파블로는 엄마를 피하고, 그에게 중요한 일을 하며 시간을 보내는 것을 선호한다. 파블로는 자신이 헬스장에서 역기를 가장 잘 들어 올리는 사람이 될 수 있다는 것과 축구장에서 아이들이 가장 좋아하는 코치가 될 수 있다는 것을 안다.

우월함 톱 카드를 가진 다른 사람들과 마찬가지로 파블로는 극한 상황을 본다. 힘센 사자같이 우월함 톱 카드를 가진 사람들은 반대자에게 절대 굽히지 않을 것이다. 그 사람이 부모, 배우자, 중요한 다른 사람, 상사, 고객, 그 누구든지 말이다.

파블로는 굉장히 자신감 있어 보이고, 자신에게 중요한 영역에서는 유능함, 성공, 진취적인 모습 그 자체이다. 비록 그가 깨어 있는 모든 순간에 자신을 완벽하게 만드는 데 시간을 보내야만 한다고 하더라도 말이다. 그는 자기 자신과 다른 사람 모두에게 높은 기준과 기대를 갖고 있다. 자신이 중요하다고 믿는 무언가를 할 때 열정적으로 강렬하게 한다. 목표를 달성하기 위해서 최선을 다한다. 파블로의 경우는 보디빌딩, 축구 전략, 코치에 대한 잡지와 훈련 교본을 읽는 데 시간을 보낸다.

파블로와 우월함 톱 카드를 가진 사람들은 사자처럼 극단을 포함한다. 파블로는 생산성과 탁월함에 대한 모든 기준에서, 더 잘했어야 한다고 생각하며 자주 불만족스러워한다. 그는 종종 압도되어 있고, 과중한 부담을 지고 있고, 너무 많이 떠맡고 있다고 느낀다. 때때로 그는 자신이 얼마만큼 했다고 하더라도 결코 충분하다고 느끼지 못하기 때문에, 완전 녹초가 되어 침대에서 일어나기조차 어렵다.

이때 '해야 한다'가 그의 삶을 작동시키기 시작한다. 전문적으로 축구를 했어야만 해. 대학에 가 운동생리학에서 석사나 박사 학위를 받았어야만 해. 돈을 더 많이 벌었어야 해. 독립해야 해. 이러한 '해야 한다'는 생각을 하면서 걱정이 몰려들고 자신을 책망하게 된다. 왜냐하면 너무 물질주의로 느껴지기 때문이다. 엄마가 그에게 직업을 구하고 있는지, 살 집을 구하고 있는지 물어보면 그는 자신의 딜레마를 해결하는 대신에 성난 사자처럼 으르렁거린다.

다른 이들은 파블로가 축구와 역도에 대해 아는 것이 많다는 점을 인정한다. 비록 파블로가 자신의 지식을 잘 나눈다고 하더라도, 그가 자신의 주변에 있는 불완전함을 참는 것은 어려울 수 있다. 그가 다른 사람의 생각(실수)을 바로잡아주면서 도와주려고 시도할 때, 상대에게 종종 비판적이거나 아는 척한다는 인상을 줄 수 있다. 그들이 무능하다고 느끼도록 내버려 둔 채로 말이다.

사자가 성장하려면

당신이 우월함 톱 카드를 가지고 사자와 같이 행동한다면, 당신이 하나의 정답이라는 믿음을 내려놓는 것이 중요하다. 일에 대한 관점과 해결하는 방법은 다양하게 존재한다. 예를 들어, 모두가 아이디어를 나눌 기회를 가지는 가족회의나 그룹 콘퍼런스를 여는 것은 모든 생각이 가치 있고 공유되는 장을 제공한다. 우리는 당신이 이런 장을 즉시 열 것을 추천한다. 당신의 회의에서 반드시 먼저 다른 사람에게 정보를 달라고 요청하라. 당신의 생각을 말하는 대신에 말이다. 비난할 거리를 찾는 것을 멈추고 해결책을 찾기 시작하라. 함께한 동료들에게 고마움을 표현하라. 당신이 갖고 있지 않은 것 대신에 가지고 있는 것을 바라보아라. 걷거나 운동을 하면서, 또는 건강한 음식을 먹으면서 당신 삶의 균형을 맞춰라. 우월함 톱 카드를 가진 대부분의 사람은 자신이 공감을 잘하지 못한다는 것을 알아차리지 못한다. 하지만 무엇보다도 타인을 공감하기 위해 애써야 한다. 다른 사람에게 관심을 보여주고, 궁금해하고, 그들의 생각을 들으면서 말이다.

알아차리기 활동: 강점과 약점 그리고 성장으로 가는 단계

교사들이 학급긍정훈육법 연수를 받고 있었다. 톱 카드 활동을 하면서 같은 동물 유형끼리 만나 교실에서 경험하는 교사로서의 강점과 약점에 대해 자유롭게 적었다.(비록 교사가 아니더라도 비슷한 점을 발견할 것이다) 당신 역시 이 알아차리기 활동을 하고 싶을 것이다. 그리고 나서 참가자들은 톱 카드별로 어떻게 다른 관점으로 세상을 바라보는지를 물어보았다. 그에 대한 대답을 아래에 소개한다.

• 독수리의 강점: 일과를 정하고 체계적으로 운영한다. 많은 일을 동시에 수행할 수 있고 일과를 지키게 하고 안전을 유지하며 응급처치를 할 수 있는 위기 관리자의 역할을 한다. 상황에 맞춰 빨리빨리 적절한 행동을 하고 상황을 해결한다. 책임감이 있고 신뢰가 가며 인내심을 가지고 타인을 대한다. 자신을 위한 시간을 보낼 줄 안다. 독수리의 자신을 나타내는 범퍼 스티커는 '내 이야기는

그만하고 너는 날 어떻게 생각하니?'이다.

- 교실에서의 독수리의 약점: 힘겨루기를 불러일으킨다. 숙제 검사나 수업 계획을 미룬다. 별것도 아닌 일을 크게 여긴다. 일이 많다고 느끼며 스트레스를 받는다. 자신의 잣대로 남을 평가하고 비판한다. 자기 자신에게도 인내심이 없다. 자기에게 너무 많은 것을 기대한다. 상황에서 물러선다. 침소봉대. 자기 문제보다 다른 사람의 문제를 해결하려 한다. 남을 뒤흔들려고 한다. 아이들이 딴짓하거나 떠들 때 당황한다.

- 독수리를 위한 제안: "원하는 것이 무엇인지 말해주세요. 그래야 당신도 돕고 문제도 해결할 수 있어요. 힘든 상황이라면 화를 내기보다 상황을 말해주세요." 우리의 대답은 "우리가 도울 수만 있다면…"이다.

- 카멜레온의 강점: 모든 것을 재미있게 만들고 모두가 참여할 방법을 강구한다. 학습을 즐겁게 만든다. 공감을 잘하고, 다른 사람이 필요한 것이 무엇인지 경청하고 이해하는 데 시간을 들인다. 그래서 다른 사람이 원하는 것을 제공한다. 격려와 함께 긍정적인 사고를 제시한다. 희망을 준다. 뒤끝이 없다. 매일매일 새로운 시작이라고 강조한다. 경청한다. 열린 마음으로 다른 사람의 의견을 존중하고 다른 사람들이 의견을 말하도록 분위기를 만들어준다. 틀렸을 때 사과하는 것을 두려워하지 않는다.

- 교실에서의 카멜레온의 약점: 늘 열린 마음을 갖고 정직한 것은 아니다. 다른 사람에게 사랑받기 원해서 자기 의견이나 생각을 숨

길 때도 있다. 갈등이 있으면 피하려 하고 괜찮지 않을 때도 괜찮은 척한다. 가장 까다로운 사람도 기쁘게 하려고 노력한다. 그래서 모범적인 학생들에게 줘야 하는 시간과 에너지를 뺏긴다.

- 카멜레온을 위한 제안: 생각하는 것을 그대로 말하라. 그리고 당신의 의견이 어떻든 간에 다른 사람들이 좋아할 거라는 것을 유념하라. 용기를 내어 심호흡한 다음 '싫어'라고 말하라.

- 사자의 강점: 모르는 것이 없고 경계가 분명하고 해내지 못하는 게 없다. 늘 모든 것을 더 잘하려고 노력한다. 되돌아보고 관용적이며 창의적이고 유머 감각이 있고 기준이 높다.

- 교실에서의 사자의 약점: 다른 사람의 전문 지식을 들으려 하지 않을 때가 있다. 완벽주의적이고 너무 기대치가 높고 도움을 요청하지 않는다. 다른 사람을 무례하게 대한다. 자신을 돌보지 않기 때문에 갑자기 무너질 수 있다. 불편할 일은 피한다. 성취욕이 너무 강하다. 자신과 학생들에게 너무 큰 부담을 준다. 노력하지 않는 학생 혹은 무식하거나 게을러 보이는 학생을 참지 못한다.

- 사자를 위한 제안: 다른 사람들이 당신의 행동을 자각할 수 있도록 톱 카드의 단점 행동을 할 때 말해달라고 한다. 남을 비판하거나 평가하는 대신에 '내가 보기엔~'과 같은 표현을 써라. 아이들이 실수하고 다시 도전하는 것이 안전하다고 느끼도록 하라.

- 거북이의 강점: 유연하고 대인 관계에서 건강한 거리를 둔다. 적극적이고 다른 사람과 소통을 잘하고 공감을 잘하고 타인을 이해

한다.

- 교실에서의 거북이의 약점: 특정 상황을 피한다. 결론부터 내린다. 늘 결과가 어떻게 될지 고민한다. 옆길로 샌다. 일관적이지 않을 때가 있다.
- 거북이를 위한 제안: 회피 행동을 줄이고 일관성을 쌓도록 노력하라. 감정을 공유하라.

액션 플랜: 적극적인 삶

적극적인 삶을 위한 간단한 연습 방법이 있다. 마음속에 뭐가 떠오르면 그것을 들어야 하는 사람에게 소리 내어 말한다. 적극적으로 되라는 것은 남을 바꾸기 위한 전략이 아니다.(다만 연습의 결과 상대가 바뀔 수도 있다) 적극적으로 행동하라는 것은 자신의 주장이 맞는다는 것을 입증하거나 논쟁에서 승리하려는 목적의 공격적인 행동을 의미하지는 않는다. 톱 카드가 다른 사람들은 다른 관점으로 세상을 바라본다. 따라서 적극적인 삶은 타인이 당신을 단정하기보다 당신이 자신의 관점을 알려주는 가장 완벽한 방법이다. 사람들은 독심술사가 아니다.

변화를 이루기 위한 마지막 단계에는 '실천을 위한 연습'의 과정이 있는데, 이는 새로운 기술이나 패턴을 배우는 단계다. 또한 계획을 실행으로 옮기는 시간이다. 이를 통해 상대가 어떻게 느끼는지, 어떤 것에 난처한지, 어떤 것을 편안해하는지 불완전한 나를 받아들이는 것을 배우게 된다. 누구든 한 번의 결심으로 바로 변화하지 않는다. 변화를 위한 계획도 연습 없이는 흐지부지된다는 것을 명심하자.

알아차리기 활동: 나를 나타내는 표현과 개인 프로필

톱 카드 활동은 활동적이고 다양한 즐거움이 있다. 배우는 과정이 고생스럽지가 않다. 워크숍에 참가한 사람들은 유머를 사용하거나 특징을 과장하는 것이 자신들의 약점을 드러내는 데 도움이 된다고 말한다. 비록 어떤 정보는 부정적일 수 있지만, 대부분의 참가자는 자신의 톱 카드 방식이 좋다고 말한다. 자신과 다른 사람들을 알아가는 데 많은 도움을 준다. 나를 나타내는 표현과 개인 프로필, 두 가지 활동 모두를 제안한다. 두 활동 모두 쉽고 재밌다.

나를 나타내는 표현(top card bumper stickers)

편안함/회피	통제	즐거움	우월성
고통이 없다면 얻지 못해도 괜찮아	답은 나에게 있다	기쁘게 하기 위해 태어난 사람	네가 하루 걸리는 걸 난 한 시간 만에 할 수 있어
스트레스가 적어지길	내가 네 도움이 필요요…할 줄 알았지?	원하는 것을 말해봐	누구보다도 잘해
나를 내버려 둬	내가 책임질게	너의 기쁨이 나의 기쁨	행복보다는 옳은 것
딱히 문제가 없다면…	나를 따르라. 내가 해결할 수 있어	나의 신념은 고무줄	우리는 넘버원
안전제일	나는 위기 상황에서 브레이크를 밟는다	너를 행복하게 하는 방법을 알고 있어	바빠. 요점부터 말해
걱정하지 마, 행복할 거야	내 방식이 아니면 어떤 방식도 안 돼	네가 원하는 것을 내가 가지고 있어	내가 하는 일은 다 중요해
느리게 걷기	감정? 무슨 감정? 난 그 따위 몰라	즐거운 하루	권력에 질문을 하다
난 걱정 따위 없다고	안전거리를 유지하라	웃자	나도 틀린 적은 있었지만, 그건 실수였어

그대로 둬라	통제는 나의 삶	기분 나빠하지 마세요	우리 그룹이 아니라니 안됐네
흐름을 따라라	걱정하지 마, 내가 할 게	정말 'yes'라는 답이 필요하다면 우리에게 찾아오세요	우린 모르는 것이 없어
서두르면 망친다	유비무환	평화	내가 하는 것이 최고다

1. 위의 표에는 워크숍에 참가한 사람들이 적은, 많은 삶의 모토가 있다. 당신과 맞는 것에 동그라미를 해보자.
2. 아래에는 톱 카드별 프로필이 있다. 만약 결혼정보회사에 당신의 프로필을 쓴다면 어떤 내용일 것 같은가? 당신의 톱 카드를 반영하는 개인 프로필을 써보자. 아래의 내용을 자유롭게 참고한다.

── 톱 카드 프로필_ '룸메이트를 찾습니다' ──

거북이 잘생긴 싱글, 등 껍데기가 부드러운 거북이가 미혼인 연인을 찾아요. 18세 이상이어야 하고 세심하고 매력적이고 지적이고 저와 등 껍데기 구조가 같을 것. 저는 의사소통이나 경청 능력이 뛰어납니다. 범죄 경력 없고 건강해요. 안전한 월풀 욕조와 산책할 수 있는 등산로, 명상할 수 있는 공간도 있어요. 서로 동의한다면 등 껍데기 공유도 생각해볼게요. 동거 전 계약서 쓸 의향도 있어요.

독수리 유연한 사고를 가지고 있고 다른 사람을 기쁘게 하고 잘 참고 겸손하고 함부로 남을 평가하지 않는 추종자, 경청하고 재미있고 소신 있지만 설득될 수 있는 사람, 즉흥적인 면이 있고 창의적이고 재미있고 요리와 청소 등 궂은일도 할 수 있고 하라는 대로 잘하는 사람을 찾아요.

  카멜레온 룸메이트를 찾습니다. 아무나 살아 있기만 하면 돼요. 저는 유연하고 잘 맞춰줄 수 있어요. 어떤 상황도 다 괜찮아요. 비흡연자였으면 하지만 저는 선풍기가 있어요. 술은 마셔도 좋고 안 마셔도 좋아요. 자녀나 반려동물도 괜찮아요. 어떤 라이프 스타일도 맞춰줄 수 있어요. 월세 필요 없고 직업도 없어도 돼요. 소득을 어느 정도 보조해줄 수 있어요. 문화적 차이도 환영해요. 남녀불문. 당신이 만족하지 않는다면, 제가 이사 갈게요. 언제든 24시간 연락 가능. 전화번호는 '1800-모두사랑'입니다. 보증도 필요 없어요.

  사자 다음의 조건이 갖추어져 있지 않은 사람은 읽지도 마세요. 진정성 있고 다양한 관심사를 가지고 있고 자기 잣대로 남을 평가하지 않고(그냥 돕기만 해라) 지적이고 모든 것에 최고이고 성공한 사람, 다시 말해서 천재. 나는 물론 이 특성을 다 가지고 있어요. 그리고 경험해보지 못한 최고의 사랑꾼이죠. 의미 있는 연인 관계를 진지하게 시작하고 싶다면 '1800-내가최고'로 전화하세요. 하지만 내 시간을 낭비하진 마세요.

어린 시절의 기억에서
보물을 찾아라

잠겨 있는 마음속 자물쇠를 열다

이번 6주 차에서는 자신의 기억을 활용하여 더 나은 삶으로 나아가는 것을 다룬다. 이는 많은 것을 배우는 가치 있는 삶의 여행이 될 것이다. 어린 시절 경험을 통해 애플이나 마이크로소프트보다 더 복잡한 개인적인 결정 방식을 만들었고 삶의 관점을 지니게 되었다. 어린 시절 아이들은 훌륭한 관찰자지만, 훌륭한 해석자는 아니다. 주변에 일어나는 많은 일을 인식하고 그것을 해석하여 결론을 내는데, 이는 미래에 이와 같은 상황에서 어떻게 결정할지에 영향을 미친다. 하지만 마이크로소프트나 애플과 달리, 어린 시절에 만든 이 운영 시스템은 어른이 된 지금도 업그레이드를 하지 않은 채 작동하고 있다. 그 결과 어른이 되었지만, 여전히 삶의 어떤 영역들은 성장하지 않는다. 그 어떤 영역들은 여전히 어린 시절에 결정한 방식으로 하고 있다.

어린 시절 아이가 생각한 방식을 이해하기 위해서 어린 시절의 기억을 떠올려 당신의 결정 방식을 해석하고 발견할 필요가 있다. 보통 기억을 떠올릴 때는 실제 있었던 일들을 떠올린다. 이때 어린 시절의 기억이란 메타포, 상징성, 대표성을 띠고 있다. 기억은 당신의 핵심 가치와 신념체계를 형성한 생각, 감정, 행동을 담고 있다. 당신이 어린 시절 자기 자신과 타인 그리고 삶에 대해 스스로 생존하기 위해 어떤 결심을 했는지를 이해하고 해석하는 방법을 배우게 될 것이다.

당신은 이런 의문을 가지거나 투덜댈 수도 있다. "전 어린 시절이 기억나지 않는걸요." "전 좋은 기억이 없어요." "꼭 나쁜 기억을 다시 떠올려야 하나요?" "난 과거를 생각하고 싶지 않아요." "과거는 과거일 뿐이라고요." "과거를 떠올리는 것이 미래의 문제를 해결하는 데 도움이 되나요?" 만약 이런 의문이 든다면, 이 장은 꼭 읽길 바란다. 어쩌면 당신의 삶을 업그레이드할 숨은 보석을 찾을 수도 있다.

당신 안에 있는 정보를 찾는 방법을 알게 되면, 자신 자신을 치료할 수 있다. 기억을 떠올리는 것은 당신의 마음속에 잠겨 있던 자물쇠를 여는 과정이며, 당신이 어떻게 인식하는지에 대한 숨겨진 소중한 정보를 알게 되고 어린 시절의 나를 그대로 받아들이며, 그 아이를 격려하여 새로운 선택으로 나아가게 된다.

몇몇 사람은 이런 과정은 훈련받은 전문가의 영역이 아니냐고 반문한다. 하지만 당신은 이 책을 활용하여 자신에 대한 정보를 찾고 활용하여 스스로 힐링할 수 있을 뿐 아니라 주위 사람들을 도울 수도 있다. 어린 시절의 기억에 관한 활동을 하면 할수록 어린 시절에 만든 사적 논리를 더 이해하며 자신을 더 잘 이해할 수 있다.

과거를 떠올리는 과정은 선택적이다. 아마 당신은 당신의 사적 논리에 적합한 기억을 가지고 있을 것이다. 구체적인 기억을 사용하여 당신의 생각, 감정, 행동의 패턴이 어디에서 왔는지를 알 수 있다. 그리고 앞으로 나아가기 위해 구체적인 정보들을 찾아낼 수 있다. 또한 당신이 다시 만날 내면아이는 당신이 찾아와 위로하고 자랑스러워하고 다시 양육하고 성장시키길 기다리고 있다는 것을 알게 된다. 기억은 당신의 숨겨진 이야기들을 발견하고 엮어가게 한다. 어쩌면 성장을 방해하는 생각들을 찾아낼지도 모른다. 어린 시절의 기억을 살펴보며 자존감이 손상당한 순간과 스스로 괜찮지 않은 사람이라고 생각한 순간을 찾을 수도 있다. 또 스스로 가치 있는 사람이라는 것을 증명하기 위해 어떤 결심을 했는지도 알 수 있다.

당신을 아프게 하고 성장을 방해했던 비밀을 발견한다고 해서 놀라지 마라. 상처가 표면으로 나올 때 기억이 당신에게 말하는 걸 있는 그대로 듣는다면 그 상처는 영원히 지속되지도, 못 참을 정도도 아닐 것이다. 기억은 오래된 상처를 표면 위로 드러나게 하고 처음에는 고통스러울 수 있다. 그러나 종기를 짜는 것처럼 묻혀 있던 과거의 상처를 꺼내는 것은 당신을 치유하는 시작점이 된다. 신체 기억을 어떻게 해석하는지, 몸에서 일어난 신체적 반응과 기억은 어떤 관련이 있는지를 배울 수 있다. 몇몇 기억은 말을 할 수 있기 전에 생긴 것도 있다.

안전하게 기억 떠올리기

기억을 떠올리는 것이 너무 무섭다면, 당신을 도울 수 있는 사람이나 격려상담가와 어려운 부분을 함께할 수 있다. 준비가 되었다고 느껴질 때, 당신의 기억을 상자 안에 두었다고 상상하라. 기억이 화나는 장면과 관련 있다면 글쓰기, 베개 때리기, 차 안에서 창문을 닫고 소리지르기 등 화를 표현할 수 있는 적절한 장소를 찾는다. 또 화를 다 내고 나서 친구에게 안아주거나 이야기를 들어달라고 부탁한다. 내면아이에게 '화를 내는 것은 괜찮은 거야'라고 말해준다. 화는 감정일 뿐이다. 단지 무례한 행동을 정당화하거나 타인을 공격하는 방법으로 화를 사용하는 것이 안 될 뿐이다.

기억은 객관적이지 않다

초기 기억 활동은 낙관적이고 흥미로우며 신나는 과정이다. 무엇이 일어났는지가 아니라 어린 시절에 일어난 사건에 대해 '어떤 결심'을 했는지에 대한 것이다. 오늘날 당신은 어린 시절에 당신이 한 결정에 기초해 살아간다.

당신은 어린 시절의 결심을 깊은 곳에 숨긴 채 잊고 지내왔다. 어른이 된 지금 어떤 결심을 했는지 알아차리고 당신의 삶을 바꿀 수 있는 새로운 결심을 할 수 있다. 어린 시절로 돌아가 그 상황을 바꿀 수는 없지만, 어린 시절의 경험이 지금 어떤 영향을 미쳤는지를 알아차리고 통제할 수 있다. 당신의 타고난 것이 모든 것을 결정하지 않으며 상처가 영원하지도 않다는 걸 기쁘게 받아들이면 좋겠다. 우울하거나 슬프거나 지친 감정으로 당신의 남은 인생을 허비하지도 않는다. 자살 충동, 중독 그리고 유전이라고 생각했던 다양한 것은 어쩌면 어린 시절에 당신이 한 잠재의식과 관련된 결정에 기초했다. 이 결정이 당신의 삶에 영원하지는 않다.

당신이 기억하는 것은 정말 일어났던 것일까?

거짓 기억에 관한 수많은 논쟁이 있었다. 이런 논쟁을 하면서 많은 사람이 초기 기억과 관련된 작업을 하는 것에 두려움을 느끼게 되었다. 누군가가 당신에게 기억을 심어주거나, 기억을 바꾸거나, 기억이 어떤 것을 의미하는지 해석하려 한다면 경계해야 한다. 기억을 떠올리고 해석하는 과정은 오직 당신만이 할 수 있다.

어린 시절의 장면 하나하나가 합쳐져 또 다른 하나의 기억으로 회상될 수도 있다. 예를 들어, 폭력이 일어난 장소를 실제로 일어난 장소가 아닌 다른 장소로 기억할 수 있다. 살면서 폭력을 경험했고 비슷한 장면을 다른 장소에서 목격했다면, 당신은 그 장소에서 자신이 폭력을 당했다고 기억할 수 있다. 또 다른 예로 가족과 같은 장면을 경험했지만, 다르게 기억하는 경우도 있다. 당신은 어떤 가게가 집에서 몇 킬로미터나 떨어져 있었다고 기억하지만, 나머지 가족은 그 가게가 그저 길모퉁이에 있었다고 기억할 수 있다.

몇몇 기억은 분명하지 않을 수 있는데, 그것이 일어나지 않았다는 것을 의미하지는 않는다. 삶, 당신 자신 또는 다른 사람들에 대해 이미 결정한 것과 일치하지 않은 세부사항을 당신이 무시했을지도 모른다. 또는 경험이 심한 트라우마가 되어서 기억의 일부를 지웠을 수도 있고, 아니면 그때는 몰랐던 것에 대해 비슷한 이미지나 언어로 대체했을 수도 있다. 예를 들어 어린 시절에는 '술 취한, 알코올의존증'이라는 단어를 몰랐다면, 부모에 대해 이렇게 기억할 수 있다. '부모님은 아프거나 졸린 분이었다.'

그때의 이미지는 당신이 자라면서 '술 취한'이라는 단어를 배우게 되더라도 기억 속에 그대로 자리 잡을 수 있다. 또는 만약 당신이 신체에 관한 개념이 덜 형성되고 성추행, 신체학대 등의 개념이 자리 잡기 전이라면, 그 상황을 묘사할 단어를 선택하지 못하고 배 문지르기 등으로 기억할 수 있다.

모든 기억은 지금의 당신을 구성하는 중요한 부분이다. 어른이 된 당신이 내면아이를 다시 훈육하면서 기억이 어떻게 당신에게 영향을 미쳤는지를 보여줄 것이다. 또한 어린 시절의 기억으로 당신의 생각-감정-행동의 패턴을 업그레이드하여 과거를 치유하고, 그곳에서 벗어나 어떻게 앞으로 나아갈 수 있는지를 경험하게 된다.

알아차리기 활동: 어릴 적 기억의 시작

무슨 일이 있었는가? 당신의 기억은?

1. 학교 문제, 직장 일, 사랑, 자녀 훈육, 돈 문제, 교우 관계 등 지금

겪고 있는 문제를 떠올린다.

2. 영화 필름이 과거로 돌아가듯, 당신의 기억을 과거로 되돌려 어릴 적 특정 시점, 특정 사건에 멈춘다. 지금의 문제와 관련 있는 기억을 찾으려 노력하지도, 기억을 검열하지도 않는다. 첫 번째로 떠오르는 기억은 1번에서 떠올린 문제와 얼마나 관련 있는지 상관없이 당신에게 필요한 기억이다. 한순간에 집중하면 구체적인 기억을 떠올리게 된다. 기억을 찾을 때는 반복적으로 일어난 일보다는 특정한 한순간에 집중한다. 만약 잘 생각나지 않으면 어디에 살았는지, 누구와 살았는지 등을 떠올린다. 그런 다음 다시 어떤 생각이 나는지 살펴본다. 여전히 떠오르지 않는다면, 당신에 관해 들은 이야기를 이용하거나 마음속에 떠오르는 장면을 사진처럼 묘사한다. 또는 지난주처럼 최근의 기억을 떠올릴 수도 있다. 이 모든 것이 실패한다면, 그냥 아무 기억이나 다룬다. 믿기 어렵겠지만, 당신이 떠올린 기억은 모두 사적 논리와 신념체계와 관련 있다. 떠올린 기억들은 경험과 관련 있거나 일치하는 이미지로, 당신의 변화를 원하는 무의식적 신념이 무엇인지를 찾는 데 도움을 준다. 놀랍게도, 상담을 해온 많은 내담자에게 도움이 되었다. 사적 논리와 맞지 않는 이야기를 지어낼 수 없고, 당신이 떠올린 어린 시절의 기억은 당신의 사적 논리와 정확히 일치한다.

3. 당신이 떠올린 기억들을 적어본다. 세부적인 것도 적는다. "그때 그런 일이 일어나지 않았잖아요"처럼 누군가가 기억의 진실에 대해 따져 묻는 것을 걱정하지 않고 적는다. 중요한 것은 바로 당신이 어떻게 기억하는가이다.

4. 기억 속에서의 감정, 그때의 나이, 그 내면아이의 그 순간의 생각과 결심을 적는다. 어린 시절의 초기 결심을 발견하기 위해 '내면아이는 무슨 생각을 하고 있었지?'라고 자신에게 묻는다.

격려상담에 참여한 에린은 어릴 적 이야기를 들려주었다. "내가 좋아하던 고양이가 마당에 죽어 있는 것을 발견했어요. 엄마에게 달려가 고양이가 죽었다고 말했지요. 그때 엄마는 전화 통화를 하고 있었고, 내게 그냥 기다리라고 했어요. 난 너무도 충격적인 상황이었는데 말이죠. 그저 7살짜리 여자아이였거든요. 그때 난 결심했어요. '엄마는 나보다 친구가 더 중요한 거야. 엄마는 날 진심으로 대하지 않아.'"

또 다른 참가자 닐의 이야기이다. "놀이터에서 동전을 발견하고는 확인도 하지 않은 채 주머니에 넣었어요. 그러고는 '나중에 확인해야지'라고 생각했어요. 버스를 타면서 이 동전을 잃어버렸고 자리에 앉고서야 그 사실을 알았어요. 그때 다른 아이가 동전을 발견했고 그걸 버스 기사님에게 갖다주었어요. 기사님은 '혹시 돈 잃어버린 사람 있니?'라고 물었고 난 '제가 잃어버렸어요'라고 말했어요. 그러자 기사님은 잃어버린 동전이 25센트인지 50센트인지를 물어보았죠. 나는 그 동전이 25센트인지 50센트인지 몰랐고 질문에 답하지 못했어요. 기사님은 못 믿겠다는 듯 '응, 그래'라고 말하며 동전을 돌려주지 않았어요. 난 당황스럽고 화가 났어요. 25센트와 50센트도 구분하지 못한 나를 스스로 멍청하다고 생각하게 되었어요."

에린과 닐의 이야기처럼 경험을 통해 하게 된 결심은 살아가며 세상에 적응하는 데 중요한 도움을 주었고 타인을 바라보는 관점과 살아남기 위한 전략을 만드는 데 영향을 미쳤다.

　당신도 그렇겠지만, 그들의 기억도 어린 시절에 한 무의식적 결심에 대한 저장이자 거울이다. 실제 삶에서 자신이 한 결심이 옳았다는 것을 증명하기 위해 증거를 수집하며 어린 시절에 한 결심보다 더 확고하게 행동한다. 만약 경험이 신념체계와 맞지 않는다면, 발견하지 못하거나 잊었거나 자신이 바라본 관점으로 기억을 왜곡한다.

어린 시절의 결심이 오늘날에도 영향을 미친다

　에린의 초기 결정이 어른이 된 지금 어떻게 영향을 미치는지에 관한 이야기이다. 에린은 지금 40살이고 그래픽아트 회사에서 동료와 프로젝트를 진행하고 있다. 동료가 에린에게 도움을 요청하자, 에린은 바빠서 생각할 시간이 필요하다고 말하기보다는 공격적인 태도로 소리를 지르고 말았다. "지금 얼마나 바쁜지 알아요?"라고 말이다. 결국 동료는 도와주지 않아도 괜찮다고 말했다. 시간이 지나고 에린은 자신의 행동을 사과했다. "제가 갑자기 왜 그랬는지 모르겠어요. 당신이 제 이야기를 잘 듣지 않고 존중하지 않는다고 생각했어요. 그래서 화가 났나 봐요. 생각해보니 그런 감정이 자주 생겨요."

　동료는 에린에게 다가가 안아주면서 "당신을 존중하고 또 당신과 이야기하는 것이 좋아요. 하지만 가끔 공격하는 것만 하지 않는다면, 당신의 이야기를 좀 더 잘 들을 수 있을 거예요"라고 말했다. 7살에 가진 '사람들이 내 이야기를 진지하게 듣지 않는다'라는 생각과 행동 패턴을 여전히 반복하고 있기에 에린에게는 이런 상황을 다른 방식으로 해결하기가 쉽지 않다. 에린은 40살이 되었지만, 화난 상황이 되면 여전히 7살 때와 같은 방식과 기술, 즉 소리를 지르거나 공격하는 행동을 한다.

에린은 다른 사람들에게 소리를 지를 때 7살 아이처럼 행동한다는 것을 알아차리지 못한다. 어린 시절의 기억을 만나는 것은 이런 정보를 발견하는 데 도움이 된다. 처음에는 에린도 당황스러웠지만, 문제가 무엇인지를 깨닫지 못하면 변화도 없다는 것을 알게 되었다. 자신에 대해 더 잘 이해하게 되자, 어린 시절의 자신을 옆자리로 불러 "정말 상처받고 화나고 무서웠어. 고양이가 죽었을 때 말이야. 누군가의 도움이 있었으면 좋았을 텐데. 너에게는 참 힘든 순간이었겠다. 이제 무서운 순간이 되면 내가 곁에서 지켜줄게. 우린 함께할 수 있을 거야"라고 격려해주었고 그 순간부터 변화가 시작되었다.

만약 혼자서 어린 시절에 한 결심을 찾는 데 실패한다면, 친구들에게(또는 단 한 명에게) 어린 시절의 기억을 들려주고 어떤 결심을 했을지에 대한 그들의 생각을 듣는 것이 도움이 된다. 다만 이때 사람들이 들려주는 결심은 맞고 틀리고의 문제가 아니라 세상을 다르게 바라보는 다양한 관점이라는 점을 알아두자. 친구들이 들려주는 다양한 신념을 브레인스토밍하고 그중 당신에게 맞는 신념에 밑줄을 친다.

다음에 나오는 차트는 격려상담에 참여한 사람들이 동전에 관한 닐의 기억을 듣고 그때 닐이 어떤 생각을 하게 되었을지를 추측해서 쓴 것이다. 닐은 참가자들과 함께 '나, 타인, 삶, 그래서'라는 4개의 주제로 나누고 그때 나에 대해서는 어떤 결심을 했는지, 타인에 대해서는 어떤 결심을 하게 되었는지, 또 삶에 대해서는 어떤 결심을 했는지를 각각 정리했다. 마지막 '그래서'에는 소속감과 자존감을 얻기 위해 어떤 존재가 되어야 하는지, 어떻게 행동해야 하는지에 관한 결심을 정리해 놓았다.

나	타인	삶	그래서
난 멍청해 **더 잘 알아야 해** 주의해야 해 **신중해야 해** 나는 나쁜 업보를 가졌어 난 희생자야 난 당황스러워 좀 더 안전해지고 싶어 기다렸어야 해	타인은 날 조롱해 타인은 날 믿지 못해 타인은 힘을 가졌고 날 통제해 타인은 나에게 힘든 시간을 줘 사람들은 그들이 옳다고 하고 내 이야기를 듣지 않아 **내 것을 못 가지도록 해**	삶은 실망으로 가득하다. 삶은 공정하지 않아 삶은 어려워 삶은 진지해 삶은 뭔가를 주고 곧 다시 뺏어간다. 삶은 내가 집중하지 않으면 뺏길 수 있는 곳이다. **받아야 할 것을 받지 못하는 곳이다.**	말하지 말아야 해 좀 더 조심해야 해 다른 사람들에게 의지하면 안 돼 고민할 거야 감사하다는 건 나중에 말할 거야 **기다려야 해** 기회는 잡아야 해 바보처럼 보이지 않도록 자신을 지켜야 해

닐은 그가 어떤 신념을 가지게 되었을지에 관한 사람들의 생각을 브레인스토밍한 후 지금 자신과 타인, 삶에 대해 하고 있는 생각에 밑줄을 쳤다. 잠시의 머뭇거림도 없이 '나' 칸에서 '더 잘 알아야 해'와 '신중해야 해'에 밑줄을 쳤다. 그리고 잠시 생각한 후 타인에 관한 생각 '내 것을 못 가지도록 해'에 밑줄을 쳤다. 3번째 칸 '삶'과 관련해서는 '받아야 할 것을 받지 못하는 곳이다'를 선택했다. 마지막으로 4번째 칸에서는 '기다려야 해'의 생각에 밑줄을 쳤다. 그러고는 사람들을 보면서 말했다. "이 생각들은 지금의 삶의 이야기 같아요. 난 많은 일을 하고 있고 어디엔가 소속된 것 같지 않아요. 옳은 일을 하고 있는지도

모르겠어요. 결혼 생활도 행복하지 않아요. 어떤 것을 놓친 거죠?"

닐은 생각 목록을 적고 생각에 밑줄을 친 종이를 집에 가져가 일상 생활에서 틈이 날 때마다 자신이 어떤 생각을 하는지 살폈다. 그는 자신의 어린 시절의 결심이 매우 강력하다는 것을 느꼈다. 자신이 발견한 생각들이 지금 만나는 현실보다 좀 더 객관적 진실에 가까운 것 같았다. 닐은 여전히 자신이 어린 시절 창조한 생각들과 함께 살아내고 있었다. 그리고 생각했다.

'어쩌면 내가 창조한 생각들은 내가 살아가는 방식이야. 이 무의식적 생각들을 바꿀 수 없을지도 모르지만 적어도 그냥 관계가 좋아지길, 다른 사람이 다르게 하길 그저 기다리고 있지는 않을 거야. 상사에게 가서 내가 어떤 불편을 느끼고 있는지 표현하고 관계를 개선할 수 있는지 이야기해볼 거야. 그리고 아내에게는 내가 행복하지 않다고 말할 거야.'

알아차리기 활동: 기억에 관한 또 다른 접근

"어디서 그런 행동을 배운 거야?"라는 표현을 수없이 들었을 것이다. 어린 시절의 기억으로 돌아가 정보를 모으는 것은 오래되고 반복되는 문제를 해결하는 데 도움이 된다.

1. 먼저 문제에 대해 생각해본다. 현재 겪고 있는 문제를 떠올린다.
2. 다음으로 문제가 어떤 관계에서 발생하는지를 확인한다. 예를 들어 직장이나 학교, 이성 문제, 자녀 문제, 친구 문제, 자존감(자기와의 문제), 영적인 문제(종교와 관련)나 지역사회 문제 등이 있다.

3. 이 단계에서는 2번에서 선택한 것과 비슷한 문제, 예를 들어 직장에서의 문제라면 일(학교에서)과 관련되어서 어린 시절에 있었던 문제를 떠올리고 어떤 기억이 생각나는지를 살핀다. 만약 자녀 문제로 어려움을 겪고 있다면, 부모와의 문제에서 겪었던 기억을 떠올린다. 이성 문제로 고민하고 있다면, 제일 처음 만났던 이성 친구와의 기억을 떠올린다.

4. 기억을 쓸 때는 몇 살이었는지, 그때의 기분과 생각, 결심을 쓴다. 그 나이에 했던 결심을 찾아야 하는데 "5살 때 이렇게 말했을까요?"라고 물어보는 것이 도움이 된다.

5. 기억을 쓴 후 가장 강렬한 부분에 밑줄을 친다. 그리고 가장 강렬한 부분으로 시작하는 문장을 쓴다. 여기에 감정을 추가하여 쓰고 그때 내면아이가 했던 결심을 마지막에 쓴다. 생각보다는 이 과정이 어렵지 않을 것이다.

핵심적 신념을 발견한 4명의 이야기를 소개한다.

해리의 이야기

"고등학교 때 학교 박람회에서 우리 동아리를 알리는 부스를 만드는 일에 지원했어요. 부스를 디자인하고 필요한 것을 모두 준비했어요. 혼자서 말이죠. 내가 디자인하고 만들었기 때문에 분해하고 조립하는 것은 쉬운 일이었어요. 하지만 학교 박람회 당일 농구 시합이 열리게 되었고 나는 친구들에게 부스 만드는 일을 부탁하고 시합에 나갔다 왔죠. 다녀와 보니 부스가 엉망으로 만들어져 있었어요. 친구들은 최선을 다했지만, 내가 알려준 대로 하지 못했고 나에게 오히려 화를 냈어요. 난 낙담하고 감사받지 못하고 부끄러운 느낌이었어요. 그냥 혼자서 해야 했는데 말이죠. 그때가 16살이었어요. 16살의 나는 '누구에게도 도움을 요청하지 않을 거야. 중요한 것은 내가 직접 해야 해'라는 결심을 했어요." 해리는 이렇게 정리했다. '아이들은 내 안내를 따를 수 없었고 그래서 나에게 화를 냈어. 낙담하고 감사받지 못한 부끄러운 느낌이었어. 모든 일은 내가 직접 해야 해.'

셰인의 이야기

"수학 숙제를 하고 있었고 아빠에게 도와달라고 했어요. 그때 아빠는 친절하게 알려주는 것이 아니라 답을 이야기해보라고 다그쳤어요. 왜 이런 쉬운 문제를 이해하지 못하는지 믿을 수 없어 했죠. 아빠는 내가 이미 알고 있는 것을 물어보고 있고 그래서 시간 낭비라고 생각했어요. 난 수치스럽고 비난받는 느낌이었어요. 그때 10살이었던 나는 더 이상 도움을 요청하지 말아야겠다고 생각했어요." 셰인은 그 기억에서 중요한 문장을 정리했다. '내가 어려워하는 것을 아빠는 이해하지 못했고 난 수치스럽고 비난을 받고 있다고 느꼈으며 더 이상 도움을 요청하지 않기로 결심했다.'

블라이스의 이야기

"중학교 때였어요. 절친 키샤와 음악 수업을 같이 들었고 나는 관악기를 연주했어요. 키샤는 다른 여자아이들과 친구 관계를 맺었고 난 두 번째로 밀려나는 느낌이었어요. 그런데 핼러윈 축제에 키샤와 함께 초대되었죠. 우리는 쌍둥이 광대 역할을 하기로 했어요. 아빠의 넥타이를 매고 커다란 흰 셔츠를 입고 빨간 코와 날개를 달고 얼굴은 흰색으로 칠한 채 키샤와 함께 버스를 탔어요. 정말 즐거운 기억이에요. 그때 13살이었고 이렇게 결심했어요. '두 번째는 안 돼, 친밀하게 연결되었을 때 사랑받는 느낌이야.' 블라이스의 문장은 '함께 버스를 탔을 때 정말 즐거웠고 그래서 결심했어. 난 함께 있어야지 사랑받는 거고 두 번째가 되지 않을 거야'였다.

돔의 이야기

"키우던 앵무새가 내 방에서 풀려났어요. 그래서 앵무새를 쫓았죠. 카드 상자 아래에 있는 앵무새를 잡으려 할 때, 카드 상자가 앵무새 목에 떨어지면서 그만 죽고 말았어요. 내가 앵무새를 죽인 거예요. 정말 무서웠어요. 난 5살이었고 그때 결심했어요. '도대체 내가 뭘 한 거지. 큰 문제를 일으켰어.' 돔의 문장은 '상자가 앵무새의 목에 떨어졌고 너무 무서웠어. 그래서 결심했어. 도대체 내가 뭘 한 거지? 난 문제를 일으켰어'였다.

기억으로 지금의 문제 해결하기

지금까지 현재 겪고 있는 문제를 생각하고 기억을 쓴 뒤 위에 있는 4명처럼 중요한 문장을 찾아봤다. 각각의 정보를 통합할 때 당신의 기억이 왜 지금 그 문제를 겪고 있는지를 이해하는 데 더 도움이 된다.

깊숙한 문제를 만날 수 있고 지금의 문제를 해결하는 데 한 걸음 나아간다.

해리의 경우, 직업을 찾고 직장 생활을 하는 데 어려움이 있었다. 그것은 그가 기술이 부족해서가 아니었다. 또 더 좋은 직장을 찾아서도 아니었다. 문제는 다른 곳에 있었다. 그는 자신이 쓴 문장을 보고 이렇게 말했다.

"지금까지 알지 못한 것을 알게 되었어요. 마치 새로운 문을 여는 듯한 기분이에요. 일을 하는 게 두려웠는데 어릴 적 수치심과 관련 있었어요. 나는 늘 어떻게 보이는지 신경 쓰느라 바빴던 것 같아요. 더 수치심을 겪지 않도록 스스로 방어하면서 말이죠. 또 내가 모든 것을 해야 한다는 생각이 나를 화나게 하기도 하고요. 어릴 적 기억에 대해 배우기 전에는 내 문제가 사람들을 믿지 못하는 나 자신 때문이라고 생각했어요. 지금은 어린 시절에 내가 한 결심이 문제를 겪게 한다는 것을 알게 되었어요. 그것을 알아차리지 못했을 때는 그저 내가 하는 걸 이해하는 사람은 아무도 없고 어느 누구도 나를 도울 수 없을 거라 생각했어요. 그래서 모든 것을 혼자서 한 거고. 화도 났죠. 어쩌면 이것이 내가 동료들과 협력하지 못하고 수많은 직장을 그만둔 이유인 것 같아요. 운이 좋게도 지금 다니는 직장은 내가 디자인한 걸 동료들이 만드는 곳이고 나는 디자인만 할 뿐 만드는 것은 동료들이 하죠. 난 만드는 기술이 없어요. 동료들은 내가 필요하고 날 낙담시키지 않아요. 이런 협업 때문에 이 직장에서 즐거움을 찾았고 일하는 게 좋아요. 예전처럼 화가 나지 않기 때문에 지금의 성공적인 직장 생활을 계속할 수 있을 것 같아요. 이게 다 기억이 가져다준 선물이죠."

셰인의 현재 문제는 학교 성적이 형편없는 사춘기 딸과의 관계이다. 딸을 도우려고 노력하면 할수록 오히려 더 악화되었다. 딸은 왜 숙제를 해야 하냐며 불평을 늘어놓았다. 셰인은 그런 딸을 도우려 오랜 시간을 보냈다. 왜 딸이 함께 한 과제를 학교에 제출하지 않는지, 그렇게 낮은 점수를 받는데 노력하지 않는지 이해할 수 없었다.

셰인은 자신의 어릴 적 기억을 만나며 어린 시절 자신이 겪은 상처(아빠가 돕기보다는 비난한 것, 아빠의 시간이 아깝다고 한 것)를 딸이 겪지 않기를 바랐고 그래서 딸을 더 친절하게 도우려 했다. 자신이 얼마나 잘 돕는 아빠인지를 딸이 알아주길 바랐다. 기억을 만난 후 알게 된 건 이미 딸은 아빠가 잘 돕는다는 걸 알고 있다는 것이다. 이미 자신의 아빠와는 다른 아빠가 된 것이다.

셰인은 딸을 관찰하기 시작하면서 딸은 스스로 중요하다고 생각하는 건 망설임 없이 한다는 것을 발견했다. 딸은 자신의 미래와 관련없다고 생각하는 과목에서는 점수를 C를 받아도, 심지어 D를 받아도 신경 쓰지 않았다. 한 걸음 물러나 생각해보니 딸은 자신이 어릴 적 겪은 문제와 다른 문제를 겪는 다른 사람이었다. 그제야 자신이 도와주는 것이 딸이 요구하는 게 아님을 깨닫게 되었다.

블라이스는 기억에 관해 이야기할 때, 현재 해결하고 싶은 문제로 그녀가 아닌 다른 친구들을 파티 준비에 초대한 친구 스테파니에 대한 이야기를 선택했다. 처음에 기억 중 가장 강력한 부분이 "우리는 버스를 타고 가고 있었고…"여서 이해할 수 없었다. 버스라는 단서가 문제 해결에 어떻게 도움이 될지도 몰랐다. 평소 지하철을 타고 다녔기 때문에 버스가 무엇이 다를까를 생각해보았다. 그리고 곧 버스는 매우 의미 있는 단서라는 것을 알 수 있었다. 자신이 친해지고 싶은 친구와 탔던 행복한 순간과 관련된 단서, 즉 메타포였음을 말이다. 블라이스는 매일 타고 다니던 대중교통과 다른, 어디론가 특별한 곳으로 갈 때 탔던 것이 바로 버스였음을 알게 되었다. 그리고 생각했다. '넌 중학교 때처럼 누군가와 특별한 관계를 원할 때 어디로 함께 가는 게 중요해. 친구와 함께가 아니라면 어디론가 가는 것에 흥미가 없어. 나를 빼고 가는 건 정말 싫어.'

블라이스는 어릴 적 기억과 그 기억에서 알게 된 것을 스테파니와 나누기로 했다. 스테파니는 블라이스를 꼭 안아주면서 이렇게 말했다.

"블라이스, 난 인그리드에게 도와달라고 부탁했어. 왜냐하면 네가 너무 바빠 보였고 또 중요한 일을 하고 있다고 생각했어. 그래서 도와줄 다른 친구가 필요했던 거야. 그럼 너에게도 휴식 시간을 줄 수 있고. 널 멀리하려는 것도, 네가 중요하지 않은 것도 아니야. 너에게 상처가 되었다면 미안해. 하지만 우리가 얼마나 친한지 그리고 서로 존중하는지 너도 잘 알잖아?"

기억에 관한 활동을 하면서 블라이스는 자기 생각이나 감정을 스테파니와 나눌 용기를 가지게 되었다. 스테파니는 독심술사가 아니었기 때문에 블라이스가 무슨 생각을 하고, 무엇을 느끼고 있었는지 짐작하지 못했을 것이다. 블라이스를 빼고 일하는 것이 블라이스에게는 큰 상처가 될 수 있다는 것을 알고는 그녀를 격려할 수 있게 되었다.

돔은 어울리는 법을 알기 위해 기억에 관한 활동을 활용했다. 그는 종종 자신이 혼자 있는 것을 좋아하는 사람이라고 생각했다. 기억에 관한 중요한 문장을 적었을 때 당황스러웠다. 상자 밑에 깔려 죽은 앵무새 이야기가 지금의 문제를 해결하는 데 어떤 관련이 있는지 이해할 수 없었기 때문이다. 돔은 "전 지금 앵무새를 키우지도 않는다고요"라고 말했다. 돔의 경우에는 그의 정보를 사실 그대로 받아들이기보다는 관련성이나 상징성을 찾아야 이해할 수 있는 것들이 있다.

예를 들어, 블라이스의 기억에서 버스와 같이 다른 어떤 것을 나타내는 메타포를 이해해야 한다. 돔은 첫 문장을 보면서 앵무새의 죽음이 의미하는 것이 '실수'였다는 걸 알게 되었다. 그리고 자신이 왜 지금까지 조용히 움츠려 살았는지 생각해보았다. 돔은 실수할 때 누군가에게 목격되지 않는다면, 곤란을 겪지 않는다는 것을 경험했다. 잘 어울리지 못한다고 생각한 것은 놀랄 일이 아니다. 사실 그는 조용하고 수줍은 스타일이 아니다. 그저 문제를 겪지 않기 위해 안전한 상태에 머무르고 싶은 것이었다. 또 하나 발견한 건 앵무새가 죽었을 때 그 장면을 본 게 자기 혼자였다는 것이다. 블라이스는 자책했고 앵무새를 죽인 죄인으로 자신이 만든 감옥에 스스로 갇혔다.

그 기억을 발견하지 않았다면, 어른이 된 돔은 여전히 5살 내면아이가 상기시키는 재앙 같은 기억 때문에 두려워했을 것이다. 돔은 사고로 앵무새를 죽인 게 슬펐지만, 그가 어른이 되어 하는 일이나 관계에서의 실수는 죽음처럼 되돌릴 수 없는 상처가 아니라는 것을 알게 되었다.

어릴 적 기억의 또 다른 활용

패트리샤는 남편 제이크에 대해 끊임없이 불평했지만, 시간이 지나면 자신이 원하는 남편의 모습으로 변할 거라고 확신하고 있었다. 가끔 이혼하겠다며 협박도 하고 좀 더 세게 나가야 충격을 받을 거라 생각하며 집을 나가기도 했다. 상황은 계속되었고 격려상담 과정의 초기 기억 활동에 참여하게 되었다. 패트리샤는 제이크와의 현재 문제를 해결하기 위해 어린 시절의 기억을 떠올렸다. 현재의 문제에 집중하는 것은 그녀의 뇌에 그 문제를 해결할 수 있는 어린 시절의 기억을 떠올리는 데 방아쇠(trigger) 역할을 한다.

"전 놀이공원에 있었어요. 회전목마를 보고 있고요. 정말 타고 싶었지만, 한편으로는 무서웠어요. 제 마음을 19살인 사촌 오빠 데이브에게 말했어요. 데이브는 회전목마를 타고 싶지만 무섭다는 제 이야기를 허리를 숙여 친절하게 들어주었어요. 그러고는 제 귀에 '그럼 같이 탈래?'라고 말했고 저는 기쁘게 그의 손을 잡았어요. 함께 말에 올랐고 회전목마가 돌기 시작했어요. 오빠는 안전하게 저를 잡아주었죠. 제가 '오빠, 황금색 링은 뭐 하는 거야?'라고 물어보자 오빠는 '손을 뻗어서 잡는 건데 내가 잡을 수 있으니 걱정 마'라고 친절하게 대답했어요. 그래도 무서워하는 제게 '걱정하지 마. 오빠가 안전하게 지켜줄게'라고 말해주었죠. 전 '그래도 혹시나 떨어지면 어쩌지?'라고 물었고 오빠는 '그럼 나도 같이 떨어지지 뭐'라고 말했어요. 그 순간 사랑받는 느낌이었지요. 전 오빠처럼 멋진 남자와 함께하고 싶다고 결심했어요."

패트리샤는 기억을 글로 쓴 것을 보면서 이렇게 말했다. "결혼 생활이 행복하지 않은 건 당연하네요. 전 완전히 다른 사람을 찾고 있었어요. 그때의 사촌 오빠 같은 사람 말이죠. 제 남편은 전혀 다른데 말이죠. 남편의 존재 자체를 좋아하지 않았어요. 남편의 행동이 바뀌길 바랐던 게 아니라 남편 자체가 다른 사람이길 바랐나 봐요. 남편은 다른 사람이 될 수 없고, 어릴 적 저를 지켜주었던 사촌 오빠는 더더욱 아니에요. 말에서 떨어지듯, 실수할 때 저를 잡아줄 누군가를 원했나 봐요. 결혼 생활을 하면서 저는 제이크를 늘 움켜잡고 있어요. 마치 응석받이 동생처럼 대해요. 사실 제가 그런 챙김을 받고 싶었으니까요. 남편이 제게 해주길 바라는 것을 제가 남편에게 해준다면, 그가 알 거라 생각했는데 지금 생각해보니 그런 일은 일어나지 않을 것 같네요."

패트리샤가 발견하지 못한 선물 3가지가 더 있다. 그래서 기억을 떠올리고 자신을 도울 수 있는 3가지 방법과 패트리샤가 실제로 한 예를 소개한다. 첫 번째는 5살 내면아이에게 "그때 필요한 것이 뭐였어?"라고 물어보고 욕구를 알아내는 것이다. 두 번째는 지금의 현실을 체크하는 것이고, 마지막은 요술봉을 이용하여 패트리샤가 원하는 새로운 기억으로 다시 쓰는 것이다.

액션 플랜: 지금의 문제를 해결하는 기억에 관한 3가지 방법

방법 1. 내면아이에게 무엇이 필요한지 묻기

기억 속 아이와 대화할 수 있다고 상상한다. 어쩌면 기억 속 아이가 내 옆 소파에, 그네에, 공원에, 주방에, 팝콘을 먹으며 거실에, 아니면 스케이트보드를 타며 당신 옆에 있다고 생각한다. 마음속으로 그 아이가 무엇이 필요하다고 말하는지를 경청한다.

패트리샤는 놀이동산에서 자신의 무릎 위에서 어깨를 감싼 채 안겨 있는 5살 내면아이를 만났다. 그러고는 아이에게 "너한테 필요한 게 뭐야?"라고 물어보았고 내면아이는 "전 데이브 오빠가 같이 있으면 좋겠어요. 절 지켜주고 돌봐준다고요"라고 답했다. 패트리샤는 아이에게 말했다. "데이브는 여기에 없어. 하지만 이젠 내가 널 지켜줄게. 제이크에게 네가 행복하지 않다고 말하는 것부터 시작하자."

방법 2. 현실 만나기

당신의 행동으로 상대가 반응하거나 당신이 갈망하는 상황으로 변하는지 자신에게 물어본다.

남편 제이크와의 불행한 결혼 생활을 느낄 때마다 패트리샤는 5살 내면아이로 돌아간다. 제이크가 만나는 사람은 어른이 된 패트리샤이지만, 그 순간 패트리샤가 5살 때처럼 행동한다는 것을 알 수 없었다. 남편이 보는 것은 시무룩하고 뾰로통한 사람이었는데, 그것은 문제가 생겼을 때 패트리샤가 5살 아이처럼 행동했던 방식이었다. 두 번째 방법을 적용하면서 패트리샤는 그때의 모습과 행동을 좀 더 선명하게 떠올리기 위해 5살 때 알던 누군가를 떠올렸다. 블록을 가지고 노는 아이를 만났고 5살 때 느꼈던 감정으로 지금의 결혼 생활 문제를 해결하려 노력하고 있었다. 그 모습을 본 패트리샤의 얼굴에는 미소가 번졌다. 제이크와 대화를 시도했지만, 잘 되지 않았던 것은 놀랄 일도 아니었다. 이 사실을 알게 된 것은 패트리샤에게 스스로 덜 힘들게 하는 데 도움이 되었다. 화가 났을 때 더 이상 5살 아이가 아닌 어른 패트리샤로 남편과 대화할 수 있도록 스스로 진정할 시간을 주기 시작했다.

방법 3. 요술봉 사용하기

요술봉이 있다고 상상하는 것은 지금의 문제를 해결하는 방법을 찾거나 어떤 삶을 살고 싶은지를 찾아내는 가장 쉬운 방법이다. 기억의 요술봉을 흔들자, 어린 시절 사촌 오빠 데이브가 회전목마의 모든 자리에 있는 모습이 떠올랐다. 이는 패트리샤가 마술처럼 원하는 해결책은 항상 데이브처럼 행동하는 누군가가 그녀의 삶에 함께하는 거라는 것을 보여준다. 패트리샤는 제이크가 어린 시절의 사촌 오빠처럼 될 수 있다고 생각하면서 현실을 부정하며 살고 있지는 않았을까? 또 제이크가 데이브처럼 될 수는 있는지?

이 3가지 방법을 사용한 후 패트리샤는 가지고 있던 많은 문제에 대해 다시 생각해보았다. 결혼 생활을 잘하고 있는지? 사랑받지 못하고 있다고 느낄 때 5살 때처럼 행동했던 것이 남편에게 불편한 반응을 보이게 하지는 않았는지? 어린 시절의 기억을 제이크와 나누고 약속을 한다면 둘의 관계는 정말 좋아지는 건지? 특히 마지막 질문은 너무도 무서웠다. 속마음을 털어놓으면 오히려 제이크가 화내고 소리치며 집을 나가버릴 것 같았기 때문이다.

"제이크가 그렇게 행동한다면 전 감정적으로 5살 아이가 될 거고, 적어도 혼자서 집에 있기에 충분한 나이가 아니라는 이야기는 제이크에게 할 수 있을 것 같아요."

어린 시절의 문제를 발견하고 치유하기

화가 나면 5살 아이처럼 행동하는 사람이 패트리샤뿐만은 아니다. 이 글을 읽는 당신이나 주위에서 적절하지 않은 방식 또는 과하게 행동하는 많은 사람을 보았을 것이다. 특정 상황(말, 소리, 냄새, 표현, 행동)은 어린 시절 끝내지 못한 상황을 다시 촉발하게 한다. 무의식적으로 그때처럼 겁먹은 어린아이처럼 행동한다. 과거의 끝내지 못한 상황과 연결되면, 어린 시절 배운 그 패턴으로 행동하기 시작한다. 그 상황에서는 어른이 된 지금처럼 행동하는 것이 거의 불가능해진다. 어린 시절의 아이로 돌아가면 갈수록 더 패닉 상태의 공격과 악몽 같은 반응을 하게 된다.

어린 시절과 관련된 활동을 하면서 기억 속에서의 감정과 결심을 말하도록 한다. 감정은 에너지가 있는데, 만약 오랜 시간 억눌렸던 감정이라면 극단적인 방법으로 표출하는 경향이 있다. 어린 시절 결심을 살피지 못했을 때도 상황은 똑같을 수 있다.

이런 왜곡 현상을 부르는 이름은 환각, 신경쇠약, 공황발작, 화학적 불균형, 외상후스트레스 등 다양하다. 문제를 약물로만 해결하기보다는 최초에 한 생각과 감정을 찾는 것이 중요하고 그 과정이 바로 치료의 시작이다. 이 과정은 사실 혼자서도 할 수 있다.

어린 시절의 신체적 · 정서적 · 성적 폭력은 특히 생각과 감정을 억누르게 하는데 과잉 통제형 부모나 허용적인 부모, 회피하거나 중독 부모에게 자란 아이의 경우는 더욱더 그렇다.

만약 어린 시절 이런 경험을 했다면, 지금까지 얼마나 수치스럽고 고통스러운 삶을 살았을지 이해할 것이다. 아이일 때 당신은 나쁜 사람이라고, 또 나쁜 상황은 어쩌면 당신 때문이라고 결정했을 수 있다. 어떤 상황은 너무 겁이 나고 고통스러워 무시하거나 잊었을지도 모른다. 어른이 된 지금 왜 그런 생각과 감정을 가지게 되었는지 기억하지 못할 것이다. 아이일 때 정신적·감정적으로 고통을 피하는 방법을 찾았을 것이다. 상담받으러 온 사람 중에는 천장 틈으로 탈출하는 것을 시각적으로 그린 사람이 있었고, 또 다른 사람은 유체이탈하여 안전한 어딘가로 가는 상상을 했다.

불편한 경험, 감정, 생각을 다시 만날 때 기억을 통제하거나 숨기려 하지 말고 직면하길 바란다.

재스민은 주말에 친구들과 스키 캠프에 갔다. 8명의 친구와 함께 뷔페에서 저녁을 먹고 있을 때였다. 갑자기 메스꺼워졌는데 왜 그런지 정확히 알 수 없었다. 재스민은 콩 요리를 할 때 나는 냄새 때문이라고 추측했다. 하지만 확실하지는 않았다. 가끔 콩 요리를 보거나 생각할 때 배탈이 났던 것이 생각났다. 저녁 식사 자리에 불편을 주고 싶지 않아 올라오는 감정을 무시했다.

몇 분 지나고 친구 브랜트가 "재스민, 내가 오늘 스키 들어준 것 고맙지 않았어?"라고 말할 때 기분이 좋지 않았다. 그래서 그 말을 무시하면서 어떤 대꾸도 하지 않았다. 브랜트는 다시 말했다. "너 큰 신세진 거야, 오래 기다리게 하지 마"라고 말했다. 비록 웃으면서 말했지만, 재스민은 그 순간 위가 수축되는 느낌이었다. 재스민이 어떤 반응도 보이지 않자, 브랜트는 그녀 쪽으로 다가왔다. 재스민은 브랜트가 자신을 만질 것 같아 자리를 박차고 일어나면서 "저리 가, 더 이상 못

참겠어. 좀 혼자 내버려 둬. 됐어"라며 소리를 질렀다. 그 순간 침묵이 흘렀고 사람들은 왜 이런 일이 일어났는지 서로 눈치를 살폈다. 재스민은 문을 박차고 나와 차를 타고 집으로 와버렸다.

다음 날 함께 저녁을 먹은 친구 한 명이 왜 그랬는지 전화로 물었다. 재스민이 "굴욕적이고 당황스러웠어. 물의를 일으킨 걸 용서해줄래?"라고 말하자 친구는 "누구도 화가 난 사람은 없지만, 모두 당황스러워했어"라고 대답했다. 재스민은 "말하기 정말 어려운 이야기인데, 요즘 어릴 적 기억에 대해 공부하는데 나의 어릴 적 기억과 관련 있었던 것 같아. 집에 와서 있었던 일을 쓰면서 알게 되었어. 들어줄 수 있니?"라고 물었고 친구는 "물론이지"라고 답했다.

"내 생각에 어린 시절 성추행을 당한 것 같아. 어젯밤 갑자기 우리 집 아래에 있던 집이 생각났어. 난 새끼 고양이를 보러 그 집에 들어갔지. 내가 4살 정도였던 것 같아. 거기 살던 남자가 나에게 상처 되는 짓을 했어. 난 울면서 떠나려 했지. 그 순간 남자는 새끼 고양이 한 마리를 콩 요리 위로 들면서 '오늘 이야기를 누군가에게 한다면 너희 가족을 다 죽일 거야. 그리고 이 고양이를 잘라서 콩 요리에 넣어버릴 거야'라고 말했어. 어젯밤에 콩 요리와 브랜트가 다가오는 두 가지 상황이 결합하면서 순간 그때의 경험이 떠올랐고, 감정이 어두워졌다가 밝아지는 전기 스위치 같았어. 처음에 콩 요리를 보았을 때는 조금씩 어두워지다가 브랜트가 일어나 내게 다가올 때 빛이 폭발한 거야. 난 누구도 겁주고 싶지 않지만, 어쩌면 누군가에게 소리를 지르고 그만하라고 말한 것은 좋은 경험이었어. 어릴 적에는 하지 못했던 거니까." 재스민은 과거의 문제를 치유하고 있었다.

과잉보상의 시작

어린 시절 재스민은 이웃이 성추행한 것이 자신의 책임이라고 결론 내렸다. 그리고 그 결론은 재스민을 바꿔놓았다. 사고 전에는 해맑은 아이였지만, 사고 후에는 자신을 나쁜 아이로 생각하게 되었다.

재스민의 자존감은 심하게 상처받았다. 자신을 격려하기보다는 조용하고 혼자서는 어디에도 가지 않는 아이가 되었다. 집에서 컬러링북에 색칠을 하면서 몇 시간씩을 보냈다. 그 후에도 그림 그리기를 계속했는데, 그림을 그릴 때면 자신의 일부분이 사라지는 것을 느꼈다. 기억에 관한 활동을 배우고 나서, 미술은 탈출구이면서도 자신이 가치 있음을 증명하는 방법이라는 것을 알게 되었다. 수채화를 그리면서 많은 칭찬을 받았지만, 스스로 충분하다고 믿은 적은 한 번도 없었다.

사실 스키장에서 사건이 일어났을 때 남자 친구가 있었다. 하지만 그를 별로 좋아하지 않았다. 기억을 떠올리며 알게 된 사실은, 자신이 필요했던 건 밖에 나갈 때 지켜줄 누군가였다는 것이다. 4살 소녀에게는 여전히 보호가 필요했다. 재스민은 스스로 안전을 지킬 수 있는 나이가 되었다는 것을 알아차리고서는 남자 친구에게 용기 내어 헤어지자고 할 수 있었다. 재스민의 독립심은 자라나고 있다. 사고 전 원래의 자신으로 돌아오는 듯한 느낌이었다.

재스민은 흑백논리에서 벗어나려고 노력하고 있다. 과거에는 둘 중 하나, 즉 자신이 성공한 예술가이거나 아니면 아무것도 아닌 사랑받을 자격이 없는 존재라고 믿었다. 기억에 대해 배워가면서 자신에게 있는 선택권들을 보기 시작했다. 남자 친구와 헤어지는 것도 하나의 선택이었다. 또 자신의 기억에 대해 배운 걸 친구와 나누는 것도 하나의 선택이었다. 결국 재스민은 자신이 어떤 것도 증명할 필요가 없음을 알게되었다. 자신은 나쁜 사람도 가치 없는 사람도 아니었다. 지금까지 삶의 방향은 어린 시절 받은 상처와 그때 촉발된 결심과 관련 있었다. 이제는 '예술가가 될 수 있을까?'라는 질문은 의미 없게 되었다. 재스민은 이미 예술가이고 충분히 잘하고 있으며 사랑받고 있었다.

알아차리기 활동: 자존감이 상처를 입을 때

어린 시절로 돌아가면 자존감이 상처를 입은 순간을 찾을 수 있을 것이다. 그것은 당신에게 무엇이 일어났는지가 아니라 낙담해서 과잉보상을 하기 시작한 순간에 한 결정에 관한 것이다. 눈을 감고 기억을 떠올려본다. 어른으로서의 기억과 감정, 결심은 잠시 꺼둔다. 자신의 가치를 증명하기 위해 어떤 방법을 사용했는지 살펴본다.

어느 누구도 진짜 당신이 누군지 발견하지 못하도록 어떤 방식으로 행동해야 한다는 믿음은 인간이라면 누구에게나 있는 본성이다. 하지만 이 책을 읽은 후에 자신을 있는 그대로 받아들이는 것을 배울 수 있길 바란다. 그리고 당신의 많은 생각과 감정, 행동은 자신을 증명하기 위해 했던 과잉보상과 관련 있다는 것도 알길 바란다. 어린 시절의 기억을 만나는 것은 진짜 당신을 만나는 데 도움이 된다. 어린 시절의 기억은 당신의 개인적 경험에 관한 이야기이지만, 그 이야기는 당신이 한 결심에 기초해 창조된 것이다. 자신을 이해하고 미래를 희망적으로 보면서 자신의 역사를 다시 쓰길 바란다. 그리고 진짜 당신으로 살아라.

기억 속 숨겨진 보물로 당신의 삶과 세상을 변화시켜라

6주 차에서는 기억 속에 숨은 보물을 찾는 것을 배웠다. 어린 시절의 기억을 만나는 것은 그 시절의 아이에게 필요한 치유를 통해 진정한 자신과 자존감을 되찾게 한다. 지금까지 6주 차의 활동을 하면서 어릴 때 선택한 생각과 감정, 행동이 습관처럼 내 안에 있음을 발견했을 것이다. 또 습관은 여전히 지금의 당신의 삶을 지배하고 있다는 것도 말이다.

알아차리기 활동: 기억에 관해 할 수 있는 더 많은 방법

1. 가장 초기의 기억을 떠올린다. 그것은 당신이 누군지를 분명하게 한다. 기억 속에서 '나' '사람들' '삶'에 대해 어떤 생각을 했는지를 스스로 생각하거나 주위 사람들에게 브레인스토밍을 도와달라고 한다. 이것은 당신의 핵심 신념과 관련 있다.(사적 논리)

2. 요술봉이 있다고 상상한다. 상상 속에서 어린 시절로 돌아간다. 그리고 그때 사건이 어떻게 바뀌었으면 하는지를 떠올리며 요술봉을 흔든다. 각각의 사건이 어떻게 바뀌었으면 하는지, 그 결과 당신의 삶은 어떻게 달라졌으면 하는지를 쓴다.

3. 어린 시절을 그림으로 그려본다. 잘 그릴 필요는 없다. 인물들 머리 위로 말풍선을 그리고 그들이 하고 있었던 대화를 쓴다. 또 그 사람들에게 하고 싶은 말을 쓴다. 그림의 제목을 붙인다. 그림으로 알 수 있는 자신의 사적 논리(하게 된 생각이나 신념)를 쓴다.

4. 내면아이를 떠올리고 대화한다. 내면아이가 지금의 당신에게 하

는 말을 써보고 그것이 지금의 문제를 해결하는 데 도움이 되는지 확인한다.

5. 같은 기억을 여러 날에 거쳐 여러 번 써본다. 놀랍게도 기억에 관한 이야기 속에서 어쩌면 당신의 변화를 발견할지도 모른다. 조금의 변화라도 당신의 성장을 발견하는 데 도움이 된다. 한 참가자는 원 안에서 자전거 타는 장면을 기억했고, 기억에 관한 연수에 참여한 후 뒤뜰에서 자전거를 타는 모습과 뒤뜰 벽에 문이 있었다는 새로운 사실을 기억해냈다. 그다음에는 뒤뜰로 자전거를 밀고 나가 멋지게 타는 자신을 떠올렸다. 변화하는 기억은 자신이 만들어낸 성장을 나타낸다.

6. 기억 속 새로운 감정을 만나면 그 순간의 내면아이를 격려한다. 더욱 긍정적인 나를 만날 수 있을 것이다. 기억 속 새로운 감정을 만난다면, 그 감정이 당신의 삶을 어떻게 변화시켰는지도 써본다.

7. 기억은 객관적이기 어려우므로 사람들에게 당신의 기억을 듣고 알게 된 것을 말해달라고 부탁한다. 당신은 자신의 사적 논리와 맞는 것을 말하기 때문에 동료들의 관점은 당신이 놓친 것을 발견하는 데 도움이 된다. 사람들이 말한 것이 맞지 않는다면 선택하지 않으면 그만이다.

7주

새로운 사람처럼 생각하고
느끼고 행동하는 법

변화는 스스로 만들어갈 수 있다

　다음과 같은 사고, 느낌 또는 행동 방법 중 어떤 것이 당신 자신이나 다른 사람들을 격려하지 못하게 하는가?

1. 만약 다른 사람들이 변하기를 바라는 데 에너지를 쏟는다면, 오래 기다려야 할 수 있다. 당신이 상황의 희생자라고 믿고 당신에게 일어나는 나쁜 일이 다른 사람의 잘못이라고 믿는 것은 당신을 낙담하게 한다.
2. 다른 사람들이 당신과 같을 거라는 관점은 변화를 만들 수 없다.
3. '항상', '결코'와 같은 절대적인 생각을 한다면 다양한 선택을 할 기회를 날려 성장을 방해한다.

4. 스스로 바꿀 수 없다며 늘 해오던 대로 생각하고 행동하는 오래된 당신의 삶의 패턴이 유일한 방법이라 고집하는 것도 어려움에 갇히게 한다.

5. 감정은 마치 자동차 계기판의 경고등과 같다. 당신이 지쳤거나 아니면 '번아웃'되었다는 신호를 보내준다.

6. 감정에 한계를 정하거나 옳고 그름으로 판단하는 것은 당신을 아프게 할 수 있다.

7. 관계에서 친밀함을 만들기 위해서는 감정을 생각하지 말고 그냥 느껴야 한다.

8. 다른 사람이 화내는 것을 모두 자신의 탓으로 돌리는 실수를 저지른다. 그 대신 화를 내는 것을 통해 그들이 무엇 때문에 화가 났는지 '정보'를 얻으려고 해야 한다.

9. 화를 내야 하는 좋은 구실을 찾았다고 생각한다면, 자신의 감정을 정확히 인지하지 못했을 가능성이 크다. 그때그때 표현하지 못한 작은 감정을 쌓아두었다가 한 번에 폭발해버리는 경향이 있다. 그러면서 이렇게 화내는 것을 옳다고 믿는다.

10. 당신이 하겠다고 말한 것을 실천하지 않는다면 어떤 변화도 일어나지 않는다.

11. 만약 당신의 방식대로 다른 사람을 이겨야 한다고 생각한다면, 진짜 당신이 원하는 것에 집중하기보다 다른 사람들과의 갈등에 시간을 허비하게 된다.

12. 자신의 생각이 중요하지 않다고 생각하거나 다른 사람에게 말하는 것을 두려워한다면, 누구도 당신의 생각과 감정을 알지 못하

며, 도움을 줄 수 없다. 당신은 늘 같은 패턴으로 행동하고 상황은 악화된다.

생각-감정-행동의 관계와 차이점을 이해하는 건 마치 운전석에 앉아 인생을 운전하는 것과 같다. 앞에서 언급한 것처럼 감정은 질병이 아니다. 다른 사람이 일으킨 것도 아니며 삶을 후퇴하게 하는 비효과적인 행동을 일으키는 것도 아니다. 어떤 사건과 타인이 방아쇠 역할을 할 수는 있지만, 당신이 그렇게 느끼거나 행동하도록 한 것은 아님을 이번 7주 차에서 다룰 것이다. 당신의 행동을 이끄는 것은 바로 당신이 선택한 생각과 감정이다. 바로 당신의 변화는 스스로 만들어갈 수 있다는 것이다.

다음 이야기는 스스로 선택하는 삶을 이해하는 데 도움이 된다. 한 남성이 손에 짐을 잔뜩 든 채로 만원 버스에 탔는데, 누군가에게 부딪혀 가방이 바닥에 떨어졌다. 남성은 어깨를 친 승객에게 화가 나 소리를 치려고 돌아섰다. 그 순간 승객의 손에 쥐어진 시각장애인용 지팡이를 보게 되었다. 그 승객은 시각장애인이었던 것이다. 남성은 소리를 치는 대신 사과했다.

처음에 그 남성은 배려심 없는 승객이 자신에게 부딪쳤다고 생각했다. 그런 생각을 하니 화(감정)가 난 것이다. 그리고 화가 나서 소리를 질렀다.(행동) 하지만 시각장애인용 지팡이를 보게 된 순간, '시각장애가 있어 그 상황에서 어쩔 수 없었겠구나'라고 생각했다. 그러자 막 화를 내려던 자신이 부끄러워졌다.(감정) 이 부끄러운 감정이 사과라는 행동을 하게 했다. 이런 모든 과정은 찰나에 이루어진다.

감정은 생각에서 오고, 행동은 감정에서 온다. 생각 없이 감정을 선택할 수는 없다. 생각 없이 감정을 느낄 수 있다고 생각한다면, 그건 생각을 알아차리지 못한 것뿐이다. 그리고 이 감정은 당신에게 에너지를 불어넣어 행동하게 한다. 자기 스스로 격려하고 삶을 업그레이드하고 싶다면, 그래서 성공적인 삶을 원한다면 내 생각(의식적이거나 무의식적인)을 알아차리고 생각을 바꾸면 된다. 또는 내 행동을 알아차리거나 바꾸면 된다. 생각을 바꾸면 감정이 바뀌고 그럼 당신의 행동도 바뀐다. 반대로 행동을 바꾸면 감정이 바뀌고 당신의 생각도 바뀐다.

생각-감정-행동의 패턴 이해하기

생각에는 두 종류가 있다. 바로 의식하는 생각과 의식하지 못하는 생각이다. 6주 차에서 자신이 떠올린 삶에 영향을 준 기억 아래에는 수많은 생각이 있다는 것을 다루었고, 기억을 통해 어떻게 그때 했던 생각을 찾는지 배웠다. 또한 당신 안에 숨어 있는 아이의 나이와 그 아이가 보여주는 사적 논리를 어떻게 알아내는지도 배웠다. 7주 차에서는 내면아이를 격려하는 더 많은 방법과 사적 논리를 업그레이드하는 법을 다룰 것이다. 당신이 알고 있는 생각도 여기서 중요하게 다뤄볼 것이다.

생각은 머리에서 일어난다. 99%의 사람이 생각과 감정을 헷갈린다. 사람들은 "당신이 나를 중요하게 여기지 않는 것처럼 느껴져요"라고 말하는데 이는 감정이 아니라 생각이다. 더 쉽게 말해 "난 그 사람이 _____ 느껴져요" 또는 "난 _____한 그 상황이 _____ 느껴져요"

라고 말할 때, 사람 다음에 오는 내용이나 상황 앞에 오는 내용은 느낌이 아니라 생각이다.

감정은 당신 몸에 흐르는 단어이다. 그리고 머리에 일어나는 것은 생각이다. 당신의 감정에 이름을 붙이는 것이 어렵다면, 1주 차에서 다룬 감정 차트를 복사하여 잘 보이는 벽에 게시한다.(감격해 카드를 사용하는 것도 좋은 방법이다. 감정-격려-해결이라는 로직으로 삶을 업그레이드할 수 있는 좋은 도구이다_옮긴이) 감정을 알아차리는 능력을 키우는 것은 자신을 격려하고 좀 더 나은 삶을 위한 강력한 방법이 된다.

생각, 감정, 행동 중 관찰이 가장 쉬운 것이 바로 행동이다. 행동에는 비밀이 없다. '두 개의 혀의 대화'라는 표현이 있다. 하나의 혀는 당신의 입속에 있고 말을 의미한다. 다른 하나의 혀는 당신의 발에 있고 행동을 의미한다. 말보다는 행동이 진짜 의도를 보여준다. 당신은 어떤 혀로 대화하는가? 두 개의 혀가 서로 일치할 때, 말한 것을 행동하고 변화를 이끌게 된다. 그러지 않으면 어떤 향상도 일어나지 않는다.

문화, 심지어 사회적 통념에까지 곳곳에 스며든 약물과 물질은 우리의 생각, 감정, 행동을 바꾸고 있다. 약물을 사용하면 생각과 감정, 심지어 행동도 바꿀 수 있지만, 환경을 개선할 수는 없다. 모든 상황을 질병이라 규정한다고 치유와 성장이 일어나는 것도 아니다. 일이 잘 풀리지 않을 때, 그것을 질병으로 보지 않고 낙담으로 바라보며 격려와 문제 해결을 통해 성장으로 이끄는 방법을 격려 모델이라고 한다. 생각-감정-행동의 서클을 사용하여 진정한 성공의 방법을 알아보자.

행동을 바꿀 때, 감정과 생각도 차례대로 바뀐다. 마찬가지로 생각을 바꿀 때, 감정과 새로운 행동이 뒤따른다. 아니면 감정을 바꿀 수도 있다. 이는 원하는 것을 얻기 위해 어떤 변화가 필요한지를 발견하는 데 도움이 될 것이다. 생각-감정-행동, 이 3가지를 함께 다뤄보자.

알아차리기 활동과 액션 플랜: 자신을 격려하기 위한 생각-감정-행동 패턴 사용하기

1. 아래 원 3개 중 가운데 원에 지난 며칠 동안 들었던 감정을 적는다. 이때 생각이 아닌 감정 단어를 찾기 위해 1주 차의 감정 차트를 이용한다.

2. 그런 감정이 들 때 드는 생각을 첫 번째 원에 적는다.

3. 그 상황에서 어떤 행동을 하는지 3번째 원에 적는다. 그리고 자신에게 물어본다. 당신의 행동은 원하는 것이나 목표를 이루는 데 도움이 되는가? 자신이 원하는 것이나 목표를 종이의 가장 위에 적는 것도 좋은 방법이다. 예: 더 집중하고 과정을 즐기기

4. 이제 변화를 위한 순서이다. 다시 두 번째 원의 감정을 보고 어떤 감정을 느끼고 싶은지를 적어본다.

5. 어떤 생각이 적극적이고 편안한 감정을 불러올지를 첫 번째 '생각' 원에 적는다.

6. 이런 생각과 감정이라면 어떤 행동을 할지 마지막 원에 적는다.

　　이처럼 자신을 위한 새로운 행동 계획을 만들어볼 수 있다. 불가능해 보였던 변화가 두 가지 원을 바꾸면 가능하게 된다. 자신을 격려하는 가장 놀라운 방법인 생각-감정-행동 패턴 업그레이드 활동을 통해 삶을 변화시킬 수 있다.

생각을 조정하는 또 다른 방법

　　이제 생각과 감정, 행동의 관계를 이해했다면 다양한 선택이 주는 효과를 발견할 것이다. 게다가 이 원들을 이용하면 지금까지 효과적이지 않았던 패턴을 바꾸는 데 도움이 되기도 한다. 삶을 격려하고 성장하기 위해 생각, 감정, 행동 중 무엇을 처음에 바꿔야 하는지는 상관없다.

삶의 태도 바꾸기

"당신이 먹은 것이 바로 당신입니다"라는 유명한 문구가 있다. 우린 이 문장을 이렇게 바꾸었다. "당신이 하는 생각이 바로 당신입니다." 컵에 물이 반밖에 없다며 불평하는 비관적, 부정적인 사람이 있다. 매사에 만족하지 못하고 사람들과의 관계에서도 불만이 가득하다. 하지만 이들은 자신의 태도가 타인에게 어떤 영향을 미치는지는 정작 모른다. 이렇게 불만 가득한 사람을 만날 때 당신의 반응은 어떠한가? 그들과 오랜 시간을 보내고 싶은가? 아니면 거리를 두고 싶은가? 반면 낙관적이고 긍정적인 사람, 즉 컵에 물이 반이나 있다고 하는 사람은 주위 사람들에게 다른 반응을 이끌어낸다. 당신은 이런 사람들에게 어떻게 반응하는가?

당신의 태도는 어떤가? 비관적인가, 아니면 낙관적인가? 잠시 몇 분 동안만 지금의 마음 상태에 집중해보자. 물이 반밖에 없다고 생각하는가, 아니면 반이나 있다고 생각하는가? 이런 삶의 태도가 생활에서 어떤 영향을 미치는가? 다른 사람들이 당신을 부정적이라고 하는가? 에너지를 가지고 즐겁게 생활하는가, 아니면 축 처져 있는가? 아니면 모든 상황과 사람들에 대해 불평하는가? 이 질문에 스스로 답하는 것이 어렵다면, 당신을 잘 아는 친구에게 물어보라. 어쩌면 당신의 대답보다 친구의 답이 더 객관적일 수 있다. 당신의 태도에 대해 알게 되었다면, 생각을 바꿔 스스로 태도를 조금씩 바꿔나갈 수 있다.

피어가 치료실에 들어오고 손에 짐을 든 아내는 4살짜리 딸과 함께 따라 들어왔다가 바로 다시 나갔다. 아내는 남편의 음주 문제에 걱정이 많았고 알아넌(Al-anon)*에 참여했다. 그런데도 남편은 음주운전으로 경찰에 적발되기도 했다. 치료실을 나가면서 피어의 어린 딸이 "아빠는 술을 너무 많이 마셔"라고 말했고 이 말이 그의 마음을 움직였다.

피어가 처음으로 치료실에 왔을 때, 사실 스스로 술을 너무 많이 마신다고는 생각하지 않았다. 그의 친구들만큼 많이 마시지는 않는다고 말이다. 사실 그는 항상 술을 마신 친구들을 집까지 태워주는 역할을 했고 그날도 친구들을 데려다주다가 음주운전으로 적발된 것이다. 하지만 치료 과정에 함께하면서 술이 자신의 인생에 얼마나 파괴적인 영향을 미치는지를 알게 되었다. 피어의 아버지도 폭음을 했고 폭음한 날에는 아들을 때리기도 했다. 피어는 자신은 적어도 아버지처럼 딸을 때리지는 않았기 때문에 술 마시는 행동을 그리 나쁘다고 생각하지 않았다. 하지만 치료를 받으면서 술 때문에 많은 순간을 가족과 함께하지 못한 것과 자신의 감정을 회피했다는 것을 알게 되었다.

치료 프로그램이 끝나고 피어는 알코올의존자 모임을 이어갔다. 그리고 최선을 다해 회복 프로그램에 참여하고 사후 치료를 받았다. 피어는 집으로 돌아오며 "이제는 술을 마시지 않을 거예요. 내 삶은 달

---

* 알코올의존자의 가족이 서로 도우며 격려하는 모임_옮긴이

라질 거예요"라고 말했지만, 이런 약속을 많이 들었던 아내는 남편의 말이 아닌 행동의 변화를 기대했다.

피어는 사후 치료를 성실히 받으며 삶의 태도가 바뀌기 시작했다. 술도 끊었고 원하는 삶에 대해 진지하게 생각했다. 삶이 완벽하지는 않지만 조금씩 성장하는 자신을 느꼈다. 일 년째 치료받던 어느 날, 피어는 눈물을 흘리며 말했다.

"이런 말을 하게 될지는 꿈에도 몰랐어요. 알코올의존자여서 고마운 점도 있었어요. 좋은 사람들을 만났고 치료를 통해 진짜 문제를 발견했으니까요."

술을 마시는 것이 큰 문제가 아니라는 생각에서 어쩌면 자신의 행동으로 모든 가족이 파멸할 수 있다는 생각으로 바뀌게 되었다. 이 책은 삶의 태도를 바꾸는 다양한 방법을 담고 있다.

마법 같은 생각은 없다

변화되고 성장하기 위해서는 자신과 타인이 가진 '마법 같은 생각'을 이해하는 것이 중요하다. 마법 같은 생각이란 어떤 것이 그냥 잘될 거라는 공상이나 상상, 그림을 그리는 걸 의미한다. 예를 들어 관계에서 불행한데, 자신은 어떤 시도도 하지 않으면서 상황이 나아지길 기대하는 것이다. 이는 마법 같은 생각에 머물러 있다는 뜻이다.

마법 같은 생각의 또 다른 예는 5주 차에서 다룬 '삶은 그러해야 한다'는 생각과 '지금의 상황' 사이의 간극이 넓을수록 스트레스가 크다는 것을 의미한다. 이는 만약 당신의 간극이 크다면 여전히 어떤 시도도 하지 않으면서 그저 상황이 나아질 거라는 마법 같은 생각에 머물러 있는 것이다.

앞으로 나아가기 위해 마법 같은 생각을 확인할 필요가 있다. 내가 기다리면 상대가 바뀔 것이라는 막연한 생각, 그것이 마법 같은 생각이다. 마법 같은 생각은 삶의 과제에 직면하는 것을 방해한다. 공상과 현실의 차이를 알지 못한다면 건강한 선택을 할 수 없다. 마법 같은 생각은 그저 실망만 가져올 뿐이다. 아래의 아네트와 척의 이야기는 그것을 잘 보여준다.

아네트는 남편과 결혼한 지 12년이 되었다. 세 아이와 함께 도시 외곽에 살고 있다. 아네트는 행복한 결혼 생활을 꿈꿨지만, 현실은 그녀의 바람과 전혀 달랐다. 친절하고 가정적이며 사랑스러운 남편의 모습을 기대했지만, 현실의 남편은 직장에서 매일 늦게 들어와서는 피곤한 모습으로 아이들에게 짜증 내기 일쑤였다. 아이들에게 화내지 말라는 아네트의 말에 남편은 오히려 더 화를 냈다. 아네트의 친구들은 남편의 행동이 더 심해지기 전에 이혼하라고 했지만, 그녀는 남편이 직장에서 스트레스를 많이 받아 그런 거라며 스트레스만 줄어든다면 상황이 나아질 테니 가정을 버릴 수 없다고 했다. 아네트의 마법 같은 생각은 그저 상황이 나아질 것이라는 막연한 기대이다. 변화할 증거가 없는데도 말이다.

척은 일어날 일들에 대해 말하는 것만으로도 충분하다는 믿음이 있다. 예를 들어 주방을 리모델링하길 원한다고 말했고, 마음속에서 완성하는 그림을 그렸다. 하지만 실제로는 그런 일은 일어나지 않았고 아내가 불평하는 이유도 알지 못했다. 그러고도 척은 다시 자기가 할 거라고 말할 뿐이었다. 척의 마법 같은 생각은 많은 문제를 일으켰고 특히 직장에서 더욱 그랬다. 계속해서 지키지 못할 약속을 했고, 주위 사람들이 약속을 지키지 않은 것을 지적하자 척은 진심으로 당황하면서 "어, 그건 약속할 수 있었을 텐데. 내가 할 거라고 말하지 않았나?"라고 말했다.

왜 척은 그저 사람들이 듣기 원하는 말을 해주는 것으로 충분하다고 생각하게 되었을까? 왜 아네트는 폭력적인 관계에 계속 머물러 있을까? 아네트는 남편과 아이들과 함께 지내는 한, 멋진 가족이나 집 그리고 결혼 생활을 이어갈 거라는 환상에서 빠져나오지 못할 것이다. 척이 자신이 말하는 것만으로도 충분하다고 믿는 한, 자기 행동의 진짜 문제가 무엇인지를 직면하지 못할 것이다. 아네트와 척을 어떻게 현실로 되돌아오게 할 수 있을까? 아네트는 육체적인 폭력을 당하거나, 아이가 상처받는 것을 보거나, 아니면 남편이 바람을 피워야만 자신이 처한 현실을 자각할 수 있다.

삶이 무너질 때까지 기다리지 말고 지금 당신의 마법 같은 생각을 포기하라. 스트레스가 심해진다고 느낀다면 그 순간 시작하라. 스트레스는 당신의 기대와 현실 사이의 간극이다. 마법 같은 생각을 하면서 현실을 회피하고 있는지 스스로 물어보라. 현실을 받아들인다면 삶은 어떻게 달라질 수 있는가? 답이 무엇이든 간에 스스로 해결할 수 있다는 자신감을 가져라. 실망에서 행복으로 가는 기회는 언제나 열려 있다. 마법 같은 생각을 포기하기만 한다면 말이다. 삶의 태도와 당신의 모습을 좀 더 개선할 많은 방법이 있다. 그 내용은 계속 이어진다.

액션 플랜: 신념 다시 쓰기

감정과 행동을 바꾸면서 삶을 업그레이드할 수도 있지만, 이번 활동은 생각을 바꾸는 것을 통해 삶을 바꾸려는 사람들에게 추천한다.

우선 자신의 신념을 목록으로 써본다. 그리고 마음에 들지 않는 것을 줄로 지우고 대신할 수 있는 새로운 결심을 적어본다. 새로운 신념을 적기 위해 어린 시절의 신념과 초기 기억 그리고 기억에 관한 해석을 다룬 6주 차를 참고한다.

기억에 관한 활동을 할 때, 꼭 그래야 한다거나 유일하다는 등의 극단적인 생각을 찾는다. 그런 다음 그 생각에 대해 좀 더 자신을 격려할 수 있는 다른 생각들이 있는지 찾는다. 이렇게 바꾼 생각들을 매일 볼 수 있도록 게시한다. 이러한 실천이 도움이 된다. 아래의 예시를 보면 어떻게 극단적인 생각을 변화시켜 더 유연하고 격려하는 생각으로 바꾸는지를 이해할 수 있다.

해리: ~~누구도 날 돕게 하지 않을 거야.~~ 꼭 혼자서 해야 하는 것은 아니야. 난 도움을 요청할 수 있어.

셰인: 난 도움을 ~~더 이상~~ 내가 원한다면 요청~~하지 않을 거야.~~ 할 수도 있어.

블라이스: 난 관심을 받는 것이 좋아. 그래서 ~~관심 밖에 있으면 안 돼.~~ 관심 밖에 있을까 봐 걱정할 필요가 없어

돔: ~~난 정말 실수 덩어리야.~~ 난 실수를 했고 하늘이 무너진 것도 아니야.

액션 플랜: 명언으로 생각 바꾸기

생각을 바꾸는 또 다른 방법으로 '나를 위한 명언집'을 만들 수 있다. 달력이나 책, 잡지 등에서 지혜를 담은 수많은 명언을 만날 수 있다. 많은 사람이 비관적이고 부정적인 생각, 고정관념을 바꾸기 위해 명언을 활용한다.

마음에 드는 명언을 찾았다면, 그것으로 나를 위한 명언집을 만든다. 욕실 거울이나 냉장고 등 쉽게 읽을 수 있는 곳에 붙이고 매일 확인한다. 나를 위한 명언집, 즉 새로운 생각과 친해지고 많이 읽을수록 더 빨리 새로운 생각을 받아들일 수 있다.

내가 좋아하는 불교 명언이 있다.

제자가 물었다. "스승님, 제가 낙담했는데 어찌해야 합니까?"

스승은 이렇게 말했다. "다른 사람을 격려하거라."

호기심 질문은 타인의 이해를 돕는다

호기심 있는 태도를 가지면, 다른 사람의 관점을 위협하지 않는 방식으로 만날 수 있다. 호기심을 가지면 열린 태도로 정보를 얻고, 사람들한테서 배울 수 있으며, 더 배려하면서 사람들의 문제를 이해하게 된다. 제이미와 나디아는 일주일에 한 번 함께 운동을 했다. 나디아는 너무 빨리 달리는 제이미에게 "좀 더 천천히 갈 수는 없니?"라고 말하며 불평했다. 하지만 제이미는 문제가 뭔지를 이해하지 못했다. 왜냐하면 자신은 나디아가 천천히 달리는 것에 대해 전혀 불평하지 않았기 때문이다. 그리고 먼저 달려가 주차장에서 기다리는 것도 나쁘지 않았다. 제이미는 나디아에게 그녀의 속도대로 달리라고 격려했지만, 그럴 때마다 늘 말다툼으로 이어지곤 했다.

제이미는 서로 눈을 마주치지 않고 이야기했다는 사실을 깨닫고 이 상황에 대해 이번에는 제대로 호기심 질문을 연습해보기로 했다. 제이미는 나디아와 차를 한잔 마시면서 질문을 건넸다. "있잖아, 며칠 전에 '너무 빨리 달려'라고 말했는데 그게 어떤 의미인지 궁금해." 그러고는 다시 물었다. "혹시 내가 너보다 빠르다는 거야?"

나디아가 대답했다. "그야 당연하지. 넌 달리기를 시작하자마자 날 떠나버려."

"조금만 더 이야기해줄래?"라고 제이미가 부탁하자, 잠시 생각한 나디아가 말했다.

"내가 너랑 달리기를 하는 건 나란히 달리면서 이야기를 나누고 싶어서야."

"그럼 너를 화나게 한 것은?" 제이미가 물었다.

"혼자 뛰는 게 싫어. 함께 뛰는 것이 안전하고, 난 낯선 곳에서 혼자 뛰는 걸 좋아하지 않아. 무섭단 말이야"라고 나디아가 답했다.

제이미는 "알겠어. 너에게 묻지 않았다면 결코 몰랐을 거야"라고 말했다.

제이미가 호기심을 가지고 질문하면서 알게 된 것은 함께 달리기를 할 때에 대한 생각이 서로 달랐다는 점이다. 그것은 어떤 관점이 옳고 그른지에 관한 것이 아니다. 나디아는 함께 뛰기를 원했고 제이미는 다른 속도로 달려 다른 시간에 목표 지점에 가더라도 불편하지 않았다. 제이미는 그저 함께 나가는 것을 좋아했다.

만약 제이미와 나디아가 둘에게 도움이 되는 해결책을 찾기 원한다면, 서로의 생각을 바꾸려는 걸 멈추고 생각이 다름을 받아들이는 게 먼저일 것이다.

이제 스스로 물어보자. 당신은 누가 옳고 그른지를 입증하기 위해 비난하는가, 아니면 제안에 열린 자세를 가지는가?

호기심 질문은 적극적인 태도와 보다 열린 의사소통을 돕는 긍정의 훈육에서 배운 반영적 경청 기법으로, 아이와 갈등 상황에서 오히려 더 친밀하게 만들고 이해하는 데 도움을 준다. 이것은 사랑을 표현하는, 그래서 상대가 느끼게 하는 하나의 방법이다. 열린 자세와 적극적 태도는 어른들 사이에서도 강력하다. 호기심 질문은 친구, 가족과 일상생활에서 생기는 차이와 갈등 상황에서 서로를 연결하는 가장 사랑스러운 메시지이다.

호기심 질문

아래의 몇 가지 표현은 호기심 질문을 하는 데 도움이 된다.

- ~ 이런 의미인가요?
- 좀 더 이야기해주겠어요?
- 당신을 화나게 하는 것이 뭐죠?
- 또 어떤 것이 있죠?

이런 표현들이 보다 분명하게 이해할 수 있도록 돕는 것이라면, "음" "아~" "어~"처럼 대화를 이어갈 수 있도록 돕는 것도 호기심을 표현하는 방법이다.

감정을 통해 변화하는 길

아들러 심리학을 실천하는 사람들(아들리언)은 인간을 몸과 마음이 연결된, 즉 신념이 생리작용에 영향을 미치는 분리할 수 없는 존재로 받아들인다. 몸에 문제가 있다며 호소하는 많은 사람에게 감정을 함께 다루었을 때 효과가 있음을 수많은 상담을 통해 경험했다. 감정을 바꾸어 변화로 나아가는 걸 선호한다면 지금부터 이어지는 내용이 큰 도움이 될 것이다.

당신의 감정에 대해 더 알아보기

감정은 당신 몸 안의 에너지이다. 당신 몸 안에 있는 에너지, 즉 감정을 인지하는 것이 어려울 수도 있다. 이런 에너지를 소화불량이나 다른 상태로 표현했을 수도 있는데, 1주 차에서 다루었던 감정 차트를 참고하면 보다 정확하게 감정으로 표현할 수 있다. 아니면 감정 차트를 냉장고 등에 붙이고 확인하는 연습을 한다.

유명한 가정의학박사 리드는 약 8개월 동안 우울한 감정 상태였다. 평소 하던 조깅을 그만두었고, 일하러 가는 것이 싫어졌다. 집에 돌아와서는 해야 하는 일에 대해 불평을 늘어놓았다. 상사는 상담을 온 사람들에게 최선을 다하지 않는 리드를 질책했고 그는 이런 질책이나 위협을 좋아할 리 없었다.

리드에게 더 압박이 되는 것은 최근에 산 집이다. 그와 아내는 도심에 살기를 원했다. 하지만 직장을 그만둔다면, 이곳에 살 수 없다는 두려움도 있었다. 또 한편으로는 이런 직장 생활을 이어가는 것도 참기 힘든 일이었다. 뭔가에 갇히고 낙담하고 우울한 감정이 들었고, 실제로 자살을 생각하지는 않았지만 더 깊어진다면 어쩌면 그럴 수도 있을 거라는 생각이 들기 시작했다.

일정 기간 우울한 상태를 깊이 경험하거나 수년 동안 우울한 사람도 있다. 또 집이나 직장에서 폭력적인 관계를 가지며 불행을 느끼는 사람도 있다. 생각과 감정, 행동이 뒤섞여 낙담은 더 심해진다. 만약 이 순간 약을 먹지 않고 내가 느끼는 감정을 보다 세심하게 살핀다면, 이 감정은 지금의 상태나 상황을 바꾸어야 한다는 신호로 받아들일 수 있다.

리드는 자신의 감정에 귀 기울이기 시작하면서 상담을 받기로 결심했다. 상담 과정에서 상사의 행동이 어릴 적 경험한 폭력적인 아버지를 상기시킨다는 것을 알게 되었다. 어릴 적 리드의 아버지는 방으로 아이들을 몰아넣고 누구든 가까이 있는 아이에게 폭력을 행사했다. 리드는 그런 폭력에서 자신과 동생을 어떻게 지켜야 하는지 전혀 몰랐다. 지금의 상사가 말로 몰아붙이는 것은 어린 시절에 경험한 일과 같았다. 따라서 그가 느낀 낙담은 당연했다. 하지만 리드는 이제 자신이 어린아이가 아니며 작은 방에 갇힌 것도 아니라는 것을 깨달았다. 그에게는 선택권이 있고 행동을 취할 준비도 되어 있었다.

톰이 여동생 집에 갈 때마다 여동생의 남자 친구가 있었고 남자 친구는 늘 여동생 곁에 있으며 스킨십과 키스를 하곤 했다. 톰은 그런 상황이 불편했다. 어느 날 친구를 만나 이 이야기를 했더니 친구는 "너 질투하는구나"라고 말했다. 그 순간 톰은 "질투하는 거 아니거든"이라고 맞받아쳤다. 잠시 후 친구는 "질투는 네가 원하는 것을 말해주는 감정일 뿐이야. 나쁜 것이 아니야. 어떤 사람을 만나고 싶은지 말해보는 게 어때?"라고 말했다.

톰은 사람들을 만나거나 모임 활동을 하거나 SNS에 글을 올리거나 아니면 친구에게 어떤 여자를 소개받고 싶은지에 관해 이야기하게 되었다. 질투하는 자신을 자책하는 대신, 질투라는 감정을 통해 원하는 것으로 나아가게 되었다.

액션 플랜: 감정을 생각하지 말고 느껴라!

감정을 가지는 게 괜찮다는 것을 믿더라도, 아마도 감정이 당신에게 주는 메시지를 받지 못한 채 감정을 느끼기보다는 생각할 가능성이 크다. 이어지는 내용은 감정을 어떻게 느낄 수 있는지에 도움이 된다. 우선 말하기 전에 손을 가슴이나 배에 댄다. 이것만으로도 머리로 생각하지 않고 가슴이나 단전에서 느끼는 것을 표현하는 데 도움이 된다. 한번 시도해보자. 차이를 발견할 것이다. 감정을 표현할수록 주위와 더 연결될 것이다. 또한 이것이 관계의 터닝포인트가 되기도 한다. 가슴 또는 단전에 손을 올리고 감정을 말하는 것이 도움이 된다면 그렇게 하라.

로사와 미겔의 4살짜리 아들은 협동조합에서 운영하는 어린이집에 다닌다. 로사는 매주 열리는 부모 모임에 나갔고 미겔은 그 시간에 아들과 집에 있었다. 하루는 모임이 끝나고 엄마들끼리 맥주를 한잔하러 갔다. 모임 후 로사는 집에 돌아와 새로운 엄마들을 사귄 일을 즐겁게 이야기했다. 하지만 미겔은 매우 화가 나 보였고 로사는 그런 남편이 이해되지 않았다. 둘은 그날 밤 어떤 말도 더 하지 않았다.

다음 주, 로사는 부모 모임을 하는 날이면 미겔이 짜증을 낸다는 것을 알아차렸다. 모임에 나가려 준비하고 있으면, 미겔이 다가와 몇 시에 돌아올 거냐고 끊임없이 물으며 제시간에 나가기 어렵게 했다. 로사가 무슨 일이 있냐고 물으면 "없는데"라고 대답할 뿐이었다. 로사는 뭔가 잘못되었다는 것을 알아차렸고 모임에서 배운 의사소통 방법을 시도했다.

로사는 가슴에 손을 얹고 미겔에게 말했다. "나를 믿지 못하는 것처럼 행동하는 것과 모임에 나가지 말고 집에 있길 기대할 때 난 슬퍼요."

그러고는 손을 배 쪽으로 옮기며 말을 이어갔다. "내가 새로운 친구를 사귀는 걸 당신이 원하지 않는 게 화가 나고 이해할 수 없어요."

미겔은 집안일이 얼마나 힘들었는지, 아이를 돌보는 것이 얼마나 어려웠는지, 또 그 모임에 꼭 가야 하는지 동의할 수 없었다는 이야기를 로사에게 털어놓았다.

"당신이 하는 이야기를 들었어요. 하지만 그것은 머리에서 하는 이야기예요. 가슴에 손을 얹고 말해줘요. 난 당신의 감정을 듣고 싶어요." 미겔은 로사의 말에 놀란 듯 바라보았지만, 아내가 알려준 대로 손을 가슴에 얹고 마음을 나누기 시작했다. "나는 당신과 저녁 시간을 보내고 싶어요. 종일 열심히 일했고 퇴근해서는 당신과 함께 있고 싶었어요."

"이제 손을 배에 얹고 이야기해볼래요?"

미겔은 "꼭 그래야 해요?"라고 질문했고 로사는 "진심을 나누고 싶어요"라고 대답했다. 그러면서 "내가 맥주 바에 간 것을 이야기하면서 우리 갈등이 시작되었어요"라고 말을 이어갔다.

그러자 미겔이 말했다. "사실 당신이 맥주 바에 가는 게 싫어요. 당신이 낯선 남자들과 이야기를 나누는 것은 상상하기도 싫고 당신을 잃을까 봐 두려워요."

그제야 로사는 미겔이 화를 낸 그 이면에 있는 감정이 두려움이라는 것을 알게 되었다.

대부분의 사람처럼 미겔은 목 위의 삶, 즉 머리로만 말하고 사는 데 별문제가 없었다. 하지만 목 아래의 삶을 산다는 것은 마음을 나누는 일이다. 자신의 감정을 알아차리고 나눌 때, 가슴과 단전에서 시작되는 감정을 말할 수 있다. 만약 단전에 있는 깊은 감정을 나눌 수 있다면 가장 정직한 감정을 마주하게 된다. 우리는 이것을 '정직한 감정'이라 부른다. 만약 이 수준의 감정에 다다른다면 진짜 당신을 만나게 된다.

로사는 남편 미겔의 정직한 감정을 듣고 동정심이 느껴졌다. 또한 남편의 상처도 느껴졌다. 그리고 자신을 향한 남편의 바람도 마음을 울렸다. 정직한 감정은 관계에서 진정한 친밀감을 가져온다. 다른 사람이 당신을 비난하거나 조롱하지 않을 거라는 안정감이 있다면, 이러한 수준의 감정을 표현하기가 수월할 것이다. 동시에 당신의 마음을 열었을 때 다른 사람들한테서 존중과 동정을 받을 수 있다.

감정 판단하기

어떤 종류의 감정은 나쁜 것이라는 믿음을 가진 채 성장한 어른이 참 많다. 하지만 감정은 옳고 그른 것이 아니다. 긍정적이거나 부정적인 것도 아니다. 그저 당신 안에 일어나고 있는 무언가를 말해주는 것이다. 어떤 감정이든 모두 괜찮다. 감정을 판단하지 말고 올라오는 감정을 느끼거나 표현하는 것을 두려워 마라. 감정에 집중하고 이름 붙이는 것을 배우면, 자신에 대한 다양한 정보를 감정을 통해 알 수 있다. 감정은 결코 당신에게 거짓말하지 않는다. 감정이 생기면 뭔가를 해야 할 것만 같은 생각에 감정을 확인하는 것을 두려워할 수 있는데, 감정은 행동과는 다르다. 감정이 에너지인 것은 맞지만, 감정을 느낄 때 할 수 있는 선택은 다양하다.

감정을 긍정적, 부정적 감정으로 규정하는 것은 일반적이다. 하지만 이 일반적인 오류를 다시 짚어볼 때가 되었다. 감정은 그저 감정일 뿐이다. 감정이 당신을 죽이는 것도 아니다. 날씨와 같이 그냥 왔다가 가는 것이다. 어쩌면 자동차 계기판의 신호처럼 당신이 하고 있는 생각과 행동에 대한 유용한 정보를 주는 것일 수 있다. 어떤 감정은 불편할 수도 있고 또 어떤 감정은 낯설 수도 있다. 하지만 이것이 당신의 적은 아니다. 감정을 통해 배울 수 있다.

지금까지 억울한 누명을 쓰고 있는 감정이 있으니 바로 화다. 그건 사람들이 감정으로 생각하고 행동을 보기 때문이다. 고함을 지르거나 날뛰거나 공격적인 모습을 보고 사람들은 "저 사람 화났다"라고 한다. 하지만 사실은 그렇지 않다. 그것은 무례한 행동이다. 사실 화가 아닌 다른 감정으로도 일어날 수 있는 행동이다. 어떤 사람들은 화를 완전히 뿌리뽑고 싶어 하고, 그런 감정은 없으며, 화는 단지 상처를 감추려 하는 것일 뿐이라고 주장한다.

많은 사람은 자신들의 감정과 접촉하지 않으려 하거나 두려워한다. 화는 사람들을 겁주는 감정 중 하나이며 부정적인 감정으로 불리기도 한다. 또한 화는 통제할 수 없을 때, 통제될 때, 무력할 때, 제압하고자 할 때, 원하는 것을 얻지 못할 때의 반응이다. 다음의 열 손가락 화 활동은 화에 대해 더 깊이 알아보는 활동이다. 화를 이해하면 화가 날 때 좀 더 존중하는 방식으로 행동할 수 있다.

알아차리기 활동: 열 손가락 화 활동

양 주먹을 가슴 쪽에 둔다. 그리고 당신을 화나게 하는 것들을 떠올린다. 한 가지씩 떠올릴 때마다 손가락을 하나씩 편다. 어떤 것들에 화가 나는지 다 기억할 필요는 없지만, 마지막 3가지는 기억해둔다. 이 활동은 당신이 어떤 것에 화가 나는지를 좀 더 깊이 있게 이해하는 데 도움이 된다. 수면 아래에 있던 걸 수면 위로 끌어내어 알아차리게 하는 것인데, 이렇게 하는 것만으로도 화의 크기는 작아지고 조절하기 쉬워진다.

어떤 이는 10가지 상황을 빨리 떠올릴 것이고, 또 어떤 이는 시간이 오래 걸릴 수도 있다. 평소 감정에 대해 다루어보지 않은 사람은 훨씬 오래 걸릴 수 있지만, 이 과정은 노력한 만큼의 가치가 있다. 인내심을 가지고 스스로 격려하라. 원하는 만큼 충분히 시간을 들여도 괜찮다는 점을 잊지 말자.

다음은 열 손가락 화 활동을 한 어떤 사람의 이야기이다.

- 나에게 고마움을 표현하지 않는 상사 때문에 화가 나요.
- 돈이 충분하지 않아서 화가 나요.
- 현관문을 열고 집에 들어오자마자 아내가 폭풍같이 일을 시켜서 화가 나요.
- 아이들이 버릇없고 요구가 많아서 화가 나요.
- 부모님이 내가 어렸을 때 많은 것을 알려주지 않은 게 화가 나요.
- 요즘 좋아하는 낚시를 가지 못해서 화가 나요.
- 낚시를 정말 오랜만에 갔는데 물고기를 한 마리도 잡지 못해서 화가 나요.(이 말을 하며 웃음)
- 원하는 것을 하지 못하는 나 자신에게 화가 나요.
- 내가 원하는 것에 관심을 두지 않는 아내에게 화가 나요.
- 마지막으로 이런 상황을 더 좋게 만들지 못하는 것에 화가 나요.

10가지 화가 나는 상황을 말해보고 스스로 무엇을 배웠는지를 물어본다. 8, 9, 10번째 말한 상황을 기억하고 그 3가지 상황을 실제 생활에서 어떻게 해결하는지 생각해본다. 그 화를 무시하는가? 가지고 있는가? 폭발하는가? 술이나 약물로 잠시 잊어버리는가? 이와 같은 방식은 자신과 타인 모두를 존중하지 않는 방식이다. 그리고 결코 문제를 해결할 수도 없다. 앞에서 소개한 '낚시광'의 경우는 화가 나는 상황을 그냥 포기하거나 타인을 비난하는 방식이었다.

화를 표현하는 방법

당신의 화를 존중하는 방식으로 다루는 여러 방법이 있다. 한 가지 간단한 방법은 우선 화를 알아차리고 자신에게 이렇게 말하는 것이다. "나는 화가 났어. 그리고 그렇게 느끼는 것은 괜찮아." 또는 당신을 화나게 하는 사람에게 "난 _____ 때문에 화가 났어. _____으면 좋겠어"라고 화나게 한 상대의 행동과 당신의 바람을 이야기할 수 있다. 이것은 매우 간단하지만 효과적이다. 화를 존중하는 방식으로 해결하는 또 다른 방법은 선택들을 찾는 것인데, 가끔 화는 내가 선택할 수 있는 것이 없다고 느낄 때 일어나기 때문이다. 스스로 선택지를 찾을 수 없다면, 주변 사람들에게 어떤 선택들이 있는지 물어보는 것도 좋은 방법이다. 상황이 나아질 수 있는 작은 변화를 시도한다. 믿기 어렵겠지만, 당신을 바꿀 수 있는 사람은 바로 당신 자신밖에 없다.

앞에서 소개한 낚시광의 경우, 자신이 어떤 것에 화나는지를 알아차리고서 충격에 빠졌다. 화가 나는 상황들을 차근차근 되돌아보기보다는 늘 스스로 운이 없다고 여겼기 때문이다. 이제 그는 자신이 원하는 것을 매주 한 가지씩 하기로 계획을 세웠다. 그리고 실천했다. 놀랍게도 하고 싶은 것 중에는 자녀와 아내와 함께하고 싶은 것들이 들어 있었다. 그는 자녀에게 낚시를 하러 가자고 제안하고 함께 낚시를 즐겼다. 또 아내에게는 자유의 날을 주고 싶다고 말하고 아내 대신 음식과 청소를 하며 꿀 같은 하루를 선물했다. 작은 변화지만, 그는 자기 자신과 자신의 삶에 대한 느낌이 더 좋아졌다. 마침내 그는 이전에 생각했던 것보다 자신을 더 잘 조절할 수 있다고 처음으로 알게 되었다. 화를 알아차리고 조절하며 더 나은 삶으로 나아갈 수 있었다.

아플 때 배우게 되는 것

감정의 흐름을 바꿀 수 있는 또 다른 방법은 당신이 아픈 것에서 배우는 것이다. 우린 아플 때 의사를 찾아가 원인을 듣거나 진단을 받는다. 의사는 수술이나 처방 등의 방법으로 치료하거나 상황을 개선하려 한다. 하지만 아픔에 대한 다른 접근도 있다.

이는 아픈 것에도 목적이 있다는 관점이다. 병에 걸리면 고통이나 아픔을 통해 불편함을 느낀다. 그렇다고 당신이 고의로 아픈 것을 의미하지는 않는다. 아픈 것은 실제이며 가끔은 치명적이기도 하다. 하지만 질병은 목적을 가지고 있고 몸이 당신에게 어떤 메시지를 전하고 있다.

아픈 것의 가장 명확한 목적 중 하나는 항상 아픈 사람들의 경우 그것으로 관심을 받는다는 것이다. 또는 아픈 순간 다른 사람한테서 특별한 서비스나 돌봄을 받을 수 있다는 것이다. 아니면 아픈 것으로 삶의 어려운 순간이나 과제를 회피할 수도 있다. 예를 들어 직장에서 많이 아프다면 당신은 합법적으로 병가를 내고 휴식 시간을 가지는 것이 허용된다.

아픈 것은 고의적이지도 의식적이지도 않다. 하지만 아픈 것에도 목적이 있다는 점을 이해한다면 당신의 욕구를 충족하기 위한 건설적인 방법으로 스스로 치유하는 과정에 참여할 수도 있고, 또 진짜 원하는 것을 선택할 수도 있다.

이런 생각이 하나의 정답은 아니지만, 많은 사람은 몸과 정신이 연결되어 있다고 믿으며 이것을 활용하여 치료를 돕는다.

마틴은 고등학교를 졸업한 후 자동차 정비소에서 일했다. 차를 정비하는 일은 괜찮았지만, 사장은 몹시 싫었다. 특히 초과근무수당 문제로 사장에게 비난받고 명령받는 것을 싫어했다. 유난히 더 힘들었던 어느 날 마틴은 엄마 집에 들러 더 이상은 못 참겠다고 말했다. 그러자 엄마는 새로운 직장을 구하는 것이 얼마나 어려운 일인지 아냐고 말하며 직장 생활을 계속하고 싶다면 사장에게 이야기를 해보라고 했다. 마틴은 사장에게 그런 말을 한다는 것이 두려웠지만, 해보겠다고 했다. 그러고는 잠이 들었고 다음 날 아침에 일어났는데 후두염이 생겼다. 목소리가 잘 나오지 않아 결국 직장에 나가지 않고 집에서 쉬기로 했다.

보니는 밖에서 정원을 정리하는 일을 극도로 어려워했다. 풀이나 꽃가루 등에 알레르기 반응이 일어나기 때문이었다. 알레르기약을 먹지만, 가렵고 재채기를 했다. 하루는 아들러 심리학 수업을 듣는데 '모든 행동은 목적이 있다'는 표현을 듣고 자신의 행동을 되돌아보았다. 밖에서 일하기를 싫어하는 것과 알레르기 반응이 관련 있는지 생각해보고 새로운 시도를 하게 되었다.

먼저 '할 수 없는 것'이 아니라 '하고 싶지 않은 것'이라고 생각을 바꿨다. 그리고 용기를 내어 남편에게 이야기했다. "알레르기 때문에 정원 일을 못 하겠어요"라고 하는 대신에 "정원 일을 하고 싶지 않아요"라고 말했다. 이렇게 표현을 하면서 약을 줄여나갈 수 있었고 심한 불편 없이 야외 활동도 할 수 있게 되었다. 남편도 세차장에 가는 것이나 장보기는 보니가 하고, 정원 작업은 혼자 하는 것에 만족해했다.

자신의 행동으로 스스로 격려하기

생각-감정-행동과 관련된 많은 활동이 있다. 사실 이 책의 두 작가의 경력은 부모교육이 첫 시작이었다. 부모교육은 부모가 하는 방식 중 통하지 않는 것들을 찾아보고 관계를 개선하거나 좀 더 효과적인 방법을 찾는 게 대부분이었다. 부모들은 격려에 대해 자세히 배우고 배운 것을 자녀에게 어떻게 적용하는지도 배운다. 많은 부모는 자신의 행동을 바꾸고, 더 나은 감정을 느끼며, 자신과 타인에 대한 태도(생각)를 바꾸게 된다. 사실 당신이 자신과 주위를 격려하는 방법은 수없이 많다. 여기서는 그중 몇 가지를 중점적으로 살펴보자.

새로운 대화법

비난을 포함한 대화를 자주 했다면 나와 상대를 동시에 존중하는 표현법을 배워보자.(8주 차에서는 이 표현법을 자세하게 다룰 것이다)

내 감정은 _____이야. 왜냐하면 _____.
그리고 내가 바라는 것은 _____.

'나 대화법'은 사용하기 쉽다. 밑줄에 몇 개의 단어를 넣으면 된다. 이렇게 간단하게 이야기하는 것이 오히려 상대에게는 이해하기 쉽다. 이 대화는 감정으로 시작하는데, 이것은 상대와 바로 연결되게 한다. 사람들은 보통 상대의 감정이나 원하는 것을 추측하는 데 익숙하지 않다. 이런 대화법은 당신의 감정을 표현하는 데 도움이 되고 타인과 존중하는 관계를 만드는 데도 도움이 된다.

나 대화법은 토머스 고든이 처음으로 사용했다. 하지만 '너'라는 단어를 사용하지 않고 이 대화법을 사용하기란 어려운 일이었다. '너'라는 단어는 곧바로 듣는 사람을 방어적으로 만든다. 그래서 린 로트는 고든의 대화법을 변형하여 '내 감정은'으로 시작하는 표현으로 바꾸었다.[*] 대부분의 사람은 당신의 솔직한 감정을 말할 때 연결되고 행동을 멈추게 된다. 방어적인 사람들에게 이렇게 대화를 시작할 수 있다.

"당신을 비난하려는 것이 아니에요. 그저 제 감정을 나누고 싶어요. 괜찮을까요? 제가 말하는 것을 들어줄 수 있나요?"

페이는 쓰레기 버리는 문제로 친구 스튜어트와 갈등을 겪은 지 오래다. 스튜어트는 쓰레기 버리는 일을 맡겠다고 했지만, 스스로 하지 않고 페이가 잔소리를 하거나 "차라리 내가 할게"라며 신경질을 내면 그제야 마지못해서 하곤 했다. 페이는 나 대화법을 써보기로 했다. 먼저

_____

[*] 토머스 고든의 표현이 상대의 행동-내 감정-나의 바람이라면, 린 로트는 내 감정, 이유, 나의 바람으로 변형해 표현했다_옮긴이

자신이 말하길 원하는 것을 속으로 한번 말해보았다. 그리고 또다시 쓰레기가 넘치는 날, 페이는 스튜어트에게 다가가 말했다. "난 화가 나. 쓰레기가 넘치는 걸 봤거든. 지금 비우는 것이 좋겠어." 스튜어트가 사과하자 페이는 다시 말했다. "우리는 약속을 했고 우리 둘 다 약속을 지키면 좋겠어." 스튜어트는 말을 얼버무리며 서둘러 쓰레기를 버리러 나갔다.

이런 대화는 간단해 보이지만, 두 가지 부분에 어려움이 있다. 첫째는 당신의 감정을 정확히 알아차리는 것이고, 둘째는 존중하는 메시지를 전해야 한다는 것이다. 이때 주의할 점은 '너'라는 단어를 사용하지 않는 것인데, 이는 듣는 사람에게 방어적이고 저항하는 태도를 취하게 하기 때문이다. 메시지를 전달하는 게 그 사람이 그 행동을 한다는 것을 의미하지는 않는다. 상대의 변화가 아닌 당신이 할 수 있는 것에 집중하는 게 중요하다. 만약 상대가 당신이 원하는 대로 하지 않는다면, 그때 무엇을 할지는 또 당신이 결정할 수 있다.

삶에서 만나는 생각, 감정, 행동 패턴

샌드라는 언니 엘리와 몇 년째 문제를 겪고 있다. 그녀는 상담사의 제안으로 관계 워크숍에 참여했다. 워크숍에서 샌드라는 자신의 문제를 해결하고 싶다며 지원자로 나섰고, 강사는 그녀의 문제를 생각, 감정, 행동 패턴으로 다루었다.

강사는 샌드라에게 언니와 어떤 문제가 있는지 물었다. 그러자 샌드라는 눈물을 흘렸다. 강사는 눈물을 흘리는 것은 괜찮다며 샌드라가 이야기할 준비가 될 때까지 기다려주었다. 잠시 후 샌드라는 언니와 있었던 최근의 일을 말하기 시작했다. "언니는 크리스마스나 추수감 사절 가족 행사를 전과 다르게 진행하겠다고 저와 상의도 없이 전화로 통보했어요. 그때 언니가 예전처럼 저를 지우려는 느낌을 받았죠. 전 화가 나서 대화를 이어가기가 힘들었어요. 그래서 전화를 끊어버렸어 요. 전화를 끊고 하염없이 눈물이 났죠."

강사는 샌드라에게 "당신의 생각, 감정, 행동을 알아보고 상황을 개 선하는 데 좋은 기회가 될 거예요"라고 말하며 그녀가 진정되길 기다 렸다가 질문했다.

"상황이 어떻게 해결되길 원하죠? 어떻게 해결되길 원하는지 생각 해보는 것은 문제 해결에 정말 중요해요."

샌드라는 "뭔가 중요한 결정을 할 때 저를 포함해주면 좋겠어요. 그 게 다예요"라고 말했다.

강사는 원 3개를 그리고 원 아래에 생각, 감정, 행동이라고 썼다. 그 리고 그 밑에 샌드라의 목표인 '결정 과정에 함께하기'를 적었다.

"그럼 문제에 대한 당신의 생각이 감정에 어떤 영향을 미쳤는지, 또 당신의 감정은 그 상황에서 행동에 어떤 영향을 미쳤는지 살펴봐요"라고 강사가 말했다.

그런 다음 강사는 언니가 독단적으로 가족의 계획을 바꿨다고 말했을 때 어떤 감정이었는지 물었다. 샌드라는 "폭발할 것 같았어요"라고 말했고 강사는 '폭발할 것 같았어요'는 생각이며 감정이 아니라고 설명해주었다. 그러면서 "감정은 한 단어예요. 폭발할 것 같았을 때의 감정은 뭐죠?"라고 물었고 잠시 후 샌드라는 "몹시 화가 난"이라고 말했다. 강사는 '몹시 화가 난'이라는 단어를 두 번째 원에 썼다.

그런 다음 강사는 샌드라에게 '몹시 화가 난' 순간 어떻게 행동했는지 물어보았다. 샌드라는 "울었어요"라고 대답했고 강사는 마지막 원에 '울기'라고 적었다.

"당황스러웠고 눈물이 났네요. 이런 일이 일어날 때 어떤 생각이 들었나요? 당신의 머리에서 일어나는 생각 말이죠." 강사의 질문에 샌드라는 잠시 생각하더니 "모르겠어요"라고 말했다. 강사는 "괜찮아요. 많은 사람이 생각을 찾는 것이 어려워 처음에는 그렇게 말해요. 생각을 알아차리지 못하는 거죠. 언니가 전화해서 당신에게 이야기했을 때 그 순간 어떤 생각이 들었는지 다시 생각해볼까요?"라고 했고, 샌드라는 잠시 후 "언니가 저를 빼고 그런 결정을 한 것을 믿을 수가 없었어요"라고 말했다. 강사는 첫 번째 원에 샌드라의 말을 옮겨 적었다.

강사는 원을 가리키며 참가자들에게 말했다. "샌드라의 생각, 감정, 행동 패턴을 볼까요? 자신이 중요하게 여겨지지 않는다는 생각과 몹시 화가 난 감정 그리고 울기라는 행동으로 정리되네요." 그러고는 샌드라를 보며 말을 이어갔다. "이런 패턴은 '결정 과정에 함께하기'라는 당신의 목표에 효과적인가요? 그럼 이제 업그레이드된 패턴을 만들어볼게요. 다시 원을 3개 그릴게요. 이 패턴은 목표를 이루는 데 더 효과적이죠."

강사는 샌드라에게 "몹시 화가 난 감정 대신 어떤 감정이었으면 좋겠나요?"라고 질문했다. 잠시 생각하더니 샌드라는 "모르겠어요"라고 대답했다. 강사는 "평소 감정 단어를 자주 사용하지 않았다면, 하나를 고르는 것이 어려울 수 있어요"라고 말하며 (1주 차에 있는) 감정 차트를 보여주고 하나를 고르게 했다. 샌드라는 '평온한'을 선택했다. 강사는 '평온한'을 새로운 패턴의 가운데 원에 썼다.

강사는 다시 질문을 이어갔다.

"만약 평온한 감정이라면 어떻게 행동할까요?"

"그럼 전 차분한 목소리로 제가 원하는 것을 말할래요."

강사는 '차분한 목소리로 원하는 것 말하기'를 3번째 '행동' 원에 적었다.

"그럼 평온한 감정으로 원하는 것을 차분하게 말하게 된다면, 자신에게 어떤 생각이 들까요?"

"'원하는 것을 언니에게 말할 수 있다'는 생각이 들 것 같아요."

강사는 첫 번째 원에 생각을 적었다.

마지막으로 강사는 "이제 새로운 패턴이 완성되었어요. 이 패턴은 원하는 목표를 이루는 데 도움이 되나요?"라고 질문했고 샌드라는 고개를 끄덕였다.

꼭 워크숍에 참여하지 않더라도 이 책을 보면서 자신의 생각-감정-행동에 관한 새로운 패턴을 만들어갈 수 있다. 이 활동은 관계의 어려움을 해결하는 데 효과적이다.

느끼는 감정, 다른 방법을 의미하는 행동, 자신에게 말하는 생각을 우리는 선택할 수 있다. 어떤 사람은 감정을 바꾸는 것이 쉽고, 어떤 사람은 생각을, 또 어떤 사람은 행동을 바꾸며 패턴을 바꾸는 것이 쉬울 수 있다. 무엇을 먼저 바꿀지는 중요하지 않다. 이 과정을 통해 스스로 격려하는 방법을 발견할 수 있다는 것이 중요하다.

액션 플랜: 생각, 감정, 행동을 업그레이드하기

읽거나 공부하는 것은 변화의 첫걸음이다. 하지만 변화의 완성은 실천과 연습이다. 이 실천으로 낙담에서 격려로 나아간다. 아래에 생각, 감정, 행동에 관한 제안이 있으니 그중에 선택해서 실천한다.

생각에 관한 제안

1. '마법 같은 생각'에 빠지지 마라. 상대가 변화하길 바라기보다 존재로서 타인을 신뢰하라. 독사는 여전히 독사다. 똬리를 틀고 자고 있더라도 여전히 독사다.
2. 스스로 단정하지 말고 상대의 생각을 물어보라.
3. 서로가 다른 현실에서 살고 있고 다른 라이프스타일이 있다는 것을 인정하라. 우리는 서로 다른 방식으로 세상을 바라본다.

감정에 관한 제안

1. 당신의 감정에 집중한다. 당신의 하루 감정을 한 단어로 적어 감정 목록을 만든다. 감정 차트를 활용하면 더 다양한 감정을 찾을 수 있다.
2. 매일 누군가에게 자신의 감정을 소리 내어 말한다.

3. 내 생각과 감정을 '나 대화법'(내 마음이 _____. 왜냐하면 _____.)으로 말한다. 상대가 방어적인 태도에서 경청하는 자세로 바뀔 것이다.

4. 안전하지 않고 존중하지 않는 상황을 피하기 위해 몸에서 화가 일어나는 징후를 알아차린다. 스스로 진정하는 법을 연습한다. 그리고 그 사람을 만난다.

5. 만약 화를 거칠게 표현하는 사람이 있다면 그에게 감정은 들어줄 수 있지만, 이러한 공격은 받아들일 수 없다고 알려준다. 그래도 공격을 계속한다면, 그 사람이 진정하고 존중하는 방식으로 말할 때까지 자리를 피한다. 그런 다음 문제를 해결한다.

6. 친구와 대화할 때 머리, 가슴, 단전에 손을 올려본다. 그리고 어떤 변화가 있는지 살펴본다.

7. 화나는 사람이 있다면, 그 사람에게 당신이 왜 화가 났는지에 대해 편지를 쓴다. 보낼 필요는 없다. 다 썼다면 편지를 찢거나 서랍 안에 두면 된다. 그러나 꼭 보내고 싶다면 하루 정도 지난 뒤 다시 읽어보고 다음 날 보내라.

8. 자기감정의 목소리를 듣는 데 인색하지 마라. 그 감정이 당신을 안내하는 것을 신뢰하라.

9. 체육관에 가서 운동을 하거나, 산책이나 달리기를 하라. 그리고 감정이 당신을 이끌도록 하라.

행동에 관한 제안

1. 마음속에 있는 것을 입술에 담아라.

2. 입속에 머무르는 것들을 당신의 발끝으로 실천하라. 말보다 실천

이다.

3. 당신이 원하는 모든 것을 원할 수 있다. 부탁할 수도 있다. 하지만 다 가질 수 없다는 것을 기억하라.

4. 원하는 것을 얻기 위해 어떻게 할지 당신이 결정한다. 하지만 당신이 행동을 결정했다고 해서 타인이 당신의 방식대로 반응할 것을 기대하지는 마라.

현실에 열린 자세를 가져라

격려란 성장과 변화에 대한 열망과 현실에 대한 열린 자세를 의미한다. 나와 내 안에서 일어나는 일들을 알아차리면서 '그건 그저 일어난 일이야'라는 것을 받아들이게 된다. 그리고 수많은 선택지를 만나게 된다. 이 선택지는 내 생각, 감정, 행동을 바꾸는 것과 관련이 있는데, 이것들은 서로 연결되어 있기 때문에 하나를 바꾸면 나머지도 바뀐다. 대부분 사람의 생각과 다르게 약물의 도움 없이도 많은 문제를 해결할 수 있다.

다음의 10가지 제안은 저자 린 로트가 최근 여행 중에 배운 10가지 지혜다. 어쩌면 당신의 여행 중에서도 경험할 수 있을 것이다. 어린 시절부터 품어온 비밀스러운 바람이 있다면 바로 지금이 다시 꺼낼 때다. 나와 주위 사람을 격려할 것들을 생각해본다. 때론 나아가기 위한 계획보다 지금까지의 발자취를 되돌아보며 배운다.

1. 당신의 꿈과 동행하라.

2. 당신을 알고 지원하는 사람들과 함께하라.

3. 완벽한 계획도 어그러질 수 있다. 늘 실수를 모험으로 바꿀 준비를 하라.

4. 가족과 연결하라.

5. 친구와 시간을 보내라.

6. 내가 되어야 한다고 생각하는 대로 삶은 늘 되지 않는다. 그러니 예상하지 못한 상황에 늘 대비하라.

7. 당신에게 적합한 루틴을 만들어라.

8. 기대하지 않는 것들을 환영하라.

9. 친숙한 것을 새로운 시각으로 만나라.

10. 나쁜 것은 나쁜 것이다. 그러니 그 상황을 일부러 좋게 꾸며 보이지 마라.

삶은 돌고 도는 동그라미와 같다. 끝이라고 생각한 순간도 끝이 아니다.

건강한 관계로
나아가기

　다른 사람이 태도나 행동을 바꾸길 기다리고 있는가? 또는 당신의 삶이 나아지길 그저 기다리고 있는가? 아니면 주변 사람들과의 관계에서 생긴 문제를 당신의 탓으로 돌리고 있는가? 혹시 당신은 늘 운이 없다고 믿지는 않는가? 당신의 정신적·정서적·육체적 건강은 배우자나 가족, 친구, 직장 동료 그리고 가장 중요한 자기 자신과의 관계에 달렸다.

　자신과 주위를 격려하기 위해서는 사람들과의 관계에 대한 새로운 생각을 만날 필요가 있다. 진정한 변화는 당신으로부터 시작된다. 자기와 타인을 비난하거나 환경의 희생양이라고 느끼는 대신 존중과 협력, 수평적 관계를 통해 격려를 형성하여 주변과 건강한 관계를 맺을 수 있다.

관계란 무엇인가

많은 사람이 관계에 대해 분명한 상을 그리지 못할 것이다. 관계를 이해하기 위해 관계의 배 그림(Relation ship)을 소개하려고 한다. 이 그림은 문제를 겪고 있는 사람들의 어려운 관계를 시각적으로 제시하여 그것을 쉽게 이해하는 데 도움을 준다. 여기 몇 종류의 관계를 보여주는 배 그림이 있다.

첫 번째 배에선 한 명은 노를 앞으로, 다른 한 명은 노를 뒤로 젓는다. 배는 어디로도 갈 수 없다. 이는 마리언이 패트릭과의 관계를 그린 것으로 자녀 양육에 대한 완전히 다른 접근을 묘사했다. 아내의 목표는 아이가 어른의 권위에 순종하고 배에서 엄마가 내리라면 "네, 어머니"라고 말하며 뛰어내릴 정도로 부모 말에 따라 행동하는 아이로 키우는 것이고, 남편은 그와 정반대로 권위에 질문하는 아이로 키우는 것이었다. 문제는 아이를 훈육할 때 아이에 대한 기대와 허용이 서로 완전히 다른 것이다.

토비는 최근 동료와 동업을 시작했다. 이 관계 그림에서 토비는 열

심히 노를 젓지만, 동료는 그저 잠만 잔다. 토비는 자신이 그린 그림을 보면서 왜 그토록 화가 났는지 이해되었다. 엄청난 일에 파묻혀 지지받지 못하며 모든 책임을 혼자 지고 있는 자신을 보았다.

수잔은 절친 애니가 결혼 후 임신을 하고부터 혼자 남겨진 것처럼 외로웠다. 애니는 전과 다르게 결혼 후에는 보험, 대출, 새로운 가족과 남편에 관한 이야기만 했다. 그나마 만나는 시간도 제한적이었다. 수

잔은 여전히 혼자인 삶과 똑같은 일을 10년 동안 반복하는 자신이 걱정되었고, 애니와 만났을 때도 애니의 결혼 전에 만날 때마다 느꼈던 즐거움을 이제는 거의 느낄 수 없었다. 수잔은 떠나가는 애니의 배에 묶인 지푸라기 끈을 끌고 있다.

게리는 아빠가 가르쳐준 삶의 가치, 즉 열심히 일하고 돈을 절약하고 사회적으로 왕성하게 활동하는 것을 따르고 있다. 하지만 행복하지 않고 지루한 데다 만족스럽지도 못하다. 부모 집을 들렀을 때, 부모는 게리에게 어떻게 지내는지 물어보았고 아빠는 그 후 다시 아들의 삶의 방향을 제시하는 잔소리를 시작했다. 아빠는 게리의 상황이 나아지길 바라기보다 어떤 삶을 살아야 하는지에만 집중했다. 게리의 그림은 메가폰을 잡은 아빠가 게리의 노 젓는 순간순간을 비난하는 모습이다.

알아차리기 활동: 당신은 건강한 관계를 유지하고 있는가?

개선하거나 다루고 싶은 관계를 떠올린다. 그런 다음 이 관계가 어떠하면 좋겠는지 생각한다. 다음 단계로 나아가기 전 몇 분 동안 관계에 대한 그림을 그린다. 관계를 개선하기 위해 지금의 관계를 시각적으로 확인할 수 있다. 그림을 잘 그릴 필요는 없다. 형태와 선만으로도 충분하다.

관계의 배 그림 위에 제목을 쓴다. 그다음 등장인물 위에 말풍선을 그리고 그 안에 어떤 말을 할지를 쓴다.

마지막으로 당신이 그린 그림에 관해 이야기 나눌 사람을 만난다. 당신이 문제를 어떻게 바라보는지 설명한 다음 상대방에게 이 문제를 어떻게 바라보는지 물어보라. 당신의 사적 논리를 다른 시각으로 바라보는 것은 늘 도움이 된다. 자신이 그린 그림에서 배운 점은 무엇인가? 또 상대방과의 대화에서 배운 점은 무엇인가?

케이샤는 자신은 땀을 흘리며 노를 저으면서 노래를 부르고, 동생은 비키니를 입고 맞은편 뱃머리에 걸터앉아 음료를 마시는 그림을 그렸다. 케이샤의 그림 제목은 '내 노력은 밑 빠진 독에 물 붓기'이다. 그녀의 말풍선에는 "어려운 일이지만, 노래를 부르면 할 수 있어" 그리고 여동생의 말풍선에는 "언니는 왜 그리 열심이야. 왜 나랑 시간을 보내지 않지?"라고 쓰여 있다.

케이샤는 관계의 배 그림을 보고는 같은 상황에 대해 자신과 동생이 전혀 다른 해석을 하고 있다는 것을 알게 되었다. 처음에는 상처받고 화나고 이해할 수 없었고 여동생에게 괴롭힘을 당하는 느낌이었다. 그림을 친구에게 보여주었더니 친구가 물었다. "케이샤, 동생이 원하는 게 무엇인 것 같아?"

케이샤는 "내 생각에는 동생이 내 기분을 망가뜨리고 싶어 하는 것 같아"라고 대답했고 친구는 웃으며 이야기를 이어갔다. "네 동생은 아마도 너의 관심이 필요한 것 같아. 함께한다는 것에 대한 생각이 서로 다른 듯해."

케이샤는 이해되지 않아 더 구체적으로 말해달라고 했다. 친구가 한 가지 제안을 하며 말했다. "아마 네 동생은 옆에 나란히 앉아 같이 노를 젓기를 바랄지도 몰라. 아니면 잠시 쉬면서 음료를 같이 마시거나 그냥 수다를 떨거나 나가서 놀고 싶어 하는 걸지도 모르고. 근데 할 수 있겠어?"

케이샤는 친구의 제안에 대해 생각하면서 동생에게 전화를 걸었다. "언니가 일에 치여 살았어. 너랑 만나서 편하게 점심이나 저녁을 먹으면서 그저 시간을 보내고 싶어. 그럴 수 있어?" 동생은 조금의 망설임도 없이 "언제든 환영이지"라고 답했다.

건강한 관계의 열쇠

앞에 나온 관계의 배 그림이나 자신의 관계에 대한 배 그림을 보면서 어떤 관계가 좋은 관계인지를 친구에게 말해주고 있다고 상상해보라. 그 관계의 대상은 직장이나 친구, 아니면 배우자일 수도 있다. 앞에서 본 그림과 같은 관계가 좋은 관계라고 친구에게 말해줄 수 있는가? 아니면 비판적이거나 내향적이고, 독재적이거나 옹졸하며, 정직하지 않고 조롱하거나 깎아내리는 사람과 관계를 맺으라고 말할 수 있는가? 물론 아닐 것이다.

우리는 관계마다 다르다고 믿거나, 관계를 변화시키는 법을 잘 모르거나, 더 좋은 관계를 만들 거라는 믿음이 없어서 지나치게 참고 지내는 것일 수도 있다. 아니면 변화하는 것이 어려워 낙담하거나 무기력을 느끼는지도 모른다.

알아차리기 활동: 관계 척도 체크리스트

많은 사람이 어떤 관계가 건강한 관계인지를 헷갈리곤 한다. 그래서 건강한 관계를 확인할 수 있는 문항을 준비했다. 이 문항들에 점수를 표시하기 전에 지금 만나는 중요한 관계를 떠올린다. 그리고 각 문항을 읽으면서 항상 그렇다면 3점, 대부분 그렇다면 2점, 가끔 그렇다면 1점, 전혀 그렇지 않다면 0점을 표시한다.

질문	점수
서로 건강한 관계에서 _____ 한다.	
자신와 타인을 존중한다.	
안전함을 느끼며 타인을 신뢰한다.	
사람들 앞에서 내 모습을 있는 그대로 보여주고 내 모습 그대로 인정받는다.	
함께 즐거운 시간을 보낸다.	
혼자만의 시간을 가진다.	
경쟁보다는 협력적이다.	
함께 성장할 거라고 기대한다.	
공통의 관심사를 나눈다.	

주 관계 외에도 다양한 관계를 가지라고 지지받는다.	
주고받는다.	
갈등 상황에서 윈윈 해결책을 선택한다.	
정직하게 의사소통한다.	
방어적이거나 고쳐야 한다는 생각 없이 그저 감정을 나눌 수 있다.	
다름을 가치 있게 여긴다.	
판단하기보다는 호기심을 가진다.	
배우려는 자세를 가진다.	
내가 원하는 것을 알아차리고 해주길 바라기보다 원하고 필요한 것을 부탁한다.	
참거나 욱하지 않는다.	

　전체 문항을 합한 점수가 41~54점이라면 건강한 관계다. 25~40점이라면 비교적 건강한 관계. 13~24점이라면 대체로 건강하지 못한 관계고 0~12점은 건강하지 못한 관계. 이 문항들은 현재 관계의 건강함을 평가하는 데 도움이 될 뿐 아니라 당신이 가고 싶은 방향과 계속하고 싶은 것을 알려줄 수 있다.

　이렇게 점수를 확인하는 것이 불편하더라도 절망하지 마라. 정말 관계를 개선하고 싶다면, 건강한 관계를 만들고 유지할 수 있는 작은 단계들을 찾기 위해 이 책을 읽어나가면 된다. 작은 단계가 큰 변화를 만들 거라는 믿음을 가지면서 말이다.

　관계가 건강한지, 그렇지 못한지를 알아보는 또 다른 방법으로 다음

두 개의 원을 소개한다.

　8주 차를 읽고 연습하고 사용할수록 당신의 관계는 건강하지 못한 왼쪽 원에서 건강한 오른쪽 원으로 바뀌게 된다. 건강하지 못한 관계란 오랜 시간을 최악의 기분으로 보내는 것을 의미한다. 이런 관계에서는 앞의 체크리스트에 있는 건강한 관계를 위한 방법을 연습할 때조차 기분이 좋지 않을 것이다. 건강한 관계는 파이의 작은 부분인 기분이 좋지 않은 상태일 때도 다시금 정상적인 관계로 돌아오게 하려고 둘 다 함께 노력하는 관계를 의미한다. 어떤 사람들은 오랜 시간 중에 조금이라도 좋은 시간이 있다면 좋은 관계라고 생각한다. 하지만 이는 짧게라도 좋은 시간이 있다면 그 짧은 순간에 머물러야 한다고 생각하면서 자신을 속이는 것이다.

건강한 관계로 나아가는 4가지 길

　네거리 갈림길에 서 있다고 상상해보자. 4가지 방향은 모두 당신을 좀 더 건강한 관계와 더 나은 삶으로 향하게 한다. 어떤 길로 가든지 당신이 겪은 불편하거나 만족스럽지 않았던 관계를 이해하는 데 도움이 된다.

당신의 스타일, 향상하고 싶은 관계, 호기심에 따라 방향을 먼저 선택할 수 있다. 각각의 방향은 매우 중요하기 때문에 8주 차의 나머지 부분에서는 당신의 관계에 이 4가지 길을 어떻게 통합할 수 있는지를 보여줄 것이다.

1. 수직적 관계에서 떠나라

어쩌면 수직적 관계에 대해 단 한 번도 생각해보지 않았을 수도 있다. 그러나 관계는 수직적이거나 수평적이다. 수평적 관계에서는 사람들은 서로의 다름과 상관없이 서로 평등(Equal)하게 대한다. 천 원짜리 지폐와 100원짜리 동전 10개를 생각해보자. 천 원짜리 지폐와 100원짜리 동전 10개는 같은 가치를 가졌지만, 지갑에 가지고 다니기엔 지폐가 더 편리하다. 하지만 동전은 자판기나 적은 돈을 사용해야 할 때 편리하다. 수평적인 관계는 같은 가치의 동전과 지폐와 같다. 수평적 관계의 사람들은 비록 직업, 역할, 기술, 경험, 관심이 다를지라도 같은 가치가 있다.

이와는 다르게 수직적인 관계가 있다. 사람들을 똑같은 중요도로 보지 않는 것이다. 때로는 교묘하게, 때로는 드러내놓고 누군가를 우월하게 또는 열등하게 대하는 것을 의미한다. 다음의 차트를 참고하라.

수평적 관계 vs 수직적 관계

수평적 관계	수직적 관계
사람을 평등하게 대한다.	우월하고 열등한 존재로 대한다.
스스로 자신감을 갖고 타인을 격려한다.	스스로 부적절한 감정을 갖고 타인을 낙담시킨다.
긍정적인 감정을 불러온다.	부정적인 감정을 불러온다.
솔직하고 유연하며 기여하고 열린 태도를 지닌다.	자신이 옳다고 주장한다.
자신을 사랑하고 타인을 존중한다.	자신을 낙담시키고 타인을 비난, 비판하고 고치려 하거나 벌주고 위협한다.
평등을 강조한다.	자신이나 타인을 '단지 _____'. 예를 들어 단지 여성이나 희생자, 피교육자 등으로 구분한다.
나누고 받는 것을 연습한다.	상대가 돌봐주기를 기대하거나 자신은 그럴 만한 자격이 있다고 생각한다.
원원 해결책을 찾으려 노력한다.	군림하거나 지거나 또는 비난할 것을 찾는다.
친절하며 단호하다.	허용적이거나 제압적이다.
협력을 강조한다.	경쟁과 힘을 강조한다.
사랑의 힘을 믿는다.	힘을 사랑한다.
다름에 가치를 둔다.	옳고 그름으로 나누려 한다.
상호존중을 연습한다.	도덕적 우월성을 강조한다.
모두가 배울 수 있는 환경을 만든다.	소수의 전문가와 나머지로 나눈다.
'우리'를 강조한다.	나의 것, 너의 것, 그들의 것을 강조한다.

호기심을 가진다.	모든 것을 아는 것처럼 행동한다.
자신의 행동에 책임지고 다른 사람도 그렇게 하길 기대한다.	판단, 비난, 비판하거나 잘못을 찾으려 한다.
자신을 바꾼다.	타인을 바꾸려 하거나 통제한다.
감정적으로 솔직하다.	감정을 이용하여 상대를 위협하거나 교묘하게 활용한다.

간호사인 카슨은 수직적·수평적 관계를 알게 된 것이 큰 도움이 되었다. 카슨은 10년 넘게 가정의학과에서 일하며 많은 환자를 잘 알고 있다. 카슨이 하는 일은 어른과 아이들에게 주사를 놓거나, 여행을 떠나는 사람들에게 예방접종을 하거나, 다친 사람들에게 파상풍 주사를 놓는 것이었다. 카슨이 이 일을 하면서 알게 된 건 어떤 사람도 주사를 맞으려 하는 순간 아기가 된다는 것이다. 카슨은 주사를 안 아프게 놓는 달인이고 심지어 가장 겁먹은 환자에게도 주사를 놓는 데 능숙했다. 환자들은 그런 카슨에게 고마워했고 우호적이었다. 카슨은 자신과 환자들이 수평적인 관계라고 생각했다.

그러던 어느 날, 카슨은 실수로 한 환자에게 다른 약으로 주사를 놓았다. 환자는 그 사실을 알고 카슨에게 폭언을 퍼부었다. 카슨은 그 약물이 어떤 부작용도 낳지 않는다고 침착하게 설명했지만, 직업이 세무사였던 환자는 다음 날도 약물의 부작용을 확인하기 위해 몹시 화를 내며 병원을 찾았다.

카슨은 환자의 민원으로 깊은 충격에 빠졌다. 비록 동료들이 고의가 아니었다고, 누구든 한 번은 할 수 있는 실수라고 안심시켰지만, 카슨은 고통스러웠다.

그 순간 카슨은 다시 수직적·수평적 관계 차트를 확인했다. 그러고는 수직적 관계에 있는 자신을 발견했다. 카슨은 자신을 '난 그저 간호사인걸'이라고 판단하고 있었다. 세무사라는 전문직을 가진 환자와 달리 자신은 그저 간호사에 불과하다고 생각했던 것이다. 비록 환자가 거칠고 무례하다는 것을 알지만, 이런 상황을 통제하지 못한 자신에 대한 비난과 이 사건을 유발한 자신의 실수에 스스로 낙담하고 있었다. 카슨은 스스로 파놓은 구덩이에서 헤어나지 못했다.

카슨은 스스로 기분이 나아지기 위해 수직적 관계에서 수평적 관계로 나아가기로 결심했다. 그가 찾은 돌파구는 흥분하는 환자를 상대하는 연습이었다. 동료에게 민원을 제기하는 역할을 부탁했고 흥분하지 않은 채 그 민원에 응대하는 법을 연습했다. 그 후 카슨은 불만을 제기하는 환자에게 여유 있는 표정으로 다음과 같이 말해줄 수 있었다. "믿지 않겠지만 사실 당신보다 제게 더 불편해요."

알아차리기 활동: 수평적 관계인가? 수직적 관계인가?

관계가 수직적인지 수평적인지 알 수 있는 아주 간단한 활동이 있다. 바로 자신에게 다음과 같이 물어보는 것이다. 매우 좋거나 나쁜 소식이 있을 때 가장 먼저 부를 사람은 누구인가? 그 사람이 바로 수평적 관계의 사람이다.

반대로 주위의 싫어하는 사람이나 관계에서 어려움을 겪고 있는 사람을 떠올려보라. 당신을 화나게 하거나 방해하거나 무력하게 하는 그 사람의 특징은 무엇인가? 아마도 그 사람과는 수직적 관계일 것이다.

마지막으로 주위 사람들과 있을 때, 내 옆에 있는 사람들이 어떤 기분을 느끼길 원하는지 자신에게 물어보라.

그러기 위해 앞의 차트에서 어떤 것을 시도해볼 의향이 있는가?

어떤 것을 덜 하고 싶은가?

잠시 생각해본 후 알게 된 것을 적어본다.

2. 경쟁에서 협력으로

많은 사람은 수직적인 관계의 가정에서 살았고 경쟁을 중요하게 여기는 가치 속에서 자랐다. 그래서 어쩌면 협력이 무엇인지, 수평적인 관계가 어떤 것인지 경험한 적이 없고 그것이 무엇인지 알지 못할지도 모른다. 경쟁을 최소화하고 협력을 극대화할 때, 관계 속에서 더 큰 즐거움을 찾을 수 있다.

자신을 타인과 비교하며 수직적 관계를 포함하는 경쟁에 대해 생각해본 적이 없을 수도 있다. 누가 더 낫고 못한지, 누가 옳고 그른지를 따지면서 말이다. 하지만 자신을 누군가와 비교할 때, 당신은 늘 승자와 패자의 기분을 느끼게 되는데 이는 어린 시절 익힌 절대적 판단에 기초한다. 이는 자신이 타인과 어떻게 다른지에 관심을 두는 것과는 다르다. 또한 다른 사람한테서 더 배울 수 있다고 보지도 않는다. 오히려 비교를 통해 스스로 늘 충분하지 않다고 생각한다.

어릴 적, 경쟁은 부모가 양육할 때 사용하는 방법의 하나다. "형처럼 하지 말라고" "왜 언니처럼 그렇게 하지 못하니?"와 같이 말하면서 말이다.

어쩌면 어떤 종교와 인종이 더 우월한지, 부자인지 아닌지 등에 따라 더 낫고 그렇지 않은 것으로 고려하는 문화에서 자랐을 수도 있다. 아니면 다른 아이들과 재능, 능력, 노력, 성취 등을 비교하거나 비교당하면서 자랐을 수도 있다. 보통 학교에서 얻는 점수는 이런 등급을 매기는 데 매우 일반적이다. 어린 시절 잘한 행동 옆의 칭찬 스티커와 나쁜 행동 옆의 블랙 마크를 기억하는가? 이런 것들이 친구들 사이에서 당신의 위치를 한눈에 볼 수 있게 했다. 이것들도 모두 경쟁이다.

타인과 수직적 관계를 맺는 것은 우월하든 열등하든 상관없이 위태로운 일이다. 타인보다 한 단계 위에 있는 것도 서로에게 낙담이 된다. 당신은 다른 사람들에게 추월당하지 않도록 자리를 지켜야 한다. 또 수직적인 관계에서는 타인과의 관계가 의존적으로 된다. 타인보다 더 우월하거나 열등하길 결심하면서 격려를 느낄 수는 없다. 왜냐하면 당신의 가치는 늘 타인보다 위에 있는지 아래에 있는지에 따라 달라지기 때문이다.

타인과 자신을 비교하는 것은 어린 시절 당신이 어디에 있는지를 알고자 했던 방식이다. 지금은 당신의 가족, 동료, 배우자, 친구들이 무엇을 잘하는지 보면서 꼭 그들처럼 해야 한다고 생각하지 않아도 된다는 것을 아는 어른으로 성장했다. 또한 그들처럼 잘해야 하고 그들과 같은 사람이 될 필요는 없다는 것도 알고 있다.

관계에서 경쟁을 줄이고 협력을 늘릴수록, 더 나은 기분에서 더 잘할 수 있게 될 뿐 아니라 관계도 더욱 좋아진다. 만약 부모라면 더 큰 선물을 받게 된다. 이제 경쟁의 부정적 효과 그리고 다름과 다양성의 가치를 배우고 타인과 공동의 목표를 세워보자. 누가 더 잘하는지를 비교하지 않으면서 말이다.

알아차리기 활동: 당신은 경쟁적인가?

2주 차에서 다룬 가족의 가치와 분위기가 경쟁과 관련 있는지 확인한다. 그리고 지금의 문제를 생각해보라. 누구와 어떤 방식으로 비교하거나 경쟁하는가? 이 경쟁은 당신에게 도움이 되는가? 또는 경쟁 방식을 선택하고 있는가? 경쟁에서 벗어나기 위해 당신은 무엇을 할 수 있는가?

과거에서 온 여행 가방

경쟁에서 협력으로 나아가기 위한 또 다른 방법은 과거에서 온 여행 가방이 다른 사람들과 어떻게 다른지를 알아보는 것이다. 어린 시절 가졌던 결론이나 생각으로 가득 찬 여행 가방을 싸고 있다고 상상해보자. 아마 이 생각과 결론은 당신의 일생에 영향을 미쳤을 것이다. 어른의 세계에서 어른의 몸을 가지고 있지만, 어린 시절에 가졌던 생각이나 결론은 여전히 당신의 삶에 영향을 미친다.(이 활동은 린 로트, 캔츠, 웨스트의 『To know me is to love me』에서 참고함)

여행 가방 안에는 돈, 교육, 성, 남성, 여성, 일, 아이, 여가, 종교, 지령, 결혼, 사랑, 정치 등의 짐이 들어 있다. 관계에서 당신이 만나는 사람과 이 주제에 대한 관점이 비슷할 때 더 적은 스트레스를 받게 된다. 만약 이 짐에 대해 관점이 다르다면, 갈등을 겪기 쉽고 그때 왜 서로 갈등을 겪는지 이해하지 못하기도 한다. 서로 다른 현실에서 산다는 것을 받아들이기 전까지 어쩌면 상대가 고집이 세고 당신에게 시련을 준다고 생각할 수도 있다.

어린 시절 당신이 어떤 짐을 여행 가방에 담았는지를 이해하고 싶다면, 당신이 관심을 가지는 어떤 주제든지 목록을 만들어본다. 중요하다고 생각하는 주제를 자유롭게 추가하면 된다. 그 주제를 보면서 떠오르는 것을 자유롭게 쓴다. 만약 무엇을 써야 할지 모른다면 자라면서 그 주제에 관해 어떤 이야기를 들었는지, 어떤 메시지를 받았는지를 쓴다. 어린 시절 집에 걸려 있었던 표어나 문구들을 떠올려보는 것도 도움이 된다.

아래는 블레이크와 바트의 여행 가방 안에서 발견한 메시지들이다.

블레이크	바트
병: 때론 죽을 수도 있는 것 여가: 어디론가 멋진 곳으로 떠나는 것 일: 놀기 전에 해야 하는 것 성: 한 달에 한 번	병: 혼자임을 느끼는 시간 여가: 통나무 집으로 떠나기 일: 너무 열심히 일하면 일찍 죽는다. 성: 결코 만족스럽지 않은

블레이크와 바트는 작성한 목록을 서로 비교하면서 왜 다투었는지를 처음으로 분명하게 이해하게 되었다. 처음에는 이런 다른 점이 서

로에게 매력적이었다는 사실에 당황하기도 했다. 만약 관계 문제를 해결하고 싶다면, 그 사람과 어떻게 다른 여행 가방을 꾸리고 있는지를 살펴봐야 한다. 관계에서의 불화와 조화의 근원에 대해 생각해볼 필요가 있다. 서로 비교하면서 어떤 한 가지가 옳다는 생각만 피한다면, 해결책을 찾을 수 있을 것이다. 아니 적어도 서로의 차이를 이해하고 받아들일 수는 있을 것이다.

옳고 그름에 따라 경쟁을 줄일 수 있는 또 다른 방법은 호기심 질문이다. 호기심을 가지고 질문을 한다. 예를 들어 "방학에 좋은 계획이 있나요?" "기분이 좋지 않을 때 어떤 도움이 필요하나요?" 등과 같이 '무엇'이나 '어떻게'에 관한 질문을 한다. 관계에서 옳고 그름과 씨름하지 않고 서로의 숨겨진 생각에 대해 협력적으로 배워갈 때 그 결과는 놀라울 것이다.

알아차리기 활동: 주관적 현실 알아차리기

우리가 서로 다르다는 것에 대한 또 다른 활동은 주관적 현실에 대한 것이다. 바로 당신의 생각이 주관적 현실이다. 사람마다 생각이 다르다. 즉 다른 주관적 현실에 살고 있다. 주관적 현실에 대해 더 잘 이해하기 위해 다음 장면을 떠올려보자. 스키장에서 리프트를 바라보는 4명의 사람이 있다. 당신은 어떤 생각을 하고 있는가?

모든 사람은 저마다의 현실에 대한 주관적인 생각, 즉 주관적 현실을 가지고 있다는 점에 주목해야 한다. 이 생각의 차이가 작으면 작을수록 갈등이나 문제가 줄어든다. 만약 사람들이 주관적 현실에서 살아간다는 것을 이해하지 못한다면, 다른 사람들이 당신의 생각과 같을

거라고 단정하고 타인의 생각을 물어보지 않게 된다. 만약 주위 사람들과 갈등이 있을 때, 시비를 가리는 대신 질문한다면 다른 사람들의 주관적 현실을 발견할 수 있다.

3. 상호의존성 기르기

많은 사람은 어른이 되어도 독립적이지 못한 경우가 많다. 여전히 의존적이며 다른 사람들이 관심을 가져주고 지원해야 한다고 생각한다. 나아가 자신의 감정과 잘 생활하는 것에 대해서도 책임져야 한다고 여긴다. 어쩌면 독립에 대한 두려움이 있는데, 이는 자신이 타인을 포기한다고 생각하거나 아니면 그들에게 버려진다고 생각하기 때문이다. 독립하지 않은 개인은 건강한 관계에서 필수적인 상호의존의 단계로 갈 수 없다.

사람들이 상담을 받으러 올 때, 우리의 일 중 하나는 내담자를 성장시키는 것이다. 왜냐하면 성장 과정에서 해결하지 못한 어려움을 포함하고 있기 때문이다. 이런 내담자들에게 우리는 지도를 보여주며 성장으로 이끈다. 이 지도는 태어난 순간부터 타인에게 의존했던 것에서 밀어지는 다양한 길을 보여준다. 의존에서 벗어나 사기효능감, 생각과 행동에서의 독립으로 이끌어 자신이 누구인지를 알고 정신적 · 육체적으로 필요한 부분을 찾게 도와준다. 진정한 독립을 통해 타인과 상호의존을 할 수 있게 된다. 그러면 일을 협력적으로 나누어 하고 서로 응원할 수 있다. 이 지도를 따라간다면, 타인이 당신의 삶을 조종하는 것을 멈추게 할 수 있다. 내 생각과 감정, 행동을 스스로 결정하는 법을 배우게 된다.

이 지도를 사용하기 위해 아래의 활동을 추천한다.

알아차리기 활동: 의존도 체크리스트

바꾸거나 개선하고 싶은 관계를 떠올린다. 다음 질문에 '항상'이라면 0점을, '전혀 그렇지 않다'면 5점을 주면 된다. 또한 정도에 따라 1~4점을 준다.

A. 타인에게 지시하거나 지시받는 것을 삼가는가?

B. 중요한 것에서 적당한 거리를 유지하는가?(시간, 흥미, 친구)

C. 타인의 행복은 그들에게 달렸다고 믿는가?

D. 상대가 불편하더라도 할 말은 하는가?

E. '아니요'라고 말하고 싶을 때 그렇게 말하는가?

F. 기분을 좋게 하기 위한 술이나 약물(처방받은 것 포함)을 금하고 있
   는가?

질문에 답을 하며 이미 자신을 발견했을 수 있다. 다음은 스스로 얼
마나 잘 해결할 수 있는지에 대한 질문들이다. 매우 잘 해결할 수 있다
면 0점, 전혀 그렇지 않다면 5점을 준다.

G. 해야 할 일, 스스로 약속한 것, 상대와의 약속 지키기
H. 집에서 매일 해야 하는 일과와 집안일을 일관되게 유지하기
I. 사회생활에서 해야 할 일과 자신의 상황을 조율하며 일관되게 유
   지하기
J. 직업을 찾거나 유지하기
K. 빨래, 옷 정리, 음식 해결하기
L. 이동수단 해결하기
M. 경제력

이제 A부터 M까지의 총점을 계산한다. 총점이 25점 이하라면, 독립
성이 강한 상태다. 아마 삶을 만족스럽게 느낄 것이다. 26~39점은 조
금 독립적이지만 이 책에서 독립에 관한 중요한 기술을 배울 수 있다.
40점 이상이라면, 매우 의존적인 상태이다. 자신을 피해자라고 여기
거나 삶을 스스로 통제하지 못하며 불편하고 자신을 중요하지 않게 여
긴다.
　당신의 점수와 상관없이, 이 책은 성장으로의 첫걸음을 도와준다.

독립해야 할 필요가 있는 내면아이를 다시 양육해 성장의 길로 이끌어 상호의존의 단계로 초대한다. 만약 긍정의 훈육을 배웠다면 더없이 좋다. 왜냐하면 긍정의 훈육 기술을 자신에게 적용하면 되기 때문이다. 그래서 우리는 격려상담을 긍정의 훈육 플러스라고 부른다.

셀리의 경험은 어린 시절의 트레이닝이 현재의 문제에 어떻게 영향을 미치는지를 분명하게 보여주는 데 도움이 된다.

어릴 적 셀리는 아침에 일어나면 무엇을 입을지, 또 생일 때는 돈을 어떻게 써야 할지 스스로 생각했다. 하지만 이때마다 셀리의 부모는 셀리를 비난하거나 자신들이 옳다고 생각하는 방식으로 고치려고 했다. 하지만 옳다는 것은 어디까지나 부모의 관점이었다. 부모는 독립심을 키우는 법이나 독립할 수 있도록 격려하는 법을 몰랐고, 원하지도 않았다. 부모는 셀리를 독립적으로 키우는 일에 두려움이 있었는데 독립적으로 키우는 건 사랑이 아니고 거부하는 것이라 생각했기 때문이다. 셀리 부모의 사랑 방식은 자녀의 모든 삶에 개입하는 것이었다.

청소년기의 중요한 임무는 독립적인 개체가 되는 것이다. 즉 자기 생각과 감정의 주인이 되는 것이다. 셀리가 독립을 시도하자 부모는 패닉에 빠졌고 오히려 더 강하게 개입하고 의존하도록 했다. 부모는 셀리가 위험하거나 현명하지 못한 행동을 하는 것이 늘 두려웠다. 또한 셀리에게 무엇이 최선인지 자신들이 안다고 확신했다.

부모의 이런 양육에 어떤 아이는 저항하거나 반항한다. 아니면 셀리처럼 복종할 수도 있다. 셀리는 부모를 이기는 대신 오히려 부모와 다른 자신의 생각이나 감정을 무시해버렸다. 결국 셀리는 어떤 결정을 할 때 자신감을 잃어버렸고 늘 다른 사람이 더 좋은 결정을 내릴 거라고 믿게 되었다.

어른이 되어서도 의존 패턴은 계속되었다. 사람들과의 관계에서 무엇을 해야 할지, 어떤 생각을 할지를 상대가 정해주는 데 익숙하다. 자기 생각과 감정을 믿는 것을 두려워한다. 다른 사람과 의견이 맞지 않을 때, 자기 이야기를 한다면 이기적이거나 상처를 줄 거라 믿으면서 말이다. 셀리는 부모나 배우자의 두려움과 불안을 알지 못했다. 부모는 셀리가 독립하면 더 이상 자신들이 필요하지 않을 거라는 두려움이 있었다.

타인을 기쁘게 하는 데 너무 많은 에너지를 쏟다 보니 셀리는 성장하지도, 독립심을 배우지도 못했다. 시간이 흐르면서 어른 몸에 어린아이로 남아 어른의 세상에서 만나는 문제들과 씨름하게 되었다. 셀리에게는 자신감도, 문제를 해결하는 데 필요한 기술도 없었다. 두려웠고 화가 났고 낙담했지만, 이런 감정들이 뒤엉켜 패닉 상태를 경험하기 시작했다. 건강한 삶을 되찾으려면 더 독립적인 삶을 살 방법을 찾아야 했다. 그래야 상호의존하는 개인으로 성장할 수 있다.

셀리의 고군분투를 더 잘 이해하기 위해서는 다음의 그림이 도움이 된다.(당신의 내면아이를 이해하는 데도 도움이 된다) 내면아이를 재양육할 때, 아이에게 삶의 경험을 가로막아 낙담시키기보다 삶에 경험을 부여하여 용기를 주는 역할이 필요하다. '가능하게 하기(Enabling)'는 자녀가 스스로 할 수 있는 일을 대신해주는 것을 의미한다. '용기 부여(Empowering)'와 '가능하게 하기'가 어떻게 다른지 다음 그림을 통해 알 수 있다.

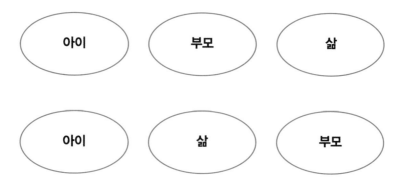

　첫 번째 그림은 부모가 지나치게 개입하거나 과보호하면서 아이와 삶 사이에 견고하게 자리 잡고 있다. 반면 두 번째 그림은 여전히 아이 곁에 부모가 있지만, 아이와 삶 사이가 아닌 곳에 있다. 이런 부모는 아이에게 실수를 통해 배울 기회를 주며, 실수에 따른 결과를 어떻게 책임지고 보상하는지 가르쳐준다. 성급하게 구출하거나 개입하기보다 틈을 주고 삶의 과제를 헤쳐가면서 배울 수 있도록 해 삶의 유연한 근육을 키워준다.

　셀리는 이 그림을 보면서 지나치게 의존적인 모습에서 벗어나야겠다고 마음먹었다. 그리고 안전한 공간에서 자신의 행동을 바꾸는 연습을 위해 워크숍에 참여하기 시작했다. 워크숍에 남자 친구도 초대했다. 워크숍에서는 다른 종류의 관계를 활동을 통해 알아보는 것을 다루었다.

　아들러 심리치료사인 존 테일러는 워크숍에서 관계 문제를 시각적으로 쉽게 이해할 수 있는 활동을 처음으로 소개했고 참가자들은 경험을 하며 관계 문제를 배웠다. 머리로 이해하기보다 마음으로 배우는 이 방법은 더 빨리 배울 수 있고 오래 기억된다.

첫 번째 활동은 어른들이 서로 의지하는 모습을 행동으로 보여주는 것이다. 남자 친구는 셸리 뒤에 서서 두 팔로 셸리의 목을 감싸고 몸의 체중을 그녀에게 그대로 실은 채 걷기 시작했다. 뒤에서 목이 감싸인 상태에서 걸을 때의 느낌을 묻자 셸리는 "마치 제가 남자 친구를 기쁘게 해주기 위해 힘들지만 이런 관계를 맺는 것 같은 느낌이었어요"라고 답했다. "하지만 사실은 뒤에서 목을 감싼 역할과 더 비슷한 것 같아요. 남자 친구가 원하는 걸 하지 않으면 그가 떠날까 봐 정말 두려워서 매달리는 것과 비슷해요. 그러고 보니 전남편이 제게 늘 하던 말이었어요. 목을 조르는 것 같다고요. 그가 이런 느낌이었을 것 같아요."

남자 친구도 손을 들고 말했다.

"전 필요한 존재로 여겨지길 바라는데 셸리의 뒤에서 목을 감싸고 힘을 주는 것이 불편했어요. 하지만 또 한편으로는 이렇게 불편한 상태로 오래 있을 수도 있겠다는 생각을 했어요. 제가 누군가에게 필요하다는 생각이 들 때 중요한 사람이 된 것 같아요. 하지만 누군가에게 의존적인 것을 원하지는 않아요. 만약 사람들이 제게 너무 의존한다면 어떻게 될지를 이 활동으로 알게 되었어요."

이처럼 서로에게 건강하지 않은 방식으로 의존하는 것을 '지나친 상호의존'이라고 한다. 지나친 상호의존은 한 사람이 다른 한 사람이 경험해야 하는 것과 그 성과를 막아버리는 결과를 초래한다. 이것을 우리는 '가능하게 하기'라고 부른다. 그러나 가능하게 하기의 결과는 상대가 시도할 용기를 잃게 하고 실수에서 배우는 것을 막기 때문에 최근에는 '낙담'이라고 부르기 시작했다. 셸리와 남자 친구의 관계는 겉에서 보기에는 매우 친밀하고 서로 사랑하는 듯했다. 하지만 실제로는 남자 친구가 스스로 할 수 있는 일조차 셸리가 대신해주어 남자 친구의 자립을 방해했고 그녀 또한 자신의 에너지를 남자 친구에게 너무 쏟아 자신의 성장에 집중하지 못했다.

알아차리기 활동: 의존적인 관계에서 벗어날 때의 느낌

생활 속에서 의존적인 행동을 하는가? 셸리와 남자 친구처럼 낙담시키는 행동을 하면서도 알아차리지 못할 것이다. 어쩌면 '원래 관계란 그런 거야'라고 생각할지도 모른다. 혹시 중요한 관계에서 일방적으로 주도하거나 끌려다니는 경우가 있는가? 친구와 이 활동을 해보고 실제 삶에서의 생각과 활동을 하면서 든 생각이나 느낌을 비교해보라. 어쩌면 너무 비슷해서 깜짝 놀랄 수도 있다.

의존적인 관계에서 벗어나는 것을 몸으로 체험하고 느껴보는 활동이 있다. 머릿속으로 그리지 말고 친구나 동료와 직접 해볼 때 비로소

안으로부터의 변화가 생긴다.

한 명은 곧은 나무처럼 몸을 곧게 편 채로 뒤에 있는 사람에게 기댄다. 뒤에 있는 사람은 두 팔을 뻗어 앞사람의 등을 받친다. 이 자세를 유지하면서 앞사람에게 "난 널 내버려 둘 거야. 네가 스스로 두 발로 설 수 있다는 거 알아"라고 말한다. 그리고 준비가 되면 받치고 있던 손을 뗀다. 놀랍게도 예상과 달리 앞에 있는 누구도 넘어지지 않는다.

실제 삶에서는 대부분의 사람이 상대에게 상처를 주거나 포기한다는 생각에 그냥 놓아버리지 못한다. 하지만 그런 일은 일어나지 않을 뿐더러 대부분의 사람은 전보다 더 가까워진다.

알아차리기 활동: 상호의존 경험하기

상호의존을 설명하기 위해 이어지는 활동을 해본다. 두 명이 마주보고 두 발자국 떨어져서 선다. 약간의 거리가 있을 때와 누구의 도움도 없이 스스로 섰을 때의 느낌을 경험한다. 이렇게 서는 것은 상호의존을 상징적으로 보여주는데, 두 명 사이에는 적당한 거리가 있어야 하면서도 서로 돕고 격려할 수 있는 거리에 있어야 한다는 것이다. 상호의존하는 관계를 위한 첫걸음은 독립적인 관계이다. 서로가 독립적이지 않고는 상호의존의 단계로 나아갈 수 없다.

상호의존하는 관계를 몸으로 느껴보기 위해 동료와 다음의 활동을 한다. 먼저 동료와 몇 걸음 떨어져 선다. 그런 다음 천천히 원을 따라 걷는데 이는 삶의 일과를 의미한다. 서로 독립적으로 걷다가 연결을 원할 경우 손을 뻗어 눈을 맞추고 서로를 초청한다. 만약 둘 중 한 명이 더 거리를 원할 경우, 상대에게 다시 원을 따라 걸어야 하는 시간이라는 것을 말한다. 걷다가 만나고 또 헤어지는 이 활동을 반복한다. 각자가 자신의 것을 한다고 느낄 때까지 반복하는데, 자신의 것에 집중하는 게 서로를 포기한다는 의미는 아니다. 언제든 연결은 가능하다. 상호의존적 관계를 몸으로 해보면서, 격려도 연습하게 된다. 누구도 타인의 방식으로 설 수 없다. 둘은 서로 돕고 지원하며 좋은 영향을 미칠 수 있다. 상호의존적 관계란 서로를 그대로 받아들이며 서로 구속하지 않고 확장해가는 것이다.

4. 상호존중 의사소통 연습하기

상호존중이란 타인뿐 아니라 자기 자신을 존중하는 것을 말한다. 상호존중은 건강한 관계의 기초일 뿐 아니라 저마다의 격려의 언어를 포함한다. 격려의 말을 사용하여 의사소통할 때, 다음의 4가지 길을 선택할 수 있다.

가. 집과 직장에서 정기적으로 미팅하기

결정할 때 참여하게 하거나 기여할 기회를 줄 때 모든 사람은 통제받는다고 느끼기보다 스스로 능력이 있다고 느낀다. 정기적으로 회의를 하는 것은 이런 환경을 만드는 데 가장 좋은 방법이다.(어떤 한 사람이 문제가 생겨 독단적으로 일정을 결정한 것을 의미하지는 않는다)

회의는 칭찬이나 감사를 나누며 마음을 연결하면서 시작한다. 참가자들에게 다루고 싶은 안건을 물어보거나 게시판이나 안건함 등으로 안건을 미리 받을 수 있다. 모든 안건을 다룰 수 없으니 우선 다룰 안건을 정하고 시간을 정해 회의를 하며 이때 시간을 체크해줄 타임키퍼를 정한다. 만약 정해진 시간 안에 회의를 마칠 수 없다면, 참가자들에게 다음에 다시 논의할지, 지금 좀 더 논의할지를 꼭 물어본다.

의논할 때는 비판이나 비난을 하지 않는다. 그리고 해결책을 브레인스토밍한다. 브레인스토밍이란 판단이나 평가 없이 짧은 시간에 많은 아이디어를 함께 찾는 것을 의미한다. 만약 한 번의 회의로 결정하기 어려운 안건이라면 대충 결정하기보다는 다음 회의로 넘겨 좀 더 충분히 생각할 기회를 준다.

가능하다면 결정을 할 때는 의견을 일치시키는 것이 가장 좋다. 하지만 결정해야 하는 상황에서 의견 일치가 어렵다면 참가자들은 다음을 동의할 수 있다.

"모두가 동의할 수 있는 방법을 찾기 전까지는 다수가 결정한 것을 할 필요가 있습니다. 하지만 우리는 열린 자세로 모두가 동의할 수 있는 해결책을 찾도록 함께 노력합니다."

나. 말하는 대신 듣기

서로 격려하는 건강한 관계를 만들고 싶다면 말하는 것을 줄이고 경청하는 법을 배우고 연습하는 시간을 가져라. 이 의사소통법은 가장 배우기 쉬운 방법인 것처럼 느껴지지만, 실제로는 가장 어렵기도 하다. 그저 다른 사람이 말하는 동안 말을 하지 않으면 되는 것이다. 입술을 떼지 않고 그저 "으~~음" "아~~~" "오~~"와 같이 호응해 줄 수 있다. 상대에 대한 자기 생각이 있지만 논쟁하지 않는다. 다른 사람이 말하는 것을 듣다가 자신의 이야기로 주제를 바꾸지 마라. 쉬운 말처럼 들리지만, 쉽지 않다. 연습은 당신의 몫이다.

다. 감정을 솔직하게 나누기

감정을 솔직하게 나누면, 내 생각과 감정을 만나는 데 도움이 되며 자신을 표현하는 용기가 생긴다. 또한 판단, 비판, 방어하지 않고 타인의 이야기를 듣게 될 것이다. 감정을 나눌 수 있는 간단한 방법은 아래의 두 문장을 연습하는 것이다.

내 마음이 _____. 왜냐하면 _____. 그래서 난 _____ 바라.
네 마음이 _____. 왜냐하면 _____. 그리고 네가 _____ 원하는구나.

내 마음을 이야기할 때

먼저 유의해야 할 점은 첫 번째 빈칸에 감정 단어를 사용해야 한다는 것이다.(1주 차의 감정 차트를 활용한다) 이때 '~같은'은 감정 단어가 아니다. 감정 단어는 주로 'ㄴ'으로 끝나는 한 단어 짜증 난, 상처받은, 무서운, 화난, 행복한, 걱정되는 등을 들 수 있다.

두 번째 유의해야 할 점은 당신의 감정을 표현하면서 위장된 비난을 하는 것이다. 예를 들어 "슬퍼요. 왜냐하면 당신이 생일 선물을 잊어서 말이죠. 당신이 선물을 줄 거라 바랐어요"와 같이 말하는 대신 "난 슬퍼요, 왜냐하면 깜짝 선물이나 생일 카드를 기대하고 있었거든요"라고 말한다. 큰 차이가 없는 것처럼 느껴지겠지만, 당신의 감정에 집중하면 상대와 상대의 행동을 비난하지 않고 진실을 표현할 수 있다.

상대의 마음을 이야기할 때

'네 마음이 _____'를 전할 때, 단지 상대의 생각이나 감정을 추측한다는 것을 기억한다. 당신은 상대의 마음을 읽는 독심술의 대가가 아니다. 또 상대의 감정을 꼭 맞혀야 하는 것도 아니다. 만약 당신이 틀리게 말한다면, 상대가 자신의 감정이 무엇인지 수정해줄 것이므로 상대를 이해하는 데 도움이 될 것이다. 예를 들어 남편이 아내의 찌푸린 얼굴을 보고 "주방이 지저분해서 화가 나 보여요. 사용하고 나서 좀 더 깨끗이 치우면 좋겠죠?"라고 말하자 아내는 "아니요. 지금 난 선반에 둔 쿠키가 없어져서 당황스러워요. 어디에 있는지 찾으면 좋겠어요"라고 말했다. 그러자 남편은 "내가 다 먹어버릴까 봐 냉장고에 숨겨두었어요"라고 말했고 아내는 웃었다.

라. 격려의 언어 사용하기

격려의 언어는 상대의 행동에 대해 자기 결정, 사회적 영향, 자부심, 자신감을 심어주거나 유지하거나 강화하는 말과 행동이다. 격려를 위해 비판이나 칭찬 대신 축하, 감사의 표현 그리고 되돌아보는 말이나 서술하는 말을 한다. 격려의 말을 하는 것은 처음에는 어색하지만, 연습하면 더욱 긍정적인 사람이 되는 데 도움이 된다.

먼저 격려를 위한 되돌아보는 말과 서술하는 말의 예는 다음과 같다.

"이것에 대한 당신의 생각이 있다는 것 알아요."
"당신은 좋은 해결책을 찾을 수 있을 거예요."
"그것에 대한 너의 느낌은?"
"늘 그랬듯, 이번에도 해결할 수 있을 거라 믿어."
"네 판단을 믿어."

"네가 말한 대로 했어."

다음으로 격려를 위한 축하와 감사의 표현이다.

"고마워, 도움이 많이 되었어."
"좀 더 해야 할 일이 있고 하길 원했지만, 도와주러 와줘서 고마워."
"함께 해주어 일이 더 쉽고 즐거웠어. 고마워."
"네가 얼마나 고민했는지를 알게 되었어."
"지금까지 얼마나 성장했는지를 봐."
"여기까지 오다니, 정말 목표가 얼마 남지 않았어."

액션 플랜: 격려하기

누군가를 격려하고 싶다면 무엇을 말할지, 어떻게 행동할지를 생각한다.

1. 믿음 보여주기

   : 네가 중요하다고 여길 때 네가 해야 할 일을 찾을 거라 믿어.

2. 당신의 한계 표현하기

   : 15분 기다릴게. 만약 그때까지 전화나 연락이 없으면 네가 바빠서 그럴 거라 믿어. 그럼 난 내가 할 일을 할 거야.

3. 사랑으로 대하기

   : 네 문제가 아니야. 있는 그대로의 네가 좋아.

4. 도움 요청하기

: 널 방해하는 것이 아니라면, 다음에 여유가 된다면 너의 도움이
필요해.

5. 정보 주기

: 네가 TV를 보면서 밥 먹는 것을 좋아하는 거 알아. 함께 TV 보
면서 밥 먹을 요일을 정할 수 있어. 나머지 날에는 테이블에서 먹
으면 좋겠어.

줄여 말하기

줄여 말하면(Less is more) 오히려 더 대화가 활발해지고 사이도 친밀
해진다. 줄여 말하기 방법의 하나는 10단어 또는 그 이하로 말하는 것
이다. 또는 한 단어나 시그널로 표현할 수 있다. 만나서 이야기하지 않
고 글로 표현할 수도 있다. 아래 이야기는 줄여 말하기의 좋은 사례다.

빅토리아는 플로리다의 가난한 가정에서 자랐다. 방과 후나 방학에
는 해변의 기념품 가게에서 아빠 일을 도왔다. 어린 여자아이로서 빅
토리아는 해변에 놀러 오는 돈 많고 행복해 보이는 사람들보다 자신이
못한 존재라고 무의식적으로 생각하게 되었다.

지금은 어른이 되었고 치과의사와 결혼했다. 중산층 이웃들과 중산
층의 삶을 살고 있다. 딸의 친구들의 부모는 성공한 사업가, 변호사,
의사였다. 어린 시절에 무의식적으로 한 생각, 즉 주위 사람들보다 부
족하다는 생각은 이웃들과 편안하게 만나는 데 불편함을 주었다. 다른
부모들만큼 똑똑하지 못한 것이 조금 두렵고 불편했다. 만나서 이야기
하다가 자신의 부족한 점이 드러날까 봐 걱정되었고 자신은 주위 사람
들보다 지위가 낮다고 생각했다.

빅토리아는 PTA 프로그램에서 상호존중하는 대화법을 배웠고 이 대화법이 새로운 친구를 사귀는 데 도움이 될 거라 생각했다. 빅토리아는 소외감과 외로움을 느꼈다. 그래서 평소 회피하던 상황에 자신을 내던지는 위험을 감수하기로 마음먹었다. 마리안과 마사가 핼러윈 축제에 쓸 컵케이크 만드는 일을 도와달라고 빅토리아를 초대했고 그 모임에서 빅토리아는 성공적으로 친구를 사귀는 경험을 했다.

빅토리아는 먼저 말하는 대신 듣기로 마음먹었다. 마리안과 마사는 자녀, 교사, 학교 정책 그리고 그들의 결혼 생활에 대해 수다를 떨기 시작했다. 빅토리아는 조용히 들었지만 흥미로웠다. 놀랍게도 마리안과 마사는 빅토리아와 생각이 같은 이야기를 많이 했지만, 잘못 이야기하면 멍청해 보일까 봐 두려워 대화에 참여하지 않았다. 하지만 그저 고개를 끄덕이거나 '아' '음' '오' 등의 추임새만으로 대화에 참여하고 있다는 것을 느꼈다.

빅토리아는 마리안과 마사가 자신의 생각에 대해 흥미로워하고 듣고 싶어 한다는 것을 느꼈다. 마사는 학교가 올해 핼러윈 파티를 예전과 다르게 하는 것에 대해 어떻게 생각하냐고 물었다. 빅토리아는 불편했지만 숨을 깊게 들여 마신 후 PTA 워크숍에서 배운 대로 말했다.

"전 수줍음이 많은 사람이라 약간 긴장돼요."

그러자 마사가 끼어들며 "우리를 안 좋아하는 줄 알았어요. 항상 조용하고 헤어질 때 인사도 하기 전에 쏜살같이 사라져서 말이에요"라고 말했다.

"그런 인상을 주었다면 미안해요. 소외감을 많이 느껴왔어요. 하지만 오늘은 제게 특별해요. 앞으로 우리가 함께할 일이 많아질 것 같아요. 다음에 아이들이 놀러 간 동안 차라도 한잔하면 좋겠어요"라고 빅토리아가 말했다.

사실 빅토리아에게 격려와 감사의 표현은 익숙하지 않았다. 어린 시절 그녀의 아빠는 자신의 기대대로 했을 때는 "아이고 착한 우리 딸, 앞으로도 그렇게 해야 해"라고 칭찬했고, 화가 났을 때는 "좀 똑바로 할 수 없어? 제대로 할 때까지 용돈 없어. 도대체 뇌가 있는 거야?"라며 비난했다. 하지만 오늘 빅토리아는 격려와 감사의 표현이 해볼 만하다고 느꼈다.

빅토리아는 마사에게 말을 이어나갔다.

"저도 당신처럼 자유롭게 말하고 싶어요. 부럽기도 하고요."

"전 입에 모터가 달렸나 봐요. 늘 열려 있어요. 정말 말이 앞서거든요"라고 마사가 말했고 "그렇게 자유롭게 이야기해줘서 오히려 전 편해요. 왜냐하면 당신의 생각이나 감정을 추측하지 않아도 되잖아요"라고 빅토리아가 말했다.

빅토리아는 비록 사회적 상황에서는 조용하고 부끄러워하지만, 집에서는 다른 모습이었다. 남편과 딸에게 원하는 바를 계속 이야기한다. 물론 남편과 딸은 그녀의 말에 동의는 하지만, 고개만 끄덕일 뿐 대화로 이어지지는 않는다. 빅토리아는 이런 상황에서 지금까지 배운 '줄여 말하기' 방법을 써보기로 했다.

10단어 이내로 말하기는 짧지만 공허하던 자신의 이야기에 오히려 활력을 불러일으켰다. 빅토리아가 남편의 손을 살짝 잡으며 "차고가 엉망이에요. 치우는 것 좀 도와줄래요?"(The garage is a mess. Help me clean it. 영어로는 9단어이다)라고 말했고 남편은 바로 일어나 차고로 향했다.

그때 남편에게 전화가 걸려왔고 남편은 다른 주제로 누군가와 통화를 이어갔다. 빅토리아는 잠시 통화하는 걸 기다렸다가 줄여 말하기의 두 번째 방법인 한 단어로 말하기를 이어갔다.

"차고." 이 한 단어를 듣고 남편은 "아, 맞다"라고 외치며 한걸음에 문을 열고 차고로 나갔다. 이렇게 효과적이라니!

딸에게 늘 같은 말을 되풀이하지만, 잔소리에 불과했던 것들에 대해서도 줄여 말하기를 해보기로 했다. 딸은 학교에 다녀오면 늘 책가방과 옷을 거실에 늘어놓았다. 빅토리아는 딸이 볼 수 있게 현관문에 '부디 코트와 책가방은 네 방에 두렴'이라고 메모를 써서 붙였다.

딸은 이 메모를 보고 책가방과 코트를 자신의 방으로 가져갔다.

빅토리아는 학교에서 실시하는 PTA 교육에서 상호존중하는 대화법을 배우고 실천하면서 주위 사람들에게 더욱 환영받는다는 것을 느꼈다. 변화에 대한 리스크는 가치 있는 노력이었다. 이제는 덜 외롭고 소외감을 덜 느끼게 되었다.

건강한 관계에 대한 액션 플랜

바닥에 거대한 온도계가 있다고 상상한다. 당신은 온도계의 위쪽(플러스 온도) 끝에 서 있다. 그리고 상대는 온도계의 가운데에 서 있다. 가운데에 서 있는 상대에게 격려의 말을 하면서 당신과 가까워지도록 한다. 물론 상대는 격려가 되었다면 그만큼 당신 쪽으로 움직여 시각적으로 볼 수 있도록 한다. 한 번에 한 문장만 말한다. 어떤 말이 가까워지게 만들고, 또 어떤 말이 멀어지게 만드는지를 상상해본다. 이 활동을 자신과 편한 누군가와 꼭 해보길 바란다.

건강한 관계의 온도계

　결혼한 지 3달이 된 자이언트는 아내와 이 활동을 해보고 싶었다. 아내는 요즘 신경질적으로 말하기 시작했다. 자이언트는 아내에게 자신이 활동에서 배운 것을 설명해주었고 아내는 약간 꺼리기는 했지만 동의했다.

　자이언트는 아내를 보며 활동을 이어갔다.

　"당신이 나를 더 이상 사랑하지 않는 것 같아"라고 말했고 아내는 한 걸음 뒤로 물러났다.

　이어서 평소에 하던 말인 "나랑 진지하게 대화하길 원하지 않는 것 같아"라고 말하자 아내는 두 걸음 뒤로 물러섰다.

　당황스러웠지만 마지막으로 자이언트는 한 문장을 더 말했다.

　"우린 어쩌면 결혼하지 말았어야 해." 이 말은 들은 아내는 온도계의 가장 차가운 곳으로 갔다.

　잠시 자이언트는 어떤 말로 아내를 다가오게 할지 고민했다.

"내가 당신을 잘못 대했다면 미안해"라고 말했고 아내는 한 걸음 다가왔다.

"대화가 없을 때면 힘들어. 예전처럼 재밌게 이야기 나누고 싶어"라고 말을 이어갔고 아내는 이 말을 듣고 또 한 걸음 다가왔다.

"내가 더 잘할 수 있는 방법을 찾고 싶어"라고 말하자 또 한 걸음 더 다가왔다.

그러자 자이언트는 "당신을 바꾸려 하지도, 당신 이야기를 들으며 방어적으로 대하지도 않을 거야. 당신의 이야기를 듣고 싶어, 도와줄래?"라고 미소를 지으며 말했고 아내는 어느새 그에게 다가와 눈을 바라보며 안아주었다.

"우리 다시 시작해봐"라고 말하면서….

테니스 대화법

테니스 경기를 떠올려본다. 만약 내가 친 공이 다시 돌아오지 않는다면 얼마나 지루할까? 대화도 마찬가지다. 한 사람이 대화의 공을 가지고 있고 계속 말하면서 멈추지 않는다면, 그리고 다른 한 사람은 그 긴 말이 끝나길 기다리며 상대의 마음을 추측해야 한다면 어떨까?

만약 이 상황이 오래된다면, 한 사람이 주도권을 쥐고 있는 동안 다른 한 사람은 가식적으로 그냥 듣는 척만 할 것이다.

당신이 이야기할 때 테니스와 같이 대화가 오가지 않는다면 공이 오가는 속도를 높여야 한다.

"테니스 경기에서 공이 한쪽 코트에 머무르지 않고 왔다 갔다 하는 것처럼 우리 대화도 어떻게 하면 좀 더 랠리처럼 할 수 있을까요? 당신이 말하는 것에 집중하고 싶지만 서로 의견을 나누지 않고 너무 오랜 시간을 듣기만 하면 집중력이 흐려져요."

어떤 커플은 그냥 "테니스 경기"라고만 말해도 말하는 걸 멈추고 질문을 하거나 대화의 공을 넘겨줄 것이다.

호기심

열린 자세로 호기심을 가지고 대화하는 것이 충고하고 문제를 해결해주기 위해 바로 조언하는 것보다 이해하고 격려하는 지름길이다.

린이 새로운 의사를 찾고 있을 때였다. 의사 루를 만나 "우리가 잘 맞을까요?"라고 물어보았고 의사는 자신의 장점을 늘어놓기 시작했다. 자신은 환자와 팀으로 생각하고 함께 결정한다며 이야기를 늘어놓았고 대화의 주도권을 절대 놓지 않았다. 린은 발길을 돌려 병원을 나왔다.

그래요, 당신 탓이 아니에요

많은 사람에게 경청은 어려운 일이다. 말하기를 멈추고 상대의 말을 듣는 것, 방어적인 태도를 취하지 않고 호기심을 가지고 듣는 것은 말하는 사람과 듣는 사람 모두를 격려한다.

사람들과 건강한 관계를 맺는다는 것은 결국 격려의 길을 의미하며 가장 효과적인 테라피이기도 하다. 8주 차를 자주 읽어보길 바란다. 격려의 길로 가는 많은 도움으로 가득할 것이다.

결승선은 없다

나를 격려하는 첫 8주 과정을 마친 것을 축하한다. 주목할 것은 '첫 8주 과정'인데, 왜냐하면 이것은 시작에 불과하기 때문이다. 책을 읽은 후에도 삶에서 계속 실천하면서 변화하고 성장하며 스스로 격려하자. 특히 자신뿐만 아니라 주위 사람들도 격려하자.

제자가 스승에게 "제가 낙담했는데 어찌해야 합니까?"라고 물으니 스승이 말하길 "다른 사람을 격려하거라"라고 했다는 불교의 명언처럼 격려상담가의 역할은 주위를 격려하는 것이다. 당신도 그런 사람이길 바란다.

읽었던 내용도 자유롭게 되돌아가 다시 읽어보라. 처음 읽었을 때 발견하지 못했던 것들을 발견할 수도 있을 것이다. 오랜 친구처럼 이 책이 당신 곁에 늘 있는 그런 존재가 되길 바란다. 또는 당신이 좋아하는 산책길처럼 익숙하지만 새로운 것을 발견할 수 있는 그런 책이 되길 바란다.

　이 책은 당신의 삶의 질을 한 단계 업그레이드하는 데 필요한 정보를 담고 있지만, 어디까지나 당신의 실천에 따라 그 효과도 달라진다.

　내가 정말 새로운 사람이 되었는지 스스로 물어볼지도 모른다. 사람들이 당신에게 별로 변한 것이 없다고 할 수도 있다. 하지만 전과는 달리 이 책을 읽고 실천하면, 당신 자신과 당신의 관계에 대한 달라진 이해가 생긴다. 자신과 주변 사람들 그리고 세상에 대해 새로운 방식으로 생각한다는 것을 발견할 터이다. 또 감정을 느끼고 표현하는 게 달라지며, 결국 행동이 바뀔 것이다. 변화가 당신에게 익숙해지는 과정에서 점점 아래로 내려가게 되는데, 즉 머리와 심장, 단전 그리고 마지막 발의 변화로 이어진다. 당신의 생각과 감정, 행동 모두가 새로운 당신을 보여준다.

　이 책에 간단하지만 사용할 수 있는 정보만 담았다. 특히 어떤 공식에 따라 변화하는 것처럼 보일 수도 있지만, 사실 공식을 처음에 사용하는 것은 과정을 주도하여 상황을 더 잘 이끌 수 있도록 한다. 이 책의 내용을 실천하면서 이런 공식들은 당신이 직면하는 사건과 문제를 표현하는 새로운 방식이면서 당신의 내부와 외부에서 일어나는 일들에 대해 더 잘 소통하게 하는 선물이다. 어쩌면 자신을 위한 인생 수업에 관한 책으로 당신의 서재에 놓이길, 아니면 최고의 친구로 남길 바란다. 차이를 만드는 것은 당신의 의지다.

　잭과 라우라, 헬렌이 자신의 삶에 중요한 변화를 만들기 위해 이 책을 읽고 책에 있는 정보를 어떻게 적용했는지를 소개한다.

잭과 라우라 이야기

　잭과 라우라의 결혼은 비록 폭력 없고 무난한 것처럼 보였지만, 서로에게 많은 상처와 실망이 계속되었다. 둘은 이혼조정신청 과정이 최고의 선택이라 결심했다. 잭과 라우라는 격려상담을 수년 동안 받아왔고 이혼조정신청의 마지막 조정 시간이 되었을 때는 더 이상 어떤 진전도 없는 막막한 상황이었다. 이혼서류에 도장을 찍기 직전이었다.

　표면적으로는 둘의 문제가 돈이라 생각했지만, 잭과 라우라는 진짜 문제가 돈이 아니라는 것을 알고 있었다. 다만 진짜 문제가 무엇인지 둘도 정확하게는 몰랐고 라우라는 용기 내어 책에 있는 활동을 마지막으로 다시 해보자고 제안했다.

　자신들의 더 깊은 문제가 무엇인지를 찾기 위해 책의 6주 차 부분을 펼쳐 다시 읽고, 어린 시절의 기억을 적어보았다. 그리고 그들의 진짜 문제를 만나게 된다. 잭이 원했던 것은 가장 소중한 아내가 자신을 알아봐 주고 잘했다고 말해주는 것이었다. 또 자신을 위로해주는 것이었다. 심지어 이혼하더라도 말이다. 잭은 함께 살아온 시간이 이혼하게 되면 모두 사라지는 것이 두려웠다. 이혼은 아내와의 모든 관계가 단절되는 것으로 받아들였기 때문에 이혼을 미뤄왔다. 이혼은 아내를 다시 볼 수 없을지도 모르는 결정이었다. 이야기를 듣고 라우라는 남편에게 지금까지 가족을 위해 노력한 것에 대해 말해주었다. 그러고는 그가 여전히 중요하고 이혼하더라도 친구로 남아 필요한 순간 서로 돕고 함께 시간을 보낼 수 있다고 덧붙였다.

　반면 라우라의 문제는 조금 달랐다. 자신이 무엇을 원하는지를 잭이 물어봐 주길 원했지만, 잭은 라우라가 원하는 것을 물어본 적이 없었고 그것이 그녀에게는 상처였다. 요술봉을 휘두르며 기억을 바꾸는 과정을 진행할 때, 라우라는 남편이 자신에게 원하는 것을 물어보고 왜 그것을 원하는지 관심을 가져주길 바랐다. 그리고 원하는 것을 남편이 들어주길 바랐다. 하지만 잭은 라우라가 원하는 것을 물어보고 관심을 가지기에는 너무 바빠서 그렇게 하지 못했다.

라우라가 원했던 것을 말하자 잭은 "내가 해줄 수 없는 것들이 아니었잖아. 기꺼이 할 수 있는 것들이잖아"라고 답했다.

헬렌 이야기

헬렌은 유명한 자산관리사다. 헬렌은 앞으로 사업을 위해 어떤 결정을 해야 할지 어려움을 겪고 있었다. 헬렌은 어린 시절 아빠와 식물을 심었던 장면을 떠올렸다. 이 장면에서 자신이 좋아하고 싫어하는 것에 대한 많은 정보를 알게 되었고 이 정보는 앞으로의 사업 계획에 도움이 되었다.

기억 속에서 헬렌의 아버지는 식물을 3줄 심겠다고 했고 두 줄은 아빠가 원하는 것을, 나머지 한 줄은 헬렌이 원하는 것을 심으라고 말했다. 아빠는 첫 번째 줄에 팬지를 심었고 두 번째 줄에는 패랭이꽃을 심었다. 헬렌은 나머지 줄에 안개꽃을 심었다. 헬렌은 너무 다양한 색이 나오거나 잡초를 뽑아줘야 하는 등 뭔가 복잡한 팬지를 좋아하지 않았다. 향긋한 꽃이 피는 패랭이꽃은 괜찮긴 했지만, 꽃이 피기까지 2년을 기다려야 하는 것은 4살 아이에게는 힘든 일이었다. 헬렌에게 최고의 선택은 안개꽃이었다. 안개꽃은 빨리 자라고 한 가지 색으로 많이 피는 데다 잡초를 뽑거나 손이 많이 가지도 않았기 때문이다.

헬렌은 어쩌면 지금 만나는 고객들이 3가지 꽃처럼 나누어질 수 있다는 생각이 들었다. 그리고 주변에는 너무 많은 팬지 유형의 사람이 있었다. 그래서 헬렌의 새로운 사업 계획은 자신을 번거롭게 하거나 예상하지 못하는 상황을 만드는 방향보다는 손이 많이 가지 않고 예측 가능한 안개꽃의 방향을 선택하는 것이다. 헬렌에게 안개꽃 같은 사람이란 자신을 들들 볶지 않고 이야기를 경청하며 너무 달라붙지도 않고 사업에서 비슷한 관점을 가지고 타인을 비난하지 않는 이들이었다.

마지막으로 강조하고 싶은 것

이 책의 원제가 '스스로 하는 격려상담'이라는 점을 강조하고 싶다. 혼자서 한다는 것이다. 당신을 바꿀 수 있는 유일한 사람은 바로 당신이다. 동시에 당신보다 훨씬 큰 공동체의 한 부분이기도 하다. 결코 혼자가 아니다. 주위 사람들을 격려할수록 당신의 삶도 그만큼 나아질 수 있다.

한번은 린 로트가 사람들을 초대해 과제를 주었다.

"집 뒤로 타호호수가 있습니다. 그 뒤에 숲길이 있어요. 숲속에서 교감을 나눌 나무 한 그루를 찾으세요."

참가자들은 어이가 없었다. 하지만 함께 숲길을 걸었다. 이 활동을 하고 참가자 중 한 명인 셀레스트는 '나무의 성장'이라는 시를 썼는데, 이 시야말로 이 책에서 말하고자 하는 '따로 또 함께'의 정신을 잘 보여준다.

나무의 성장

"나무는 사람과 같고 나는 당신과 같습니다. 나무숲 가운데 내가 있다면 난 몸집이 크지도, 키가 크지도, 아름답지도, 전체가 되지도 못합니다. 내가 자라고 온전할 수 있는 것은 약간의 거리가 존재하기 때문입니다.

하지만 동시에 나무 친구들이 숲이라는 공동체를 이루기 때문에 내가 아름다워지고 성장할 수 있습니다. 산꼭대기에서 홀로 자라는 불행한 나무를 생각해봅니다. 경치는 아름답고 태양은 따뜻하지만, 동료의 보호 없이 혼자서 바람과 맞서 가지가 부러지고 그런 상태로 폭풍을 맞이해야 하는 가여운 나무를 떠올려봅니다.

당신은 의존하지 않는 자신만의 모습으로 성장해야 하지만 동시에 더불어 살아가세요. 숲을 이루었을 때 더 번창하는 나무처럼 말이죠. 부디 산꼭대기의 한 그루 나무가 되지 마세요. 숲의 한 부분이 되길 바랍니다."